시스템과 테크닉에 관한 연구

BILLIARD ATLAS
빌리어드 아틀라스

월트 해리스 저 / 민창욱 역

제 4 권

일신서적출판사

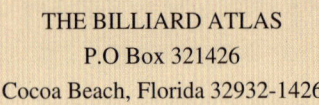

THE BILLIARD ATLAS
P.O Box 321426
Cocoa Beach, Florida 32932-1426

http://www. Billiardatlas. Com
e-mail : wharris@billiardatlas.com

『빌리어드 아틀라스 4권』에서는 최근 몇 년 동안 제가 부지런히 수집하고 분석한 여러 가지 시스템과 테크닉을 수록하고 있습니다.

『빌리어드 아틀라스 4권』에서는 1/2두께에 관한 많은 내용을 담고 있습니다. 1/2두께 개념은 기본 시스템과 결합하여 당구의 핵심을 이루는데, 특히 간단한 샷의 경우 매우 유용하게 쓰입니다. 또한 목적구 안쪽으로 돌려치는 샷에서는 수구의 진로가 변한다는 것도 매우 귀중한 정보입니다.

또한 수구의 커브, 더블쿠션 샷, 프로즌 볼, 1쿠션 역회전 걸어치기, 2/3 계산법, 다양한 데드볼 샷 등 많은 정보를 담고 있습니다. 특히 제8장은 일급 테크닉들로 채워져 있으니 참고 바랍니다.

『빌리어드 아틀라스 1-4』권에서는 총 800페이지가 넘는 분량에 당구 시스템과 테크닉에 관련된 자료들을 수록하고 있습니다. 여러분의 경기력을 향상시키기에 충분한 자료들입니다.

저작권자 월트 해리스(1991년 획득).

미국에서 출판.

이 책에 관한 모든 권리는 저자에게 있습니다. 저자의 허락 없이는 책의 어느 부분도 녹화나 디지털 사진 촬영 등을 통하여 무단으로 복제, 유포 혹은 인터넷 게재를 할 수 없습니다.

다음은 미국과 저작권 협정을 맺은 세계 여러 국가들입니다.

아르헨티나, 오스트리아, 벨기에, 볼리비아, 브라질, 체코 슬로바키아, 칠레, 중국, 콜럼비아, 코스타리카, 크로아티아, 덴마크, 에콰도르, 엘살바도르, 프랑스, 독일, 그리스, 과테말라, 네덜란드, 온두라스, 헝가리, 이탈리아, 일본, 니카라과, 페루, 포르투갈, 필리핀, 폴란드, 스페인, 러시아, 태국, 터키, 베네수엘라, 베트남, 유고슬라비아, 대한민국

1998년 8월 미국에서 초판 인쇄

머리말

중학교 2학년 때, 당구장은 불량 학생들이나 다니는 곳이라며 만류하던 저를 친구들이 억지로 끌고 들어가던 기억이 아직도 생생합니다. 그리고 그 날 이후로 제 삶은 많이 바뀌었습니다. 수업이 끝나면 언제나 당구장으로 향했고, 머리 속에는 늘 당구대를 그리며 지냈습니다. 그 과정에서 여러 사람을 만났고, 많은 것을 배웠고, 늘 성장하려고 노력했습니다. 당구는 제게 많은 인생의 교훈을 가르쳐 주었습니다. 항상 겸손하게 행동하고, 상대방을 존중할 줄 알고, 매 순간 집중하며, 현재에 안주하지 말고 끝없이 도전해 나가라고 말입니다.

❖ ❖ ❖

당구를 좋아하는 사람들은 순수합니다. 나이·직업·사상을 막론하고 당구를 치는 그 순간만은 모두 하나가 됩니다. 게임 중에는 어린 아이가 되어 공 하나 때문에 웃고, 좌절합니다. 게임이 끝나면 서로 경기 내용에 관해서 복구해 보고, 의견을 교환합니다. 많은 경우 경기는 술자리로까지 이어져 공에 대한 난상토론이 시작됩니다. 그리고 비틀거리며 다시 당구장으로 들어와서는 아까 나누었던 얘기들을 당구대 위에서 다시 풀어봅니다. 이렇게 진정으로 당구를 즐기는 많은 분들에게, 이 책이 조금이나마 도움이 되었으면 좋겠습니다.

❖ ❖ ❖

『빌리어드 아틀라스』에서는 저자인 월트 해리스씨가 수십 년간 세계 각국에서 수집한 여러 가지 시스템과 테크닉을 소개하고 있습니다. 특히 저자는 구(舊) 다이아몬드 시스템의 문제점을 분석하고, 보다 '정확한' 시스템을 정립하고자 노력했습니다. 그는 각 시스템마다 수구의 속도 / 당점 / 스트로크를 표준화하여 적용했는데, 이 기준에 맞춰 꾸준히 연습하다 보면 좋은 결과가 있을 듯 싶습니다. 뿐만 아니라 브리지, 그립, 정신력 등 당구 전반에 걸쳐 다양한 내용을 수록하고 있으니 많은 도움이 될 것입니다. 간혹 난해한 용어나 문구가 있다면 www.club.cyworld/billiardatlas 로 문의해 주십시오. 최선을 다해 답변해 드리겠습니다.

❖❖❖

이 책이 출판되기까지 많은 분들의 도움이 있었습니다. 우선 6개월 동안 제게 번역을 지도해 주신 세종 번역 전문 학원 하승주·한태영 선생님, 실제 번역 과정에 큰 도움을 준 우리 18의무사 본부중대 카투사·미군 동료들(특히 김강민 상병, Risty Thompson)에게 감사의 말을 전합니다. 또한 제가 이해하지 못했던 부분들을 친절하게 이메일로 설명해 준 저자 월트 해리스씨와, 출판에 힘써주신 일신서적출판사 관계자 분들께도 감사드립니다.

❖❖❖

또한 제게 당구를 가르쳐 준 분들…… 당구 아카데미 손형복 원장님, 양귀문 프로님, 유재영 프로님, 효광중학교 앞 25시 당구장 사장님, 광주일고 앞 벨기에 당구장 사장님, 동일 당구장 사장님, 고려대학교 앞 캠퍼스 당구장 사장님, 큐 당구장 사장님, 멋쟁이 FM 당구장 사장님, 그리고 제게 당구뿐만 아니라 인생을 가르쳐 주신 제 영원한 스승 Y2K사장님께 진심으로 감사드립니다.

❖❖❖

마지막으로 당구를 좋아하지 않았던 그녀에게 이 책을 바칩니다.

2006년 6월 30일
역자 민 창 욱

목 차

소개의 글 ▶ 10

Chapter 1 데드볼 시스템 ▶ 13
(Dead Ball Systems)

Chapter 2 수직축 시스템 ▶ 45
(Vertical Axis Systems)

Chapter 3 속 도 ▶ 61
(Speed)

Chapter 4 롱앵글 ▶ 79
(Long Angles)

Chapter 5 확장 효과 ▶ 107
(Angle Stretch)

Chapter 6 1/2두께 ▶ 127
(Half Ball Hit)

Chapter 7	기 타 (Miscellaneous)	▶ 161
Chapter 8	1급 정보들 (A First Rate Mixture)	▶ 180
Chapter 9	다음 단계 (Next)	▶ 197
Chapter 10	부 록 : 볼 시스템 (A Ball System)	▶ 203

저자 후기	▶ 232
용어 정리, 번역 용어	▶ 234
추천의 글	▶ 236

소개의 글

저는 정말 오랜 시간을 당구와 함께 보내왔습니다. 정확히 말하자면 50년이 넘습니다. 지난 15년 간 저는 전 세계를 돌아다니며 당구 관련 자료를 찾는 데 집중했고, 제 자신이 이미 자료 수집에 흠뻑 빠져있다는 것을 깨닫게 되었습니다.

『빌리어드 아틀라스 4권』에서는 최근 몇 년 동안 제가 부지런히 수집하고 분석한 여러 가지 시스템과 테크닉을 수록하고 있습니다.

그냥 평범한 당구 동호인 중 한 사람으로서, '당구의 정석'이 무엇인가에 대해 논한다는 것 자체가 제겐 매우 힘든 일이었습니다. 하지만 리포터로서 제가 할 수 있는 일은, 지금까지 제가 습득하고 이해한 모든 것들을 가장 짧은 시간 안에 여러분에게 전달해 주는 것이라고 생각했습니다.

저는 이 책을 화려한 수식어구로 장식하지는 않았습니다. 그것은 제가 여러 자료들에 대해 보다 진지하게 접근하고자 했기 때문입니다.

또한 테크닉에 관한 여러 가지 중요 자료들을 여유롭게 읽을 수 있도록 필체를 가다듬었습니다. 세계 각국에서 독자들이 영어사전을 손에 쥐고 책을 연구하고 있다는 사실을 알아주셨으면 합니다.

세계 정상급 선수들은 여러 시스템과 테크닉에 대하여 동료 선수들과 토론하는 것을 즐깁니다. 하지만 이해하기 힘든 건 유용한 정보를 거리낌 없이 가르쳐 주는 선수가 있는가 하면, 동료 선수들로부터 따돌림 당하는 것을 두려워해 그렇지 못하는 선수도 많다는 것입니다. 유럽 일부 지역에서는 한 선수가 너무 많은 당구 비법을 발설할 경우 그들의 이너서클에서 제외시키고, 더 이상 새로운 정보를 공유하지 않습니다.

세계 정상급 선수들은 가볍게 맥주 한 잔 하며 3쿠션에 대해 자유롭게 토론하곤 하는데, 한 번은 어떤 선수가 흥분한 채로 "새로운 일급 시스템을 발견했어!"라고 으스댔습니다. 하지만 그는 곧 주변에 아웃사이더들이 앉아있는 걸 눈치채곤 바로 꽁무니를 내렸습니다. 당시 그 선수의 침묵은 정말 꼴사납게 느껴졌습니다.

이상천이나 브롬달 같은 위대한 선수들은 어떤 민감한 질문을 하더라도 친절하게 대답해 줄 뿐만 아니라, 질문자가 이해할 수 있는 수준에서 설명해 줍니다.

세계 정상급 선수들은 생계를 유지하기 위해 세계 각국에서 열리는 대회에 참가하려 분주히 돌아다닙니다. 그들은 하루 종일 어떻게 하면 경기력을 향상시킬 수 있을지에 대해서만 생각합니다. 그들이 저술 활동을 하지 않는 이유는 보상이 너무 적을 뿐더러, 많은 시간과 노력이 소요되기 때문입니다. 일본 선수들의 경우는 예외라고 할 수 있겠습니다.

마쯔자카(Matsuzaka), **하야마(Hayama)**, **마츠다(Machida)**, **마체타(Machetta)**, **시마다(Shimada)**, **콘론(Conlon)** 등 고급 수준의 당구 이론가들이 건네 준 정보 덕분에 이 책이 더욱 빛날 수 있었습니다. 특히 일본의 경우 1700년대부터 당구 연구가 이어져 왔을 정도로 역사가 깊고, 많은 기록들이 남아있습니다. 오늘날에도 수십 권의 교재들이 시중에 출판되고 있습니다.

칼 콘론(Carl Conlon) 선수는 평생을 당구 정보 습득에 헌신했으며, 일본이나 서유럽에서 활동하는 유명 당구 이론가들과 관계를 맺으면서 여러 가지 흥미로운 자료들을 수집했습니다. 그는 향년 80세의 나이로, 소중한 기록들을 당구계에 남기고 세상을 떠났습니다. 더 많은 정보를 원하신다면 **데니스 디크만(Dennis Dieckman)** 선수에게 연락해 보기 바랍니다. 〈dieckman@greatid.com〉

그 외에 책에 수집된 정보들은 세계 최고 선수들에게서 전수받은 것입니다. 아민(Ameen), 비탈리스(Bitalis), 브롬달(Blomdahl), 할론(Hallon), 야스퍼(Jaspers), 라리슨(Lauridsen), 로자스(Rojas), 말로니(Maloney), 피에드라뷰나(Piedrabuena), 프로시타(Procita), 이상천(Sang Lee), 슈니(Shooni), 스트레인지(Strange), 반 배럴(Van Barel), 비구에라(Viguera) 선수를 비롯해 이름이 덜 알려진 많은 선수들이 도움을 주었습니다.

『빌리어드 아틀라스 4권』에서는 1/2두께에 관한 많은 내용을 담고 있습니다. 1/2두께 개념은 기본 시스템과 결합하여 당구의 핵심을 이루는데, 특히 간단한 샷의 경우 매우 유용하게 쓰입니다. 또한 목적구 안쪽으로 돌려치는 샷에서는 수구의 진로가 변한다는 것도 매우 귀중한 정보입니다.

또한 수구의 커브, 더블쿠션 샷, 프로즌 볼, 1쿠션 역회전 걸어치기, 2/3 계산법, 다양한 데드볼 샷 등 많은 정보를 담고 있습니다. 특히 제8장은 일급 테크닉들로 채워져 있으니 참고 바랍니다.

『빌리어드 아틀라스 1~4』권에서는 총 800페이지가 넘는 분량에 당구 시스템과 테크닉에 관련된 자료들을 수록하고 있습니다. 여러분의 경기력을 향상시키기에 충분한 자료들입니다.

제 바람은 여러분의 기량이 하루 빨리 높은 수준으로 성장하는 것입니다.

책에 담긴 제 영혼도 함께 읽어 주십시오. 당구라는 스포츠에, 그리고 세계 각국의 당구 선수들을 향한 제 열정의 증거물입니다.

Billiard ATLAS Chapter 1

데드볼 시스템
Dead Ball Systems

이 장에서는 당점을 수구의 중앙에만 두는 일급 데드볼 시스템을 40페이지에 걸쳐 소개하고 있다. 데드볼 시스템은 이 장 외에도 책의 곳곳에서 찾아볼 수 있다. 또한 벽의 한 지점(spot-on-the-wall) 시스템도 몇 가지 다루고 있는데, 지금까지 왜 이 시스템을 모르고 살아왔는지 놀라게 될 것이다.

널리 알려져 있는 식스볼(six-ball) 시스템과 일본의 마이너스 파이브(minus-five) 시스템도 소개하고 있다.

포켓볼 선수들은 간단한 캐롬 각을 계산하는 법을 배움으로써 뱅크샷의 문제점을 해결할 수 있는 무기를 확보할 수 있을 것이다.

- '목표점' 응시
- 원쿠션 치기
- 거울 효과
- 3쿠션 지점 2
- 식스볼 시스템
- 마이너스 파이브 시스템
- 로자스의 엄브렐라 시스템
- 각도 파악
- 장축 2횡단
- 3쿠션 지점
- 3쿠션 지점 3
- 식스볼 시스템 2
- 슈니의 엄브렐라 시스템
- 플러스 10

'목표점' 응시
Seeing Spots

▶ 벽의 한 지점 시스템에서 목표점을 활용하는 방법을 알고 싶다면, 아래의 내용을 참고하라.

▶ 〈그림 401〉에서는 2쿠션 지점 A로 수구를 보내려고 한다. A에서 당구대 바깥에 위치한 X지점을 향해 가상의 선을 긋자.

▶ 가상의 선은 단축과 평행을 이루어야 한다. 그리고 X지점은 당구대 한 대의 너비만큼(5피트) 떨어져 있다.

▶ 수구를 X지점에 겨냥하라. 큐는 평행을 유지하고, 수구가 A에 닿을 정도의 속도로 부드러운 스톱 스트로크(stop stroke, 멈춰치기)을 적용하라. 수구의 속도가 빨라질 경우 진로가 짧아지므로 반드시 부드럽게 샷해야 한다.

▶ 1쿠션으로의 입사각이 45도 이상일 경우에는 수구의 '슬라이드(미끌림)'가 변수로 작용한다.

▶ 잘 관리되지 않는 공이나 왁스가 많이 축적된 오래된 쿠션을 사용할 경우 슬라이드는 달라진다.

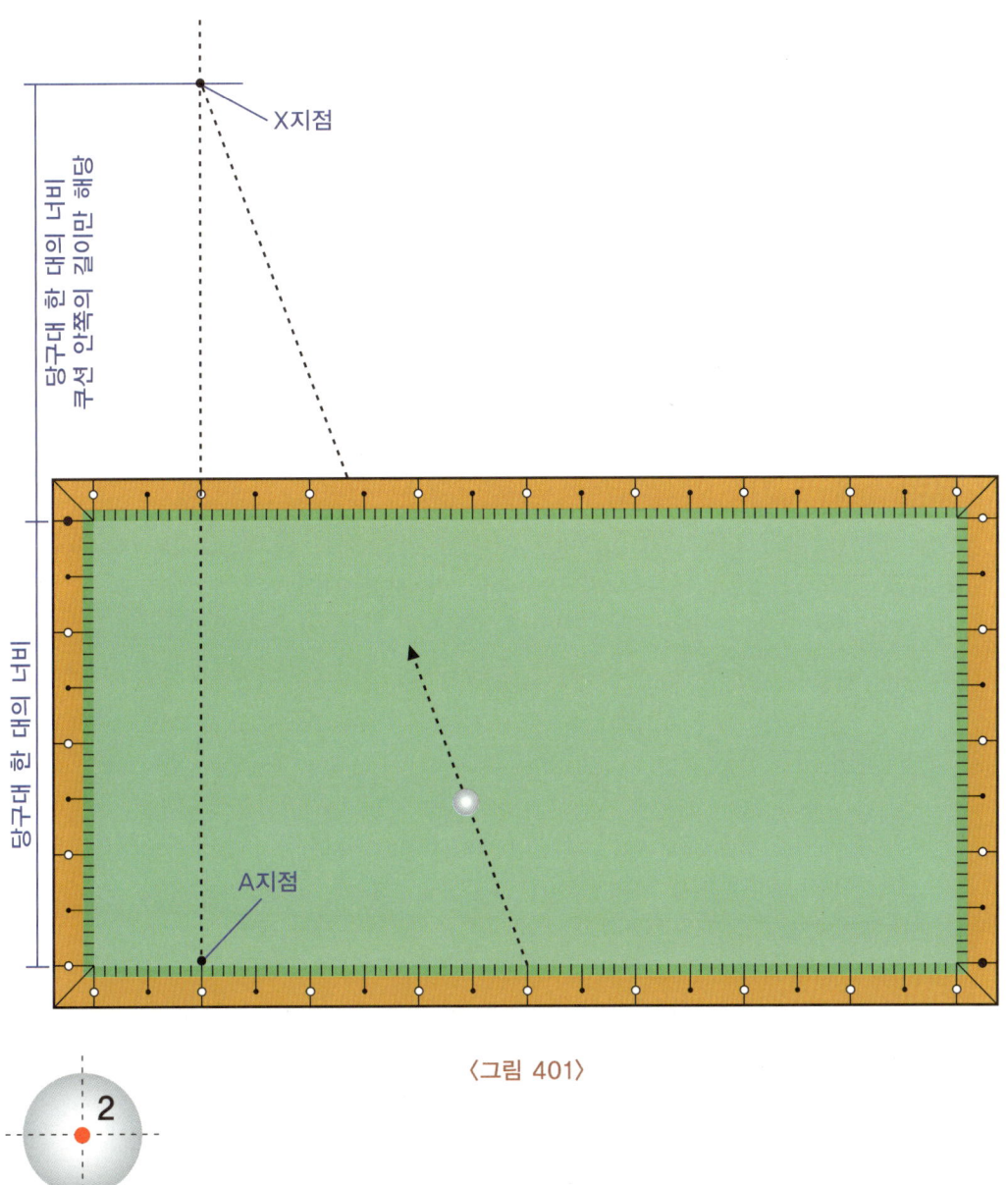

〈그림 401〉

DEAD BALL SYSTEMS

각도 파악
Angle Care

▶ 간단한 뱅크샷에 대한 감각을 키우는 것은 생각보다 쉽지 않다. 팔로-스루 스트로크의 정도, 수구의 속도, 큐의 각도, 당구공과 쿠션의 상태 등 모든 요소가 정확도를 결정짓는 데 변수로 작용한다.

▶ 1쿠션 뱅크샷을 득점으로 연결시키는 데는 일정한 방법이 존재한다. 조금만 연습해 본다면 어떤 당구대에서건 마스터할 수 있을 것이다. 〈그림 402〉에서는 간단한 뱅크샷을 소개하고 있으며, 목적 2쿠션 지점은 B이다.

▶ 수구의 시발점과 목적 2쿠션 지점 사이의 중간 지점을 찾을 때까지 큐의 위치를 조정하라. 단, 큐는 수구의 중심을 향해야 한다.

▶ 수구의 속도는 2쿠션에 겨우 닿을 정도이다. 속도가 더 빨라지면 수구의 진로가 변경될 것이다. 만일 수구에 속도를 높이고 싶다면 뱅크샷 전에 미리 이 점을 고려하라.

▶ 수구가 1쿠션에 닿을 때 상단 회전(rolling english)은 가능한 줄여라. 부드러운 스톱 스트로크가 사용되는데, 수구에 과도한 회전이 적용될 경우 반사각이 짧아지기 때문이다.

▶ 포켓볼 당구대에서 포켓을 겨냥해 뱅킹할 때는 조금 더 세심한 배려가 필요하다. 〈그림 402A〉에서 나타나듯 입사하는 각도에 따라 포켓의 정중앙으로 향하는 선이 달라지기 때문이다.

▶ 자주 범하는 실수로, 진로 A의 경우 포켓의 정중앙으로 향하는 겨냥점은 X가 아니라 Z이다.

▶ 진로 B처럼 각도가 더 좁은 경우에도 겨냥점은 X가 아닌 Y가 된다. 포켓의 정중앙에서 약간 떨어진 곳을 겨냥하면 포켓 옆면의 도움을 받을 수 있다. 비록 실제 포켓의 모양과는 차이가 있지만, 〈그림 402A〉에 나타나 있다.

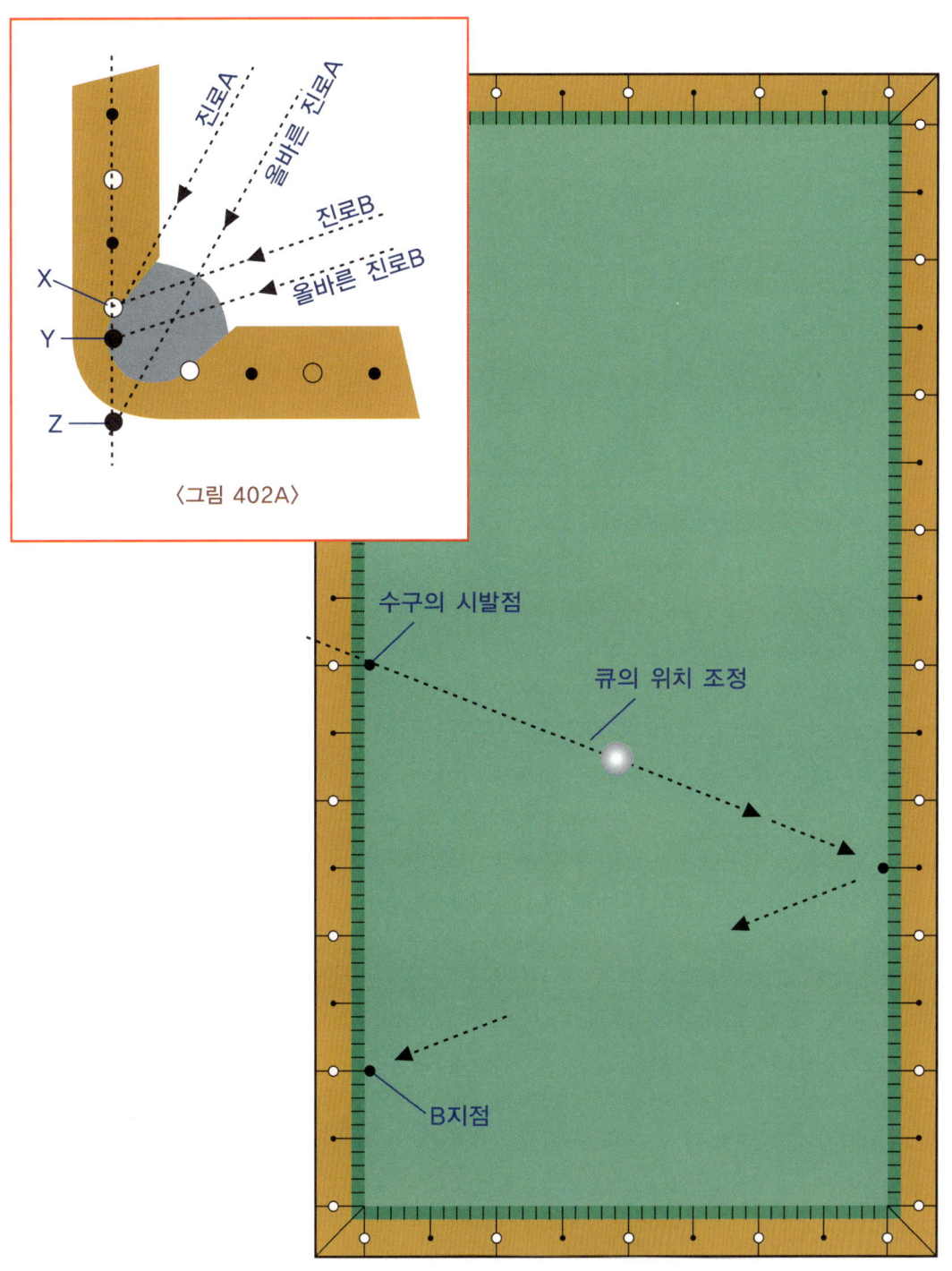

〈그림 402A〉

〈그림 402〉

원쿠션 치기
One rail

▶ 다음은 목표점 A가 쿠션 근처에 붙어 있지 않을 경우에 1쿠션 지점을 계산하는 간단한 방법이다. 초심자들에겐 다소 어렵게 느껴질 것이다.

▶ 이 계산법은 매우 정교한 것으로, '삼각법(triangulation)'이라 불린다.

▶ 〈그림 403〉을 보면 별다른 설명 없이도 쉽게 이해할 수 있을 것이다.

▶ 겨냥할 쿠션을 결정한 후 오른쪽 그림처럼 쿠션과 각 지점 사이에 선을 그어라. 그리고 두 선의 교차점을 B라고 하자.

▶ B를 장축으로 평행이동시킨 지점이 바로 1쿠션 지점인 X이다. 수구를 A로 보내기 위해서는 X를 겨냥해야 한다.

▶ 수구를 적당한 속도로 부드럽게 굴리며, 짧은 스톱 스트로크를 사용한다.

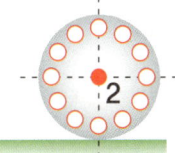

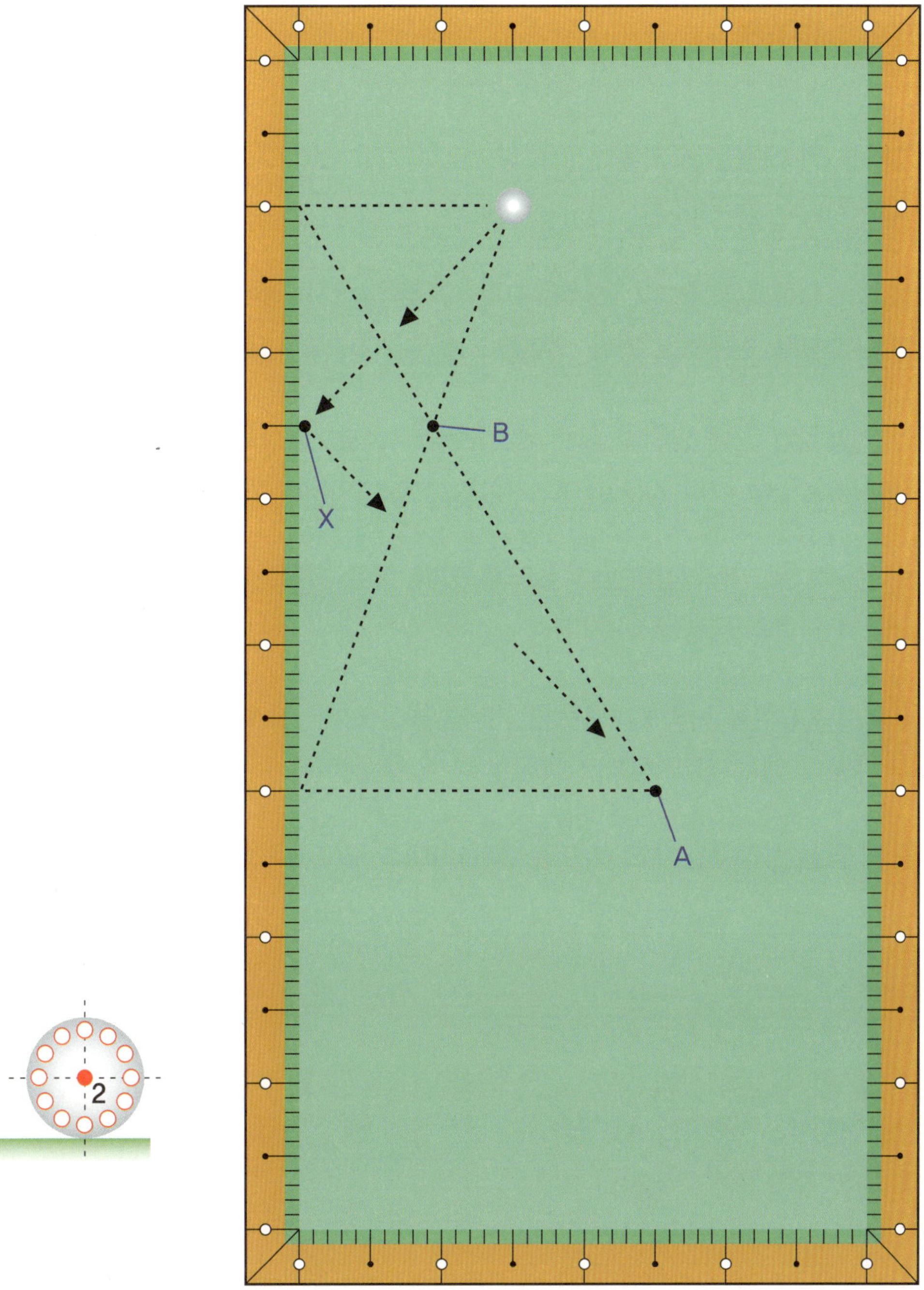

〈그림 403〉

DEAD BALL SYSTEMS 19

장축 2횡단
More Spots

▶ 이 페이지의 내용은 독자들에겐 충격으로 다가올 것이다. 거의 알려지지 않은 테크닉이기 때문이다.

▶ <그림 404>에서는 수구가 장축-장축-장축으로 진행하며 당구대를 두 번 횡단하는 샷을 소개하고 있다. 3쿠션 지점은 A로, 목표점이 된다.

▶ 우선 전체적인 진행 방향을 그린 후, 3쿠션 지점을 예상해 보라. 그리고 이 지점에서 당구대 너머 X지점으로 가상의 선을 그어라.

▶ X는 당구대 두 대의 너비만큼 떨어져 있다. X로 향하는 가상선은 A를 통과하면서 단축과 평행을 이룬다.

▶ 수구에서 X지점을 바라보며 1쿠션 겨냥점을 정하라. 목적구의 득점 범위가 크기 때문에 매우 쉽게 샷하고 득점할 수 있을 것이다.

▶ 수구의 당점은 정중앙이고, 속도는 3~4이다.

▶ 속도가 빨라지면 정확도에 조금씩 차이가 생기므로, 잘 감안하여 조정하기 바란다.

▶ 1적구를 먼저 맞춰 샷할 때도 같은 원리가 적용된다. 수구가 1쿠션에 부딪힐 때 옆회전이 먹지 않아야 하는데, 부드럽게 잽 스트로크(jab stroke, 끊어치기)을 적용하면 가능하다.

▶ 한번 이 테크닉을 소화하면 절대 잊어버리지 않을 것이다!

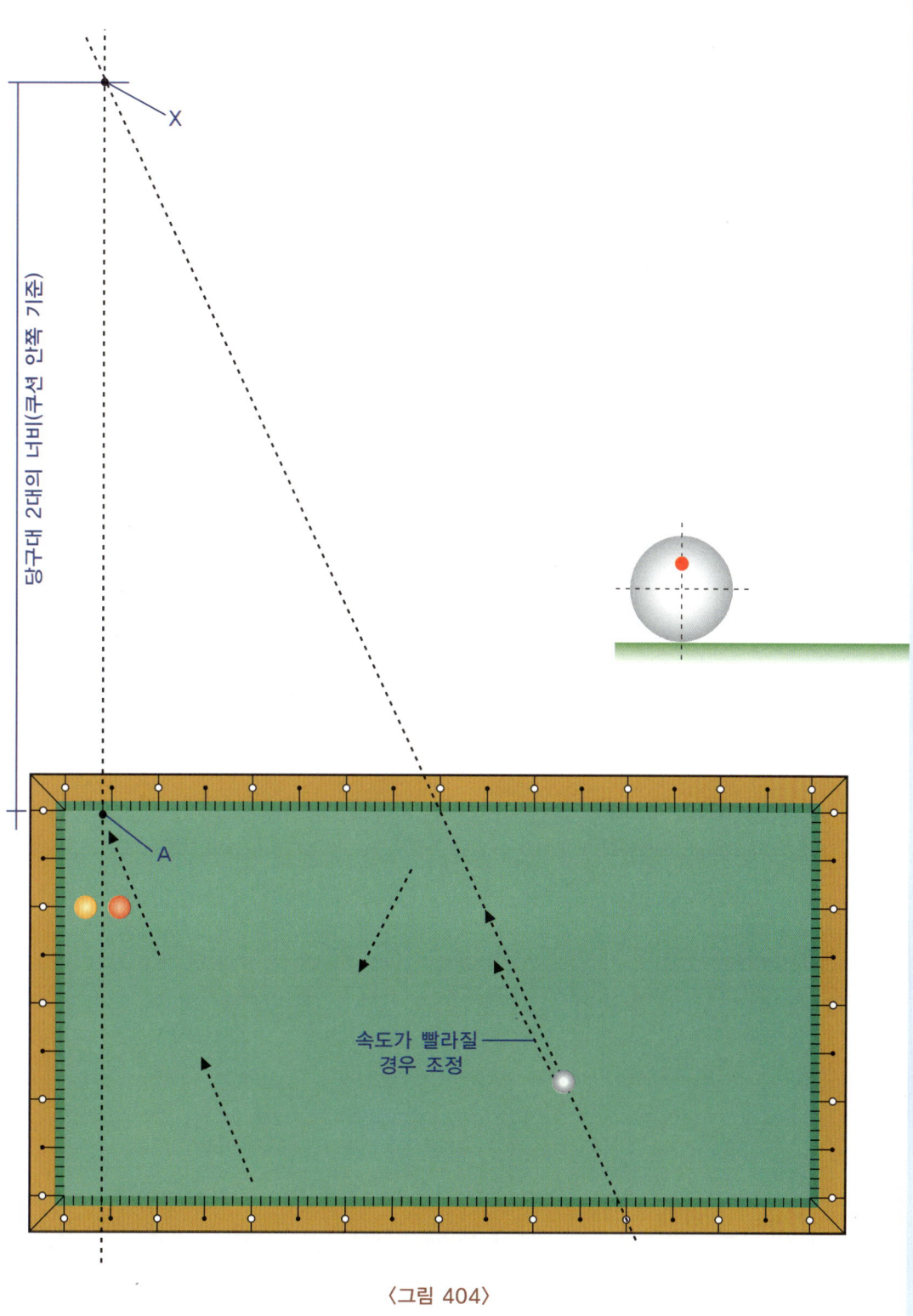

〈그림 404〉

거울 효과
Mirror Ball

▶ 벽의 한 지점을 이용해 수구의 진로를 계산하는 테크닉은 거울 효과 테크닉으로도 알려져 있다.

▶ 상단 단축에 큰 거울을 놓았다고 가정해 보자. 수구가 어떤 위치에 놓여 있건 X로 보내고자 한다면, 거울 속에 비친 X를 겨냥해 샷하면 된다.

▶ 〈그림 405〉에서는 간단한 1쿠션 뱅크샷에 관해 소개하고 있다.

▶ 만약 거울을 사용하지 않고 경상(mirror image)을 찾으려 한다면 반대쪽 쿠션에 Y지점을 찾아라. Y는 X의 정확히 반대편에 위치한다.

▶ 그 후 Y에서 단축 중앙을 지나 당구대 너머 벽의 한 지점으로 향하는 선을 그려라. 이 지점을 Z라고 한다.

▶ 단축과 Z와의 거리는 대략 7피트(2.1m)정도로, X와 A사이의 거리와 동일하다.

▶ 수구의 속도에 세심한 주의를 기울여야 한다. 부드러운 잽 스트로크를 적용하여 딱 X에 도달한 만큼의 속도로 샷하라. 속도가 더 빨라질 경우 수구의 진로가 바뀔 것이다.

▶ 당구공의 정중앙을 정확히 타격할 수 있는 능력이 필요하다. 여러분도 모르는 사이 수구에 약간 회전이 먹을지도 모른다. 큐 뒷부분이 살짝 들렸거나, 스트로크가 직선으로 나가지 못할 경우가 그러하다. 코치 또는 친구와 함께 체크해 보기 바란다.

▶ 이상의 자료는 미시간 주의 닥 스트레인지(Doc Strange) 선수가 전수해 주었다.

▶ 『빌리어드 아틀라스』에 수록된 모든 내용은 포켓볼에도 그대로 적용될 수 있음을 명심하라.

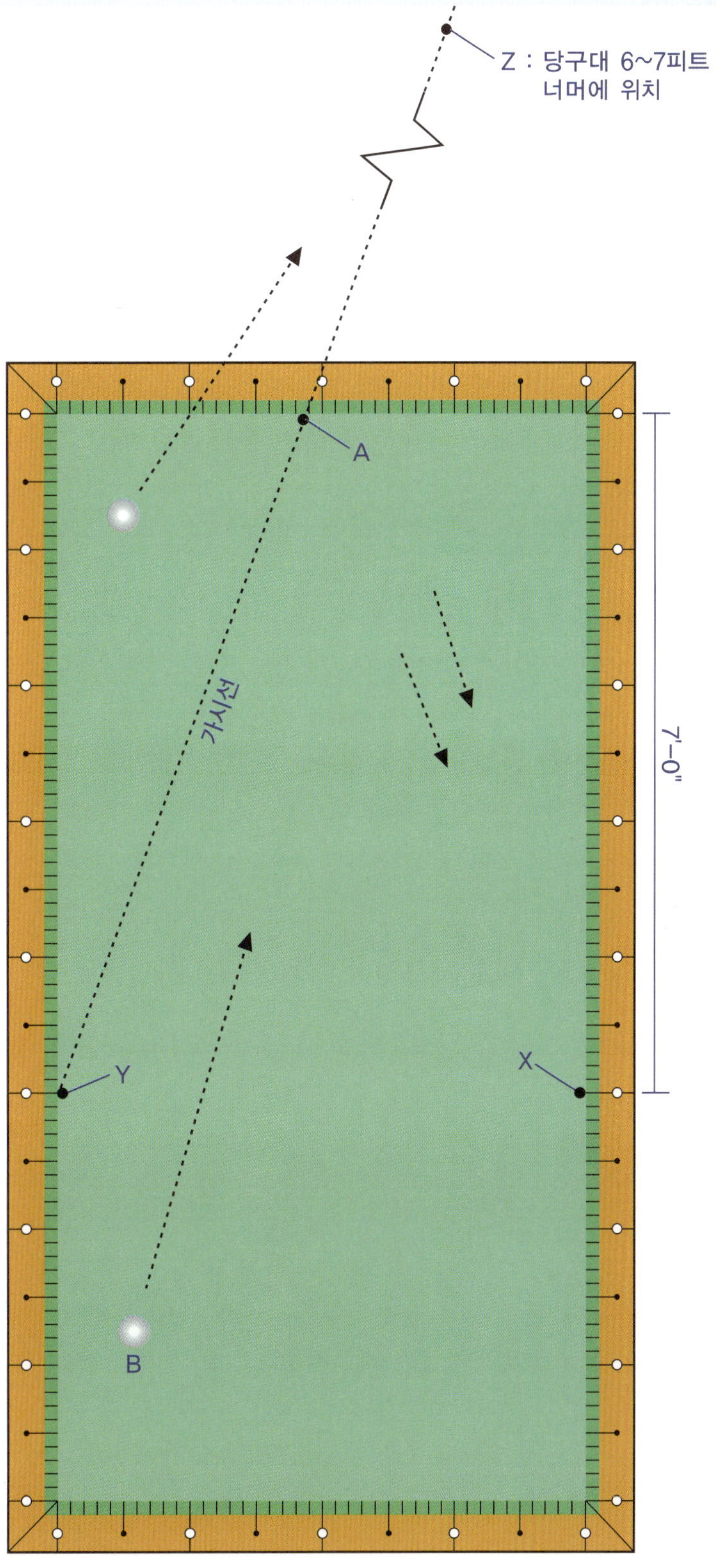

Z : 당구대 6~7피트 너머에 위치

가서대

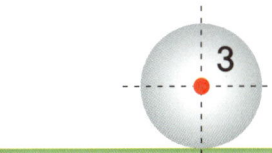

〈그림 405〉

DEAD BALL SYSTEMS

3쿠션 지점
Third Rail Arrival

▶ 구력이 오래된 선수들도 3쿠션 지점을 찾는 데 자주 어려움을 겪곤 한다.

▶ 〈그림 406〉에서는 당점을 중앙에 두었을 때 나타나는 수구의 진로를 알기 쉽게 그려 보았다.

▶ 1쿠션 겨냥점을 달리하면 그림처럼 각각 다른 3쿠션 지점으로 수구를 보낼 수 있다. 수구의 시발점이 A일때 1쿠션 겨냥점은 그림처럼 매우 간단하다.

▶ 3쿠션 수는 3.50, 3.25, 3.00, 2.75 이렇게 4가지가 존재한다.

▶ 스트로크는 손목을 사용하지 않는 부드러운 스톱 스트로크이다.

▶ 각자의 당구대를 체크하여 오차를 조정하기 바란다.

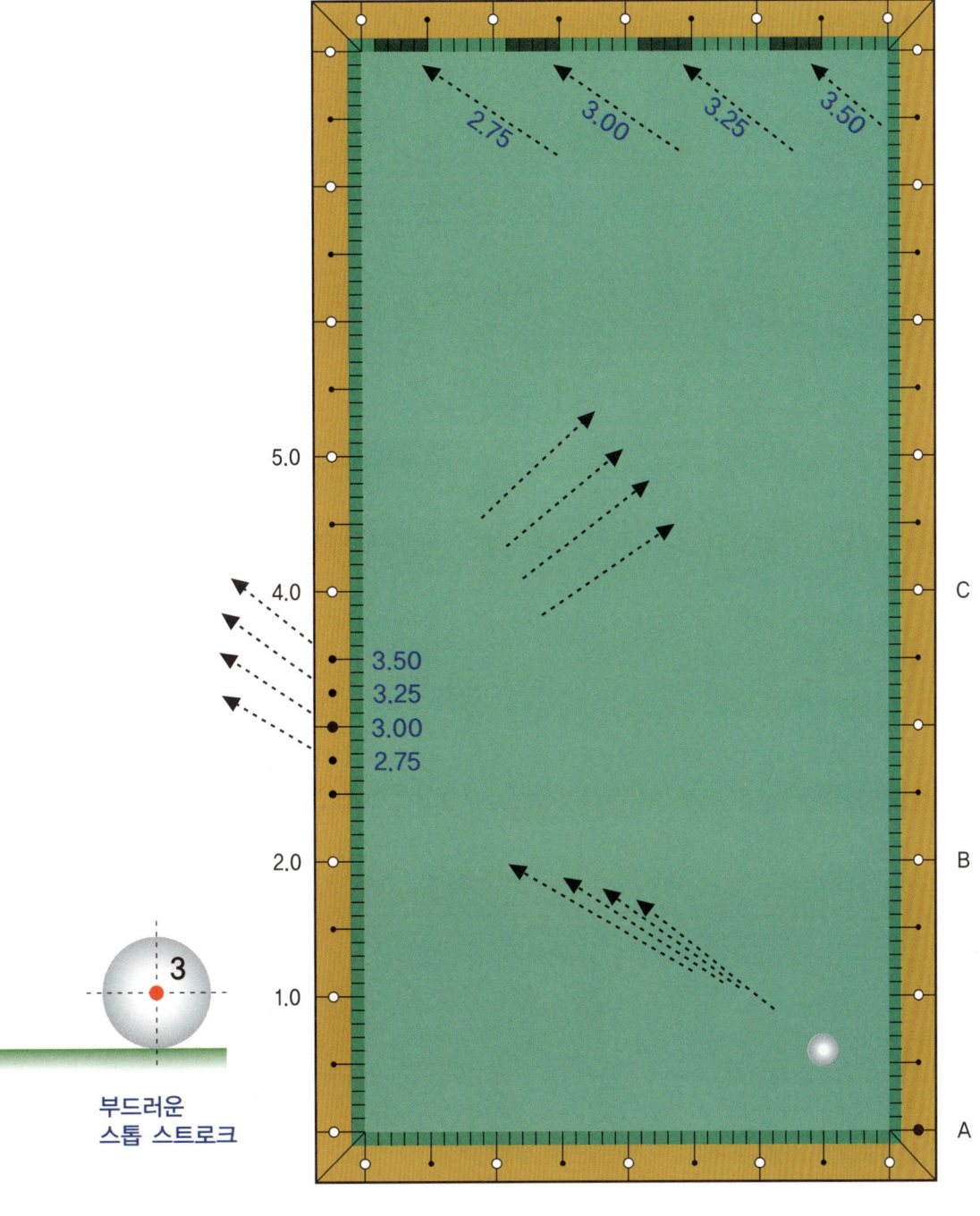

〈그림 406〉

3쿠션 지점 2
Diamond's Best Friend

▶ 이 페이지에서는 수구의 시발점이 달라졌을 때 3쿠션 지점의 위치에 대해서 알아보겠다.

▶ 1쿠션으로의 입사각이 달라졌으며, 오차 조정법과 더불어 전환(shift)의 원리가 적용되었다.

▶ <그림 407>에서 수구의 시발점은 B이고, 코너 A에서 2포인트 떨어져 있다.

▶ 수구의 시발점이 2포인트 변화할 때마다 1쿠션 겨냥점은 1포인트씩 움직여야 한다. 이것을 전환(shift)라고 한다.

▶ 변경된 수구의 시발점을 기준으로 1쿠션 겨냥점은 3.50에서 4.50으로 바뀐다.

▶ 여기에 반드시 조정값을 더해 주어야 한다. 1쿠션 지점이 1포인트 바뀔 때마다 1/6 포인트를 더해 주면 된다. 즉 4.50에 1/6포인트를 더하면 4.66이 된다.

▶ 고로 새로운 1쿠션 겨냥점은 4.66이고, 수구는 X로 진행하게 된다.

▶ 부드러운 스톱 스트로크를 적용하라.

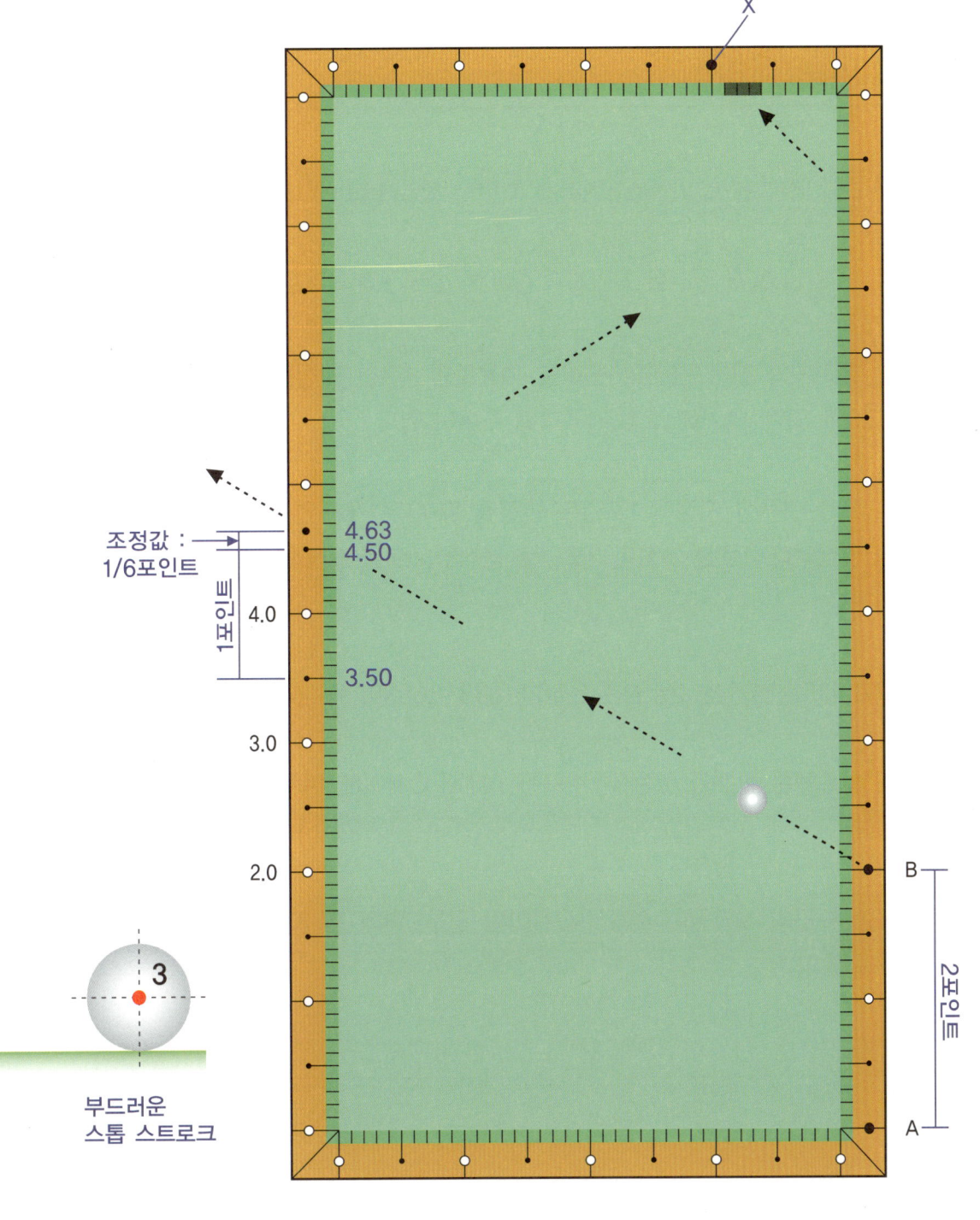

〈그림 407〉

3쿠션 지점 3
Another Shift

▶ 또 다른 수구의 시발점에서 3쿠션 지점을 찾는 방법에 대해 알아보자.

▶ 〈그림 408〉에서 수구의 시발점은 C이고, 코너 A에서 4포인트 떨어져 있다.

▶ 앞 페이지와 같은 전환의 원리를 적용하면 1쿠션 지점은 2포인트 이동한 5.50이 되며, 여기에 조정값을 더해 주어야 한다.

▶ 조정값은 1쿠션 지점이 1포인트 변경될 때마다 1/6포인트를 더해 주는 것이 원칙이다. 1쿠션 지점이 2포인트 움직였으므로 조정값은 1/6+1/6=1/3이 된다.

▶ 고로 새로운 1쿠션 겨냥점은 5.50+0.33=5.83이 된다.

▶ 이 시스템은 한계가 있는데, 수구가 A에서 C사이에 위치할 경우에만 적용된다.

▶ 또한 수구의 시발점이 A에서 C사이일 경우 '벽의 한 지점' 테크닉을 사용해도 좋다.

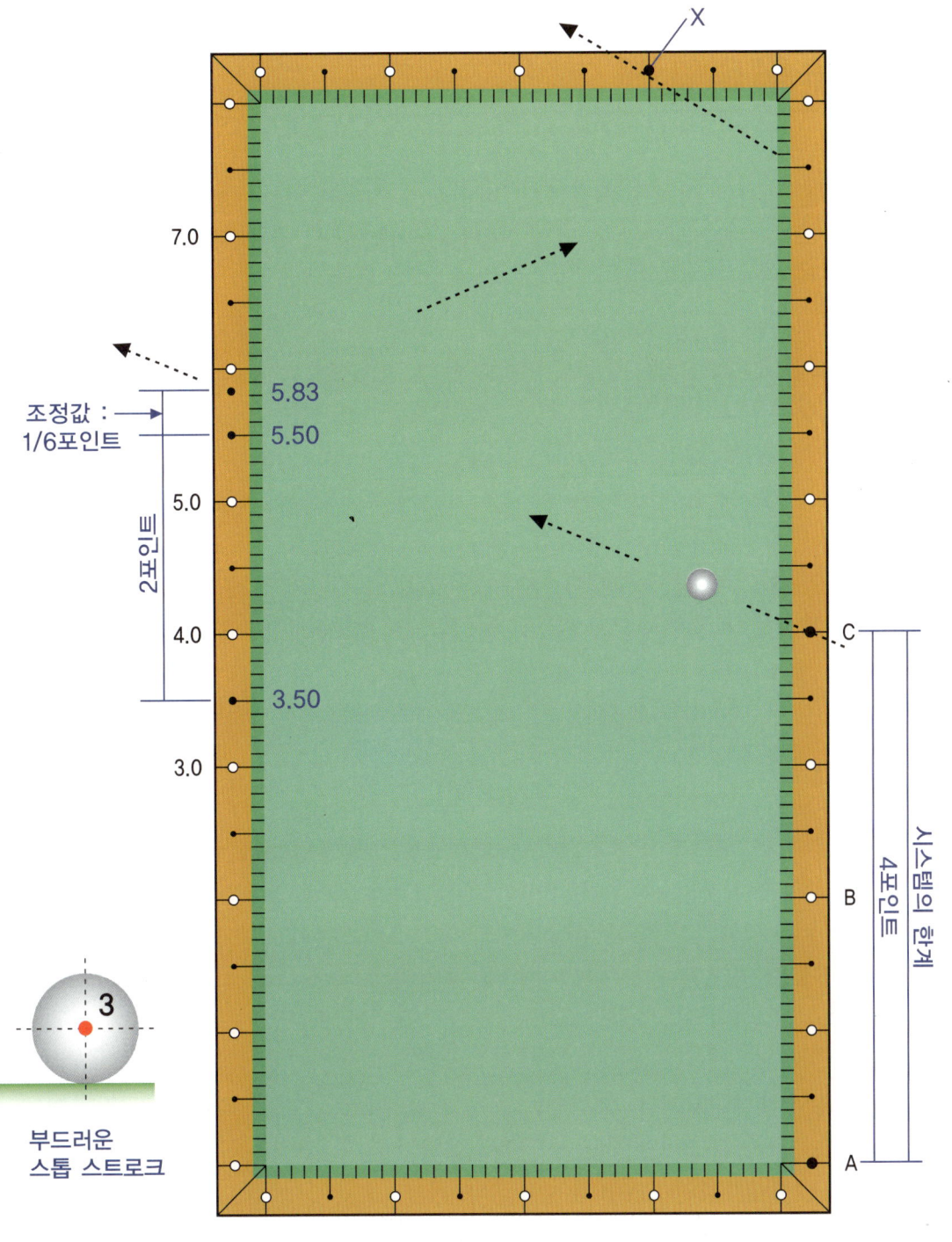

〈그림 408〉

식스볼 시스템
Six Ball System

▶ 예전에 필자는 리차드 비탈리스(Richard Bitalis) 선수에게 공 3개가 모두 코너 근처에 위치할 경우 뱅크샷을 할 때 조정값을 어떻게 계산해야 하는지 물어본 적이 있다.

▶ 비탈리스 선수와 필자는 보드카에 취한 상태였는데, 그때 그는 필자에게 이렇게 되물었다. "식스볼 시스템을 모르십니까?" 필자는 처음 듣는 얘기였다.

▶ 필자의 생각에 세계 정상급 선수들은 정보를 공유하는 것을 꺼려하지만, 어쩌다가 실수로 말을 꺼내면 그 내용을 자세히 가르쳐 준다. 그가 가르쳐 준 수구의 속도, 당점 조절법이 필자에겐 그렇게 유용하지 못했지만, 세계적인 선수가 이런 배열에서 시스템을 사용한다고 인정한 것은 이번이 처음이었다.

▶ 그는 또한 시스템은 굉장히 개인적이며, 자신에게 맞는 시스템은 각각 다르다고 알려 주었다.

▶ 〈그림 409〉에서는 일반적인 뱅크샷에서 식스볼 시스템을 어떻게 적용하는지 보여 준다.

▶ 1포인트는 공 6개 정도의 너비이다. 그림에서 수구는 코너 A에서 공 21개 너비 정도 떨어져 있으며, 1적구는 3개 정도 떨어져 있다.

▶ 계산법은 다음과 같다. 21-3=18, 18÷2=9이다. 고로 1쿠션 겨냥점은 코너에서 공 9개 너비만큼 떨어진 지점이다.

▶ 수구의 당점은 정중앙, 속도는 중간이며 부드러운 스톱 스트로크를 적용하라.

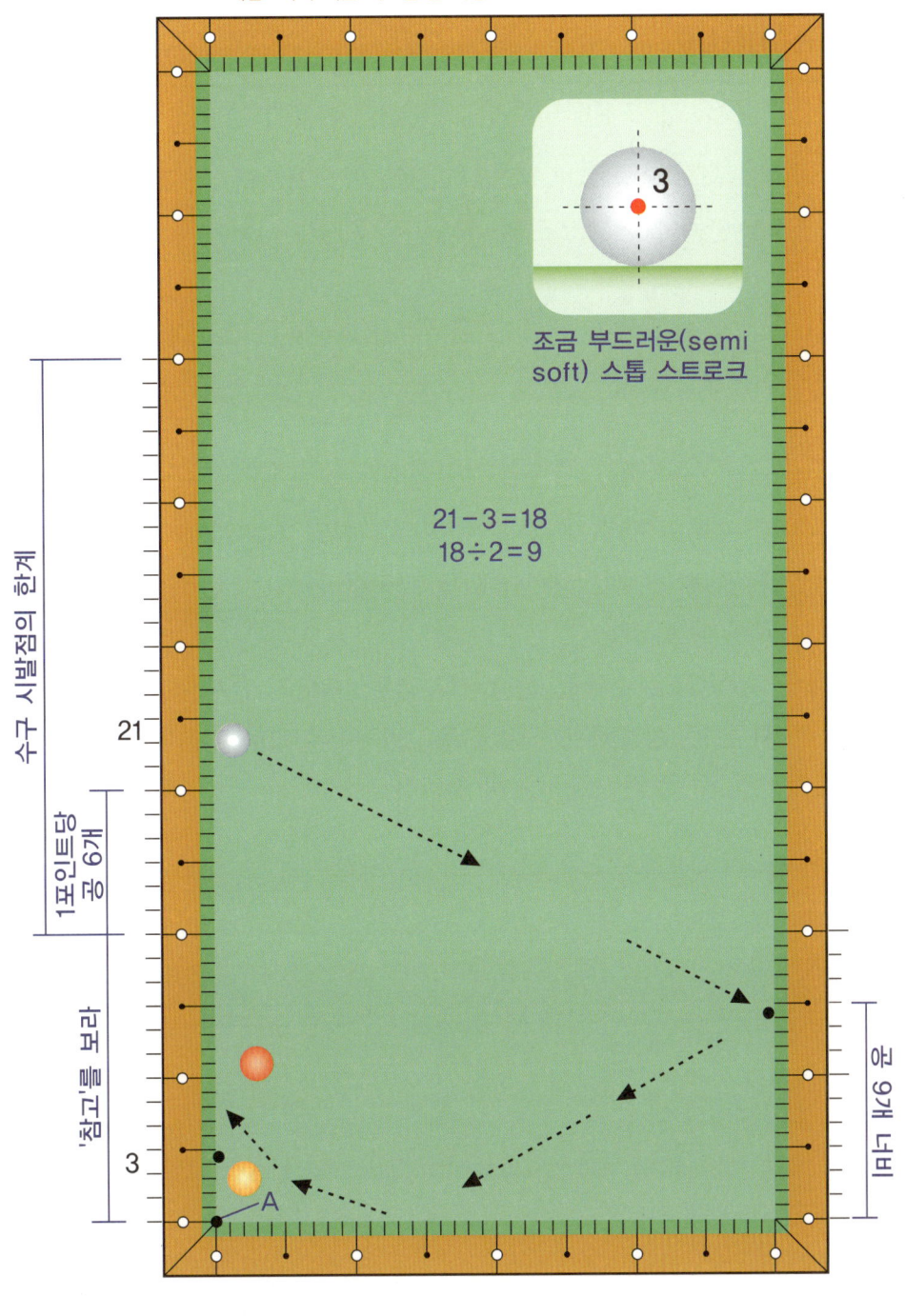

〈그림 409〉

식스볼 시스템 2
Six Shooting

▶ 〈그림 410〉에서 공의 배치는 〈그림 409〉와 유사하다. 수구는 코너A에서 공 30개 너비만큼 떨어져 있으며, 1적구는 공 6개 너비만큼 떨어져 있다.

▶ 30−6=24, 24÷2=12가 된다. 고로 1쿠션 겨냥점은 코너에서 공 12개 너비만큼 떨어진 지점이다.

▶ 〈그림 409〉와 〈410〉에서는 3쿠션 지점이 정확히 한 지점이지만, 이 시스템은 3쿠션 지점의 범위가 조금 넓을 때 더욱 유용하게 쓰인다. 〈그림 411, 412〉를 통해 이 시스템의 효과를 확인하라.

▶ 1적구를 먼저 맞히고 수구를 진행시킬 경우, 수구가 1쿠션에 부드럽게, 옆 회전이 먹지 않은 상태에서 도달할 수 있도록 주의를 기울여라. 부드럽게 잽 스트로크를 적용하면 도움이 될 것이다.

※ 수구 수가 0~20사이인 경우 『빌리어드 아틀라스 2권』 166~169쪽에서 소개한 "럭키 세븐 시스템"을 사용하라.

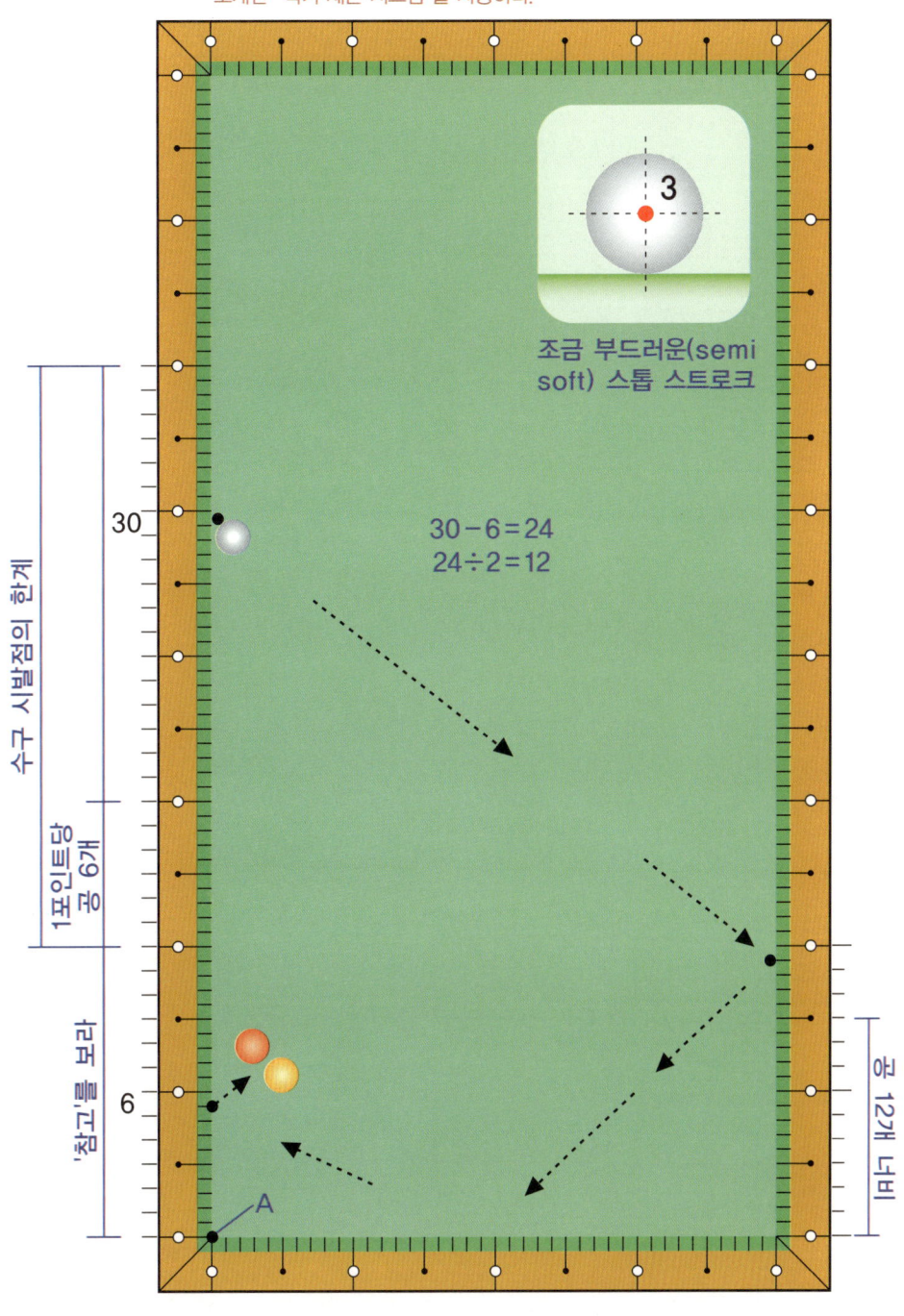

〈그림 410〉

※ 수구 수가 0~20사이인 경우 『빌리어드 아틀라스 2권』 166~169쪽에서 소개한 "럭키 세븐 시스템"을 사용하라.

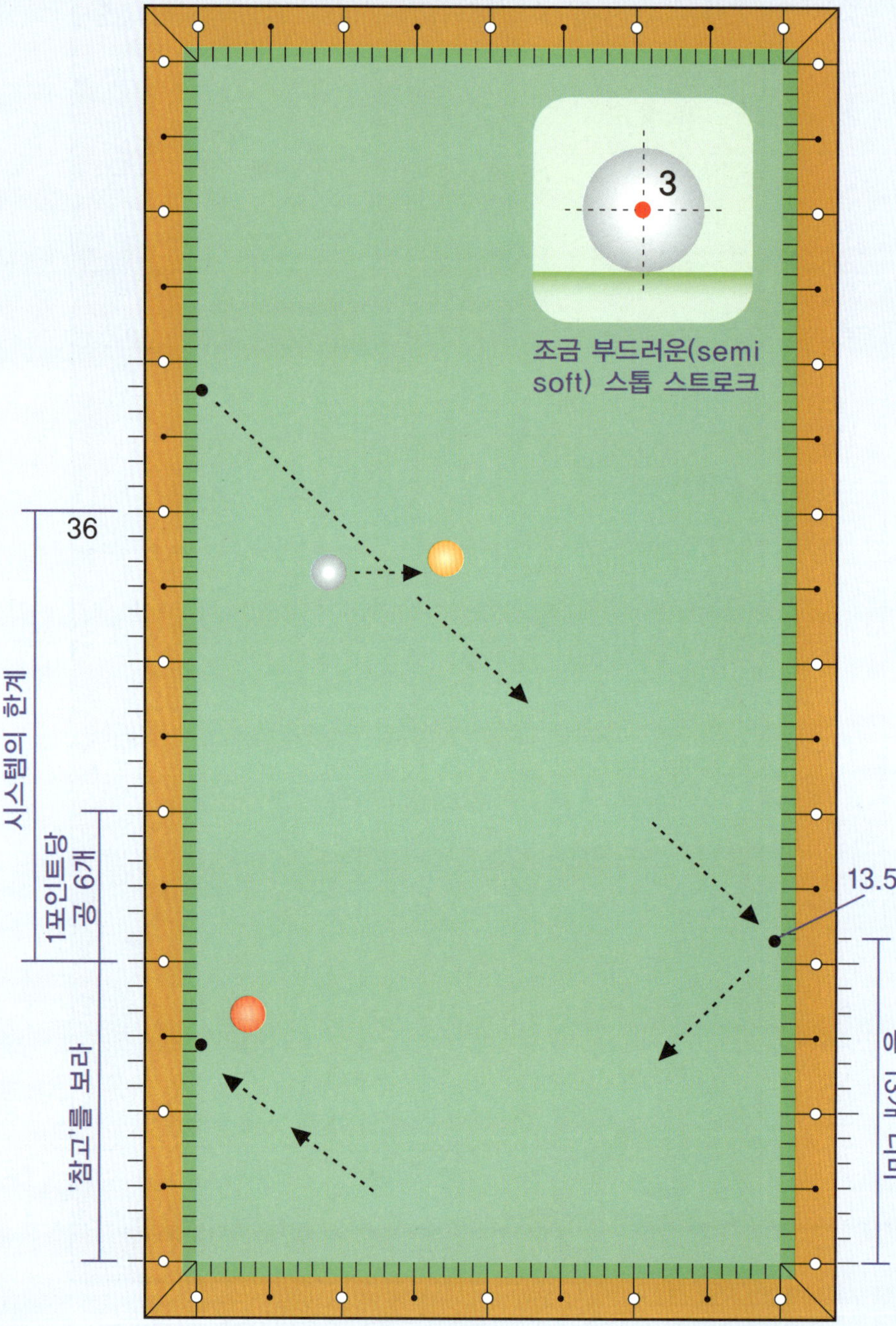

조금 부드러운(semi soft) 스톱 스트로크

36

시스템의 한계

1포인트당 공 6개

'참고'를 보라

13.5

약 137개 너비

〈그림 411〉

※ 수구 수가 0~20사이인 경우 『빌리어드 아틀라스 2권』 166~169쪽에서 소개한 "럭키 세븐 시스템"을 사용하라.

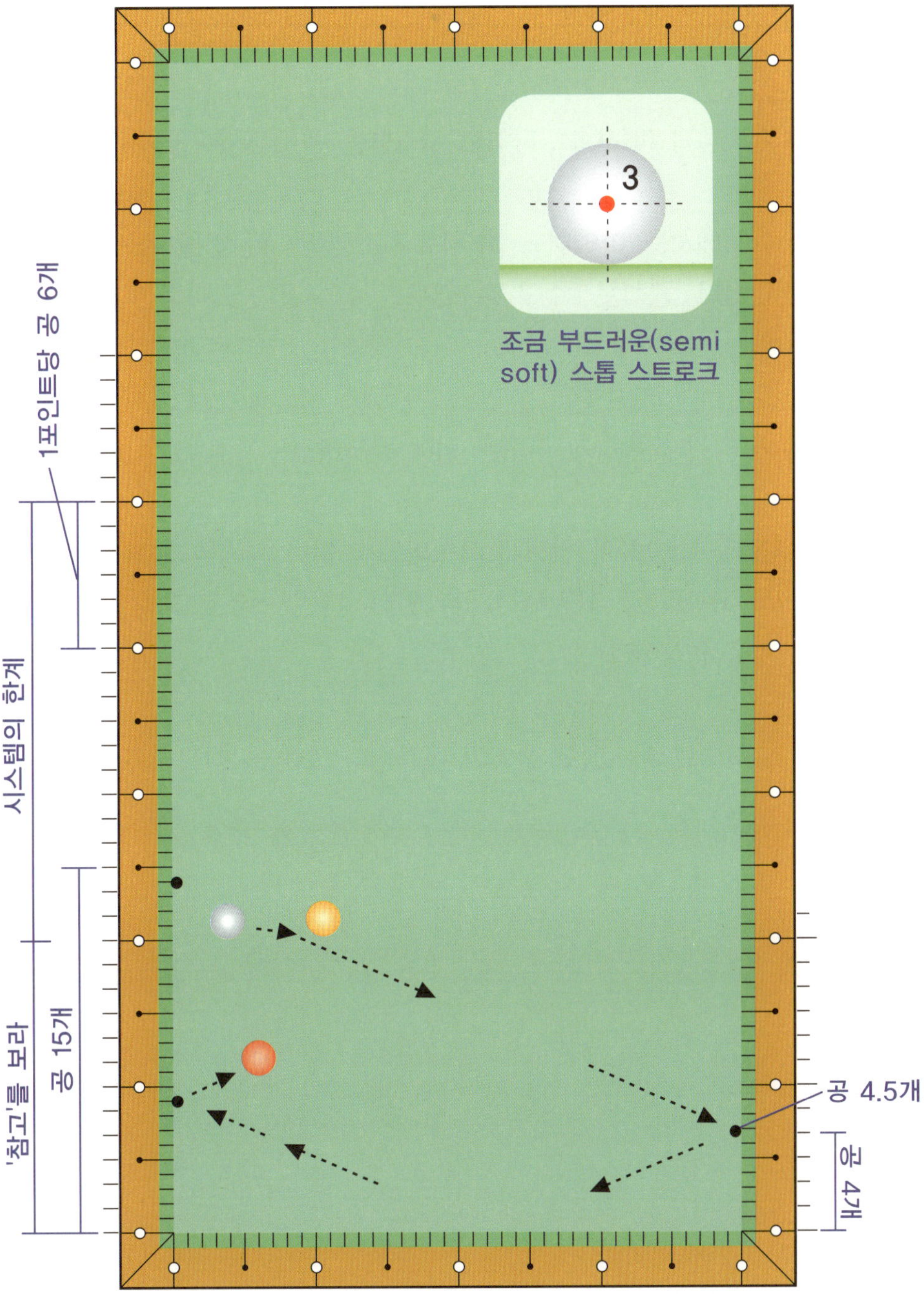

조금 부드러운(semi soft) 스톱 스트로크

1포인트당 공 6개

시스템의 한계

'참고'를 보라

공 15개

공 4.5개

공 4개

〈그림 412〉

DEAD BALL SYSTEMS 35

마이너스 파이브 시스템
Minus Five System

▶ 식스볼 시스템과 마이너스 파이브 시스템은 서로 사촌지간이다.

▶ 〈그림 413〉에서는 마이너스 파이브 시스템의 계산법을 소개하고 있는데, 매우 간단하다. 공식은 '수구 수 − 3쿠션 수(칼끝) − 5 = 1쿠션 겨냥점(포인트 선상)'이다.

▶ 수구 수가 약간 독특하게 부여된 점에 유의하라.

▶ 1쿠션 지점을 파악하기 위해서 마이너스 파이브 시스템과 식스볼 시스템을 병행해서 사용, 서로 확인해 볼 수 있다. 다만 스트로크에 미세한 차이가 있다는 것을 명심하라.

▶ 마이너스 파이브 시스템도 한계가 존재한다. 그림을 참고하기 바란다.

※ 수구 수가 0~20사이인 경우 『빌리어드 아틀라스 2권』 166~169쪽에서 소개한 "럭키 세븐 시스템"을 사용하라.

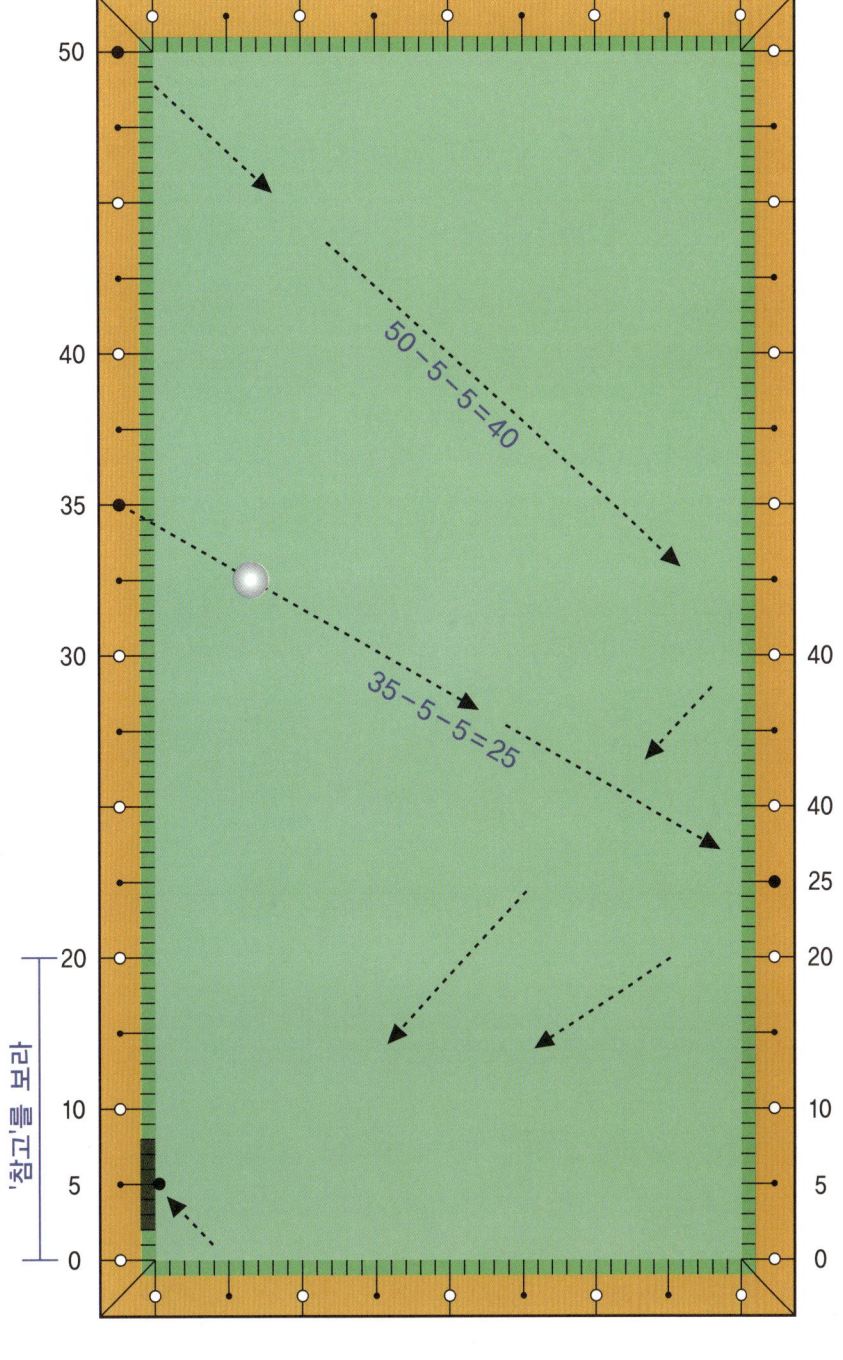

〈그림 413〉

DEAD BALL SYSTEMS

슈니의 엄브렐라 시스템
The Shooni Umbrella

▶ 미시간 주의 **마진 슈니(Mazin Shonni)** 선수가 이 환상적인 엄브렐라 시스템을 전수해 주었다.

▶ <그림 414>를 보자. 수구를 코너 B로 겨냥했을 때 가장 길게 떨어뜨릴 수 있는 3쿠션 지점을 찾아라. 그 지점은 4.5포인트 정도로, A라고 하자.

▶ A에서 시작하여 코너 B를 통과하고, 당구대 7피트(2.1m) 너머에 위치한 가상의 지점 Z까지 선을 긋자. BZ의 거리는 AB의 거리와 동일하다.

▶ 수구가 1적구와 부딪히는 면(C)에서 Z로 가상의 선을 그어라. 이 선을 아래로 내리면 장축 2포인트를 통과하게 될 것이다.

▶ 여러분이 가장 선호하는 다이아몬드 시스템을 적용하여 수구가 3쿠션 지점 2포인트(칼끝)에 떨어지는 진로를 그려라.

▶ 필자의 당구대에서는 보통의 당점과 속도를 적용했을 때 1쿠션 겨냥점이 3포인트였다.

▶ **마진** 선수는 매우 훌륭한 교사이자 코치이다. 그는 기본기, 볼 컨트롤, 초이스, 수구의 속도 등 당구의 다양한 측면을 강의한다. 또 그는 매우 인내심있게 지도하고 하점자들의 생각을 잘 파악하는데, 이는 학생들과 교감을 형성하는 데 아주 중요하다.

▶ 미국당구협회(USBA)에 연락하면 그의 소재를 파악할 수 있다. 주소는 101 West 80th Street, #10A, New York, NY, 10024이다.

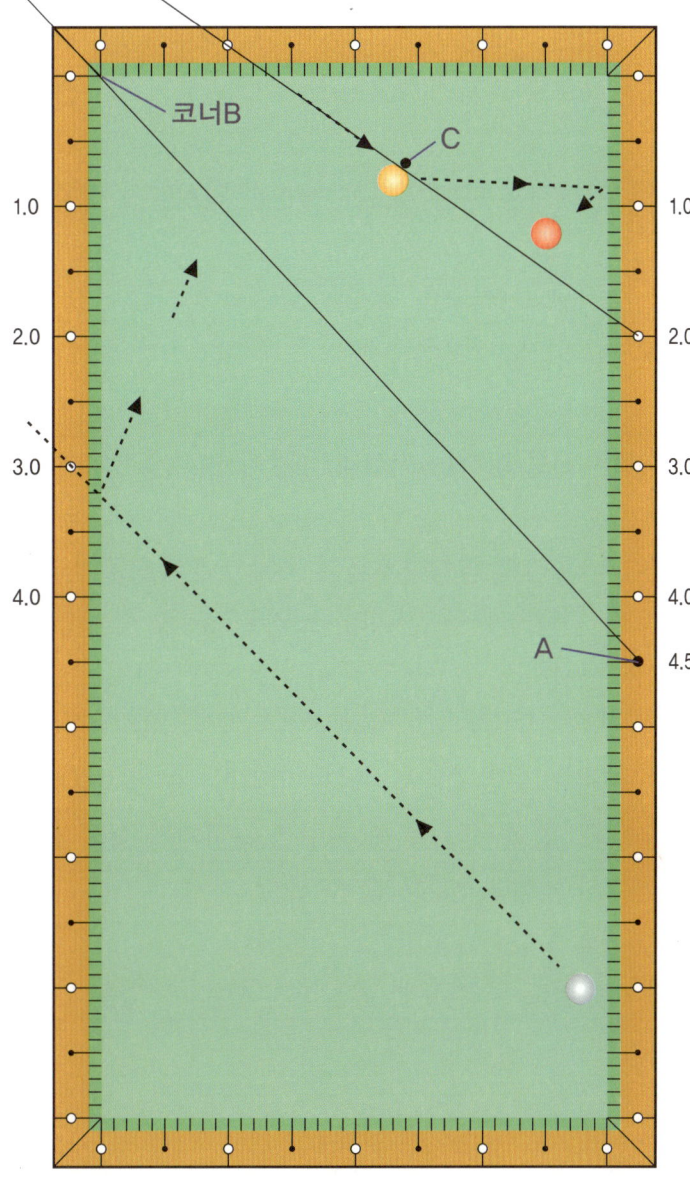

〈그림 414〉

로자스의 엄브렐라 시스템
Rojas

▶ 엄브렐라 시스템을 또 하나 입수했는데, 그 효과가 만만치 않다. 노잉글리시를 이용하는 시스템이며, 이해하기도 매우 쉽다. 전(前) 멕시코 3쿠션 챔피언인 **로베르토 로자스(Roberto Rojas)** 선수가 전수해 준 것이다.

▶ 〈그림 415〉에서는 한번 시도해 볼만한 엄브렐라 샷을 소개하고 있다.

▶ 수구의 중심에서 1적구의 중심을 지나는 가상의 선을 긋고, 그 중간 지점을 찾아라. 이 지점을 A라고 한다.

▶ A에서 코너 B로 향하는 가상의 선을 긋는다.

▶ 그 다음 A-B선과 평행하게끔 수구에서 장축으로 선을 긋는다. 이 선이 바로 수구가 진행하게 될 선이다. 노잉글리시를 적용하여 중간 속도로 잽 스트로크를 구사하라.

▶ 조금만 생각해 보면 이 시스템은 다양한 '쿠션 먼저치기' 샷에 적용할 수 있음을 알게 될 것이다. 특히 원쿠션 걸어치기 샷의 경우 이 시스템을 적용하여 정확히 득점에 성공시킬 수 있다.

▶ 포켓볼 선수들도 익혀 두면 유용하게 쓰일 수 있는 기술이다.

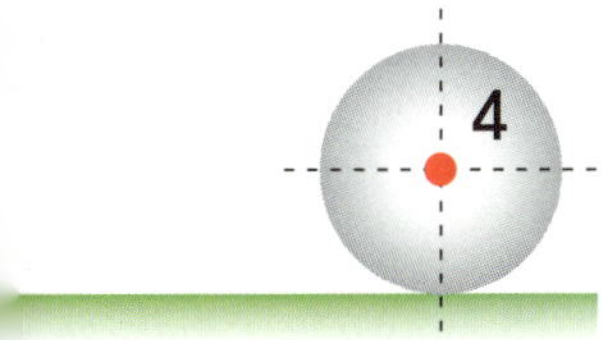

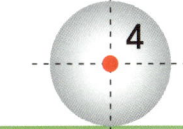

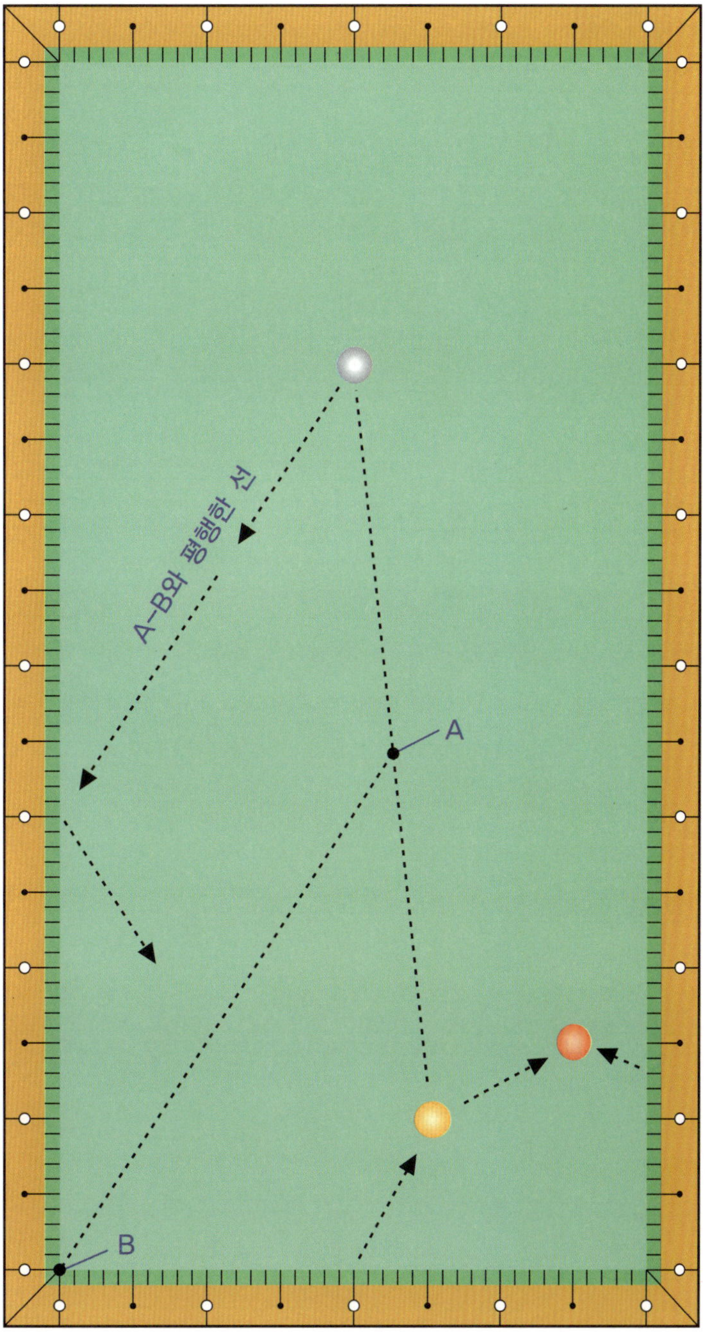

〈그림 415〉

DEAD BALL SYSTEMS

플러스 10
Plus Ten

▶ 이 시스템은 코스타리카 선수들이 전수해 준 것이다. 미국 산호세 지방의 선수들이 이들과 정보를 교환하는 것을 즐겼다.

▶ 약간 한계가 있긴 하지만, 매우 유용하게 쓰일 수 있는 시스템이다.

▶ 〈그림 416〉에서는 장축에서의 수구 수와 시스템이 적용 가능한 범위를 나타내고 있다.

▶ 수구가 X를 겨냥할 경우 3쿠션 지점은 수구 시발점에서 2포인트 떨어진 지점으로 되돌아온다. 코스타리카 선수들은 이를 '플러스 10' 시스템이라고 불렀는데, 수구 수에 10을 더한 값이 3쿠션 지점이 되기 때문이다.

▶ 시스템의 적용 범위를 넓히기 위해 가상의 장축이 사용되었다.

▶ 수구의 속도는 중간 정도이고, 당점은 중앙이다.

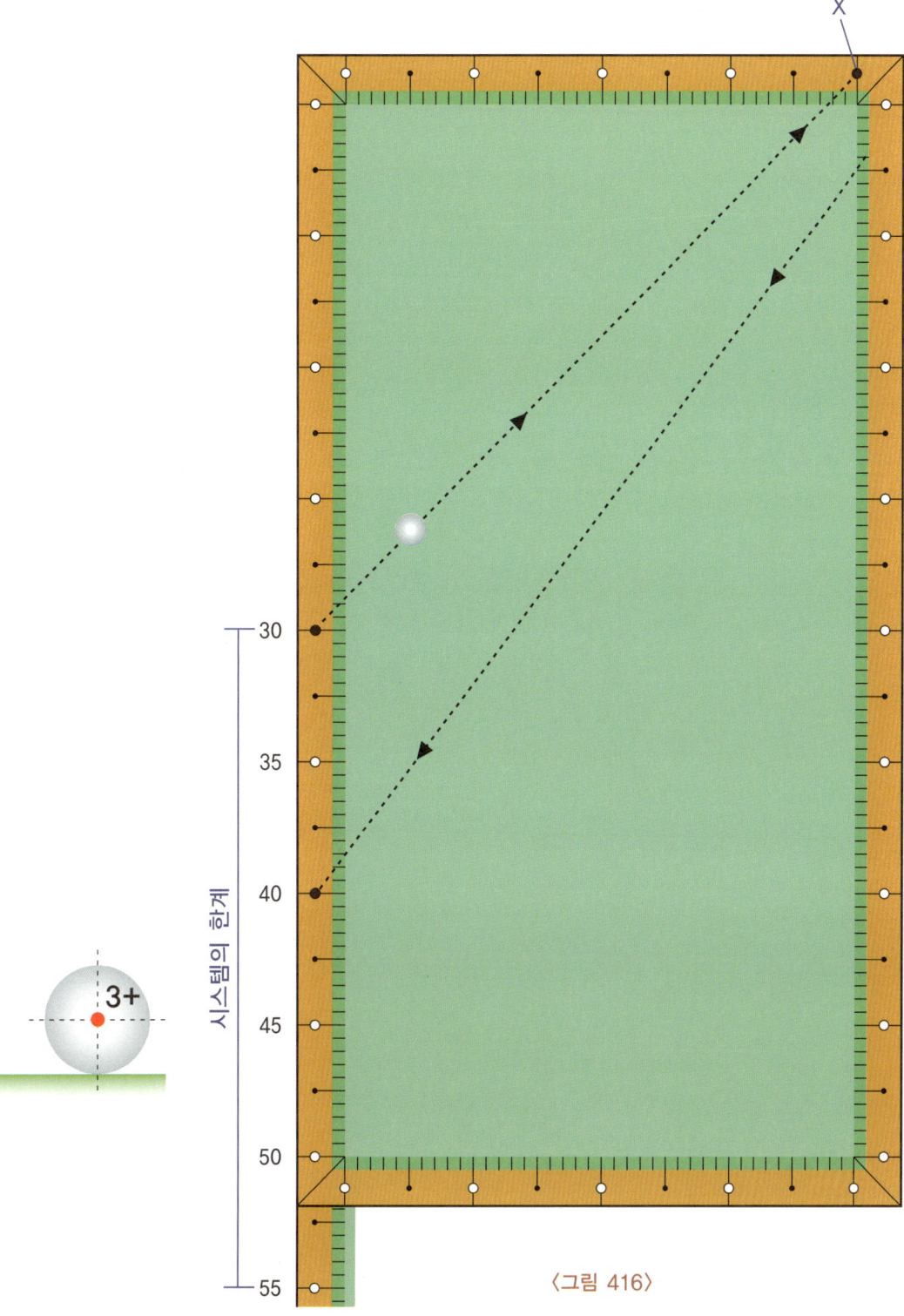

〈그림 416〉

Billiard ATLAS Chapter 2

수직축 시스템
Vertical Axis Systems

이 시스템은 여러분들의 부족한 2%를 채워 줄 것이다. 이 장에서는 15페이지에 걸쳐 '수직축 당점'[1]을 적용했을 때 나타나는 수구의 독특한 진로에 관해 소개하고 있다. 수구의 속도와 스트로크가 평소와는 조금 다를 것이다.

이 장에서 가장 중점적으로 다루는 부분은, 4쿠션 지점으로 보낼 수 있도록 각을 짧게 만드는 것이다.

커브샷의 응용(piece de resistance)을 적용하면 관중들의 열화와 같은 박수를 받게 될 것이다.

2/3 시스템의 교정(Joey's Alignment)에서는 각을 확장할 수 있는 자료들을 담고 있다.

데드볼 플러스(Dead-Ball Plus) 역시 일급 시스템이다.

- 할론 선수의 커브샷
- 2/3 시스템 교정
- 데드볼 플러스 2
- 커브샷의 응용
- 데드볼 플러스

---

[1] 수직축 당점(Vertical Axis english) : 수구의 중심을 지나는 수직선 상의 당점. 옆회전이 없는 상단, 중단, 하단 당점을 의미한다.

할론 선수의 커브샷
Hallon's Curve

▶ 연습하는 도중에 **캐로스 할론(Carlos Hallon)** 선수는 필자가 모르는 몇 가지 세부적인 테크닉을 전수해 주었다. 그는 정보를 공유하는 데 매우 열려있는 사람이었다. 3가지 그림을 통해 이 테크닉에 관해 설명하겠다.

▶ 〈그림 417〉에서는 코너X에서 1쿠션 지점 A로 향하는 수구의 진로를 나타내고 있다. 하단 당점으로 인해 수구는 깊게 미끄러지므로(skid), 1쿠션에 맞은 후 2쿠션으로 향하면서 커브를 그리게 된다. 그리고 3쿠션, 4쿠션에서는 그림과 같은 진로를 보인다(단, 실제 커브는 그림처럼 심하지는 않다).

▶ 수구는 미스큐가 나지 않는 범위에서 최대한 하단을 쳐야 한다. 옆회전은 적용하지 말고 큐의 뒷부분을 살짝 들어라.

▶ 거의 풀 팔로-스루-스트로크(full follow-through stroke)를 적용하여 자신감있게 샷하라. 수구가 그림처럼 진행할 때까지 연습하라. 여러분은 정확한 스트로크와 스트로크의 길이에 관해 금방 깨달을 수 있을 것이다.

▶ 〈그림 418〉은 공 배치가 약간 다르므로 전환이 필요하다.

▶ 수구의 시발점이 2포인트 전환할 때마다 1쿠션 지점은 1포인트 전환한다. 수구는 W에서 B로 향하며, 이후 2쿠션 지점으로 향하면서 커브를 그린다. 3쿠션 지점의 위치가 약간 다르고, 4쿠션 지점은 〈그림 417〉과 비슷하다.

▶ 〈그림 419〉에서는 수구의 시발점이 X이고 1쿠션 지점이 B일 때 수구의 진로를 나타낸다. 수구는 2쿠션 지점으로 향하면서 커브를 그리고 4쿠션 지점은 앞 그림들과 유사하다.

▶ 4쿠션으로 향하는 일반적인 수구의 진로는 충분히 예상할 수 있다.

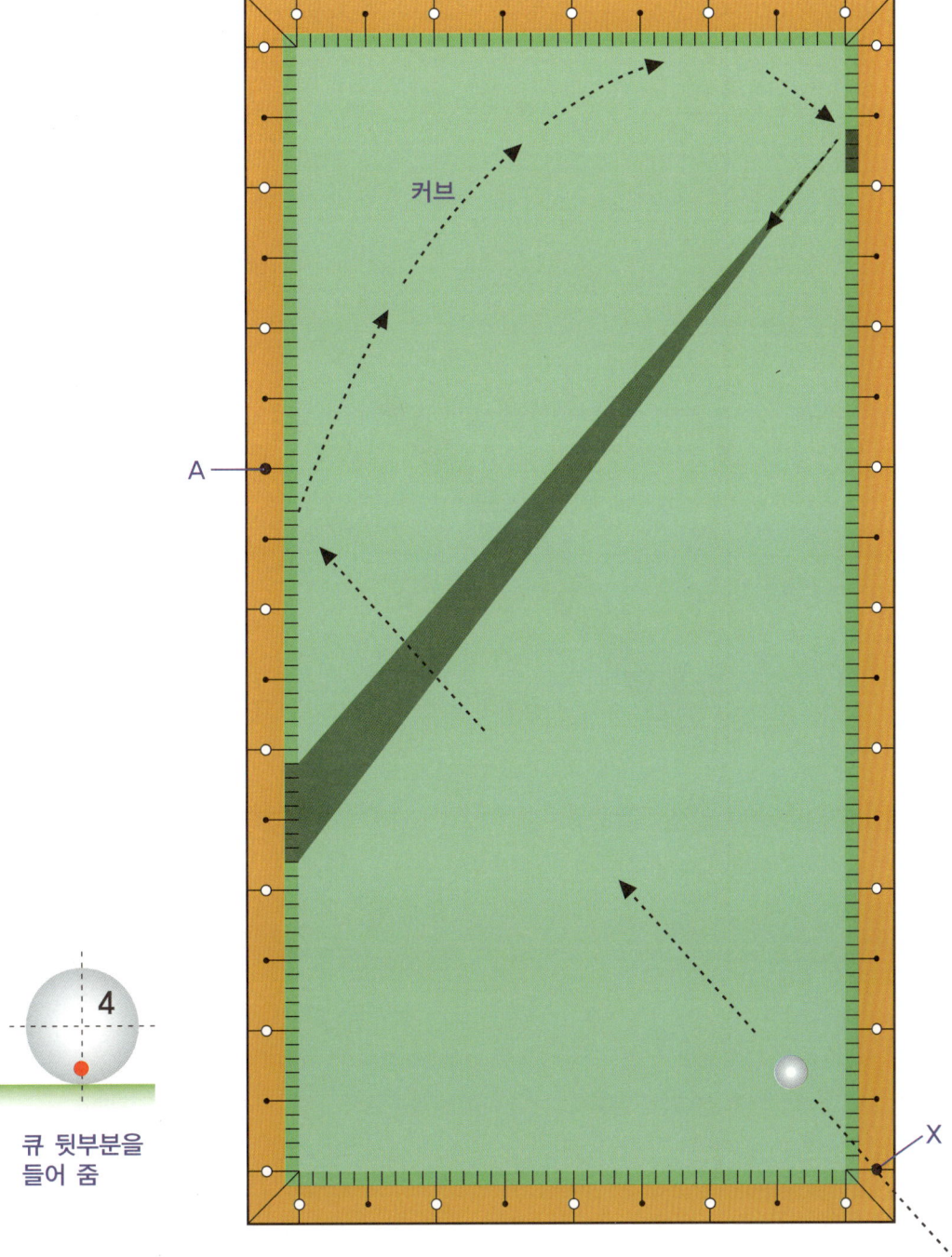

〈그림 417〉

큐 뒷부분을
들어 줌

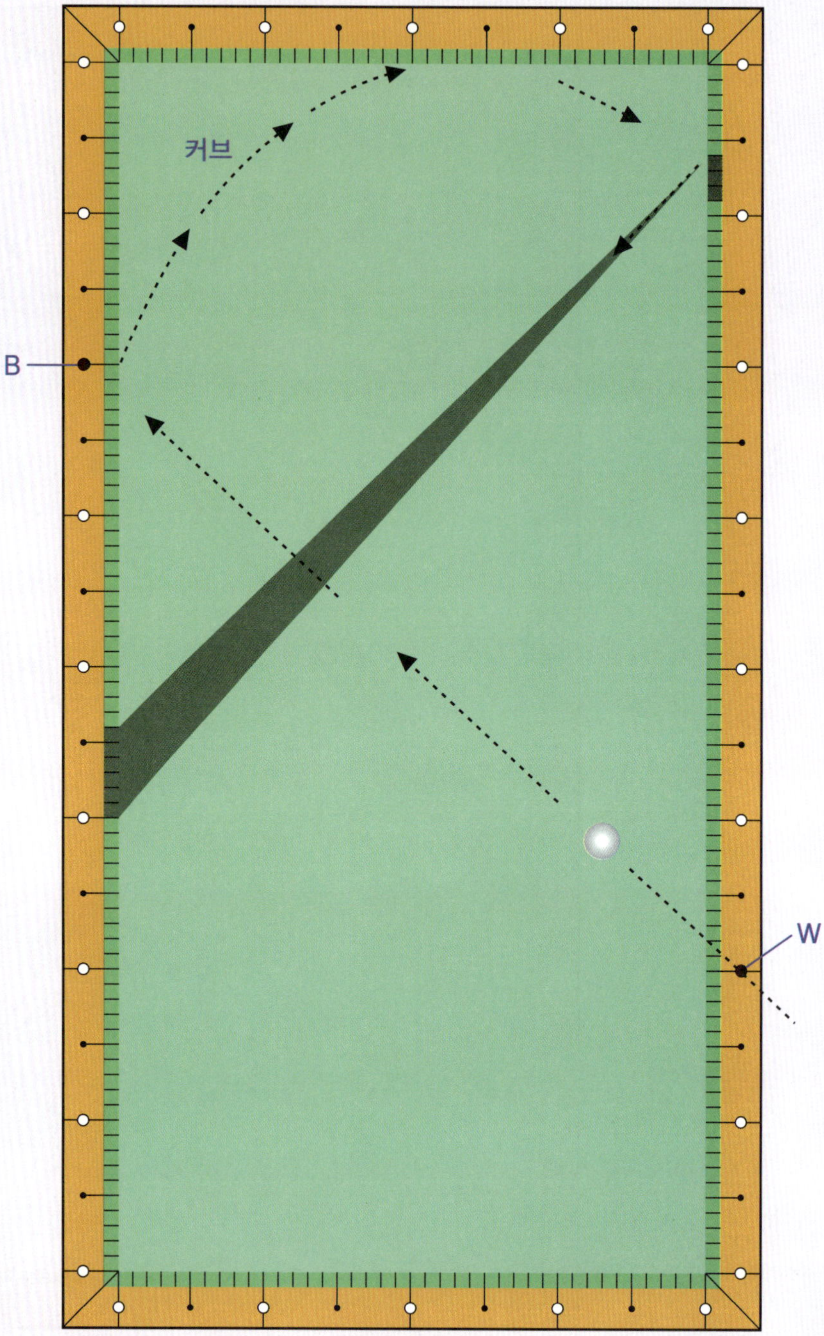

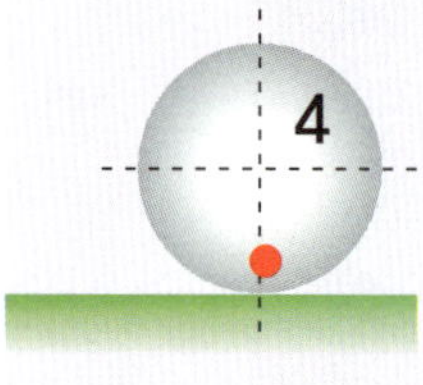

〈그림 418〉

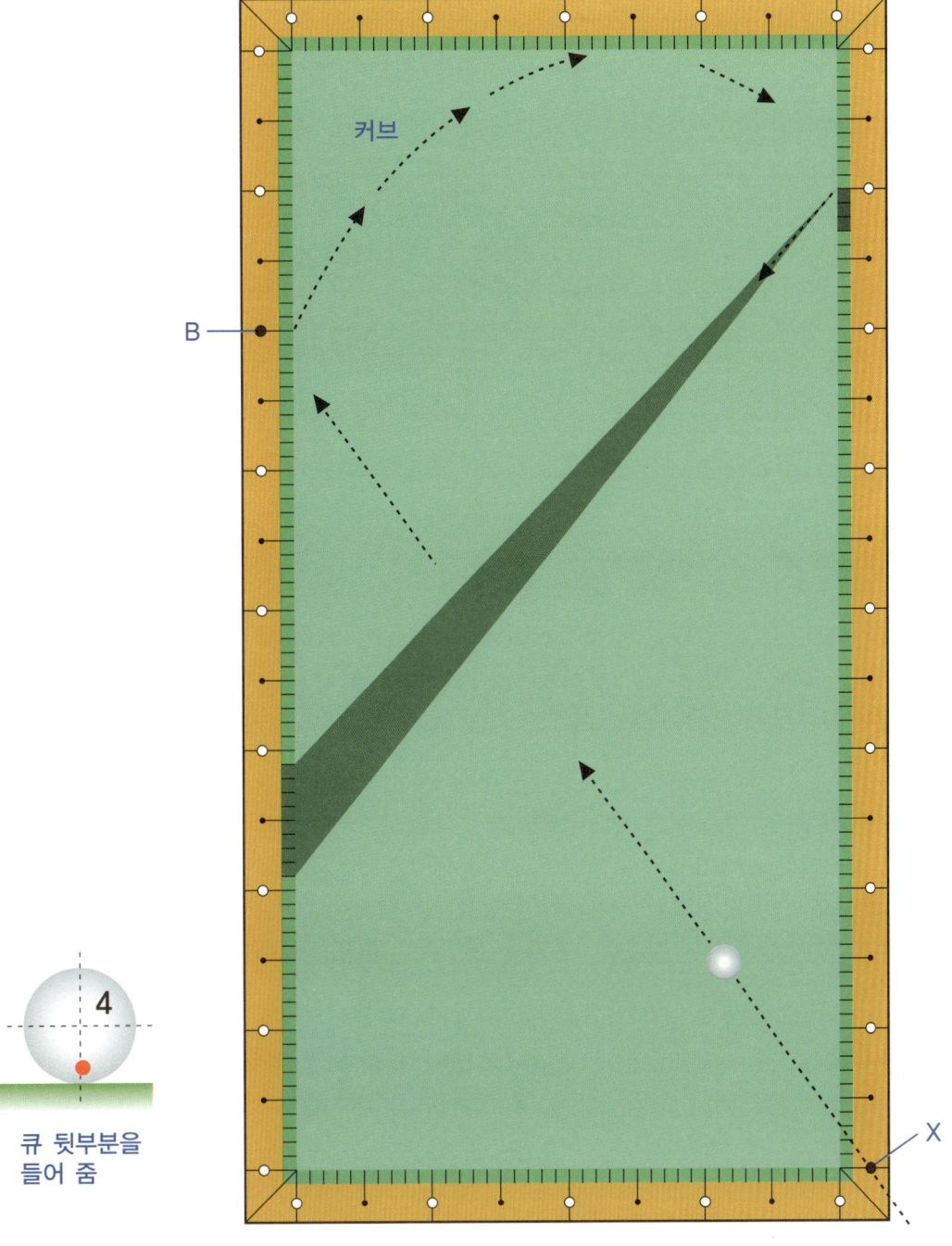

〈그림 419〉

VERTICAL AXIS SYSTEMS

커브샷의 응용
Piece de Resistance

▶ 앞 페이지의 3가지 그림을 통해 4쿠션으로 향하는 수구의 일반적인 진로를 예측할 수 있음을 알았다.

▶ 〈그림 420〉은 커브샷 테크닉을 아주 멋지게 응용하고 있다. 제2적구의 득점 범위가 매우 크다는 사실을 명심하라.

▶ 이 샷을 성공시키기 위해서는 몇 가지 추가적인 사항이 필요한데, 간단하지만은 않다. 이상천 선수는 이 샷을 자주 초이스하는데, 매우 쉽게 성공시킨다.

▶ 1적구를 맞고 1쿠션으로 향하는 각이 앞 페이지보다는 짧아졌지만, 1쿠션에서 2쿠션으로 향하면서는 동일하게 커브를 그린다. 이 커브로 인해 수구의 진로는 더욱 짧아지게 된다.

▶ 이와 비슷한 테크닉을 『빌리어드 아틀라스 2권』 96쪽에서 선보인 바 있다. 하지만 고모리 선수의 테크닉은 수구의 커브를 뺀 채 데드볼(노잉글리시) 형태로 곧게 진행시킨다는 점에서 다르다.

▶ 논란이 되는 점이 상단 당점을 주고 잽 스트로크를 적용해도 득점에 성공할 수 있다는 것이다. 하지만 이것은 최상의 초이스가 아니다.

▶ 커브샷은 친숙하지 않은 테크닉이기에 선수들이 쉽게 초이스하지 않을 것이다. 하지만 필자가 장담하건대 조금만 연습하면 이 테크닉을 일상적으로 사용할 수 있을 것이다.

▶ 존 마체타(John Machetta) 선수와 타다시 마츠다(Tadashi Machida) 선수가 이 테크닉을 검증해 주었다.

▶ 처음에 수구는 약간 거칠게 진행할 것이다. 하지만 곧 스트로크를 적당하게 조절할 수 있게 되면 수구도 길들일 수 있을 것이다.

▶ 정말 식은 죽 먹기처럼 쉬운 샷이다. 놓칠 수가 없다.

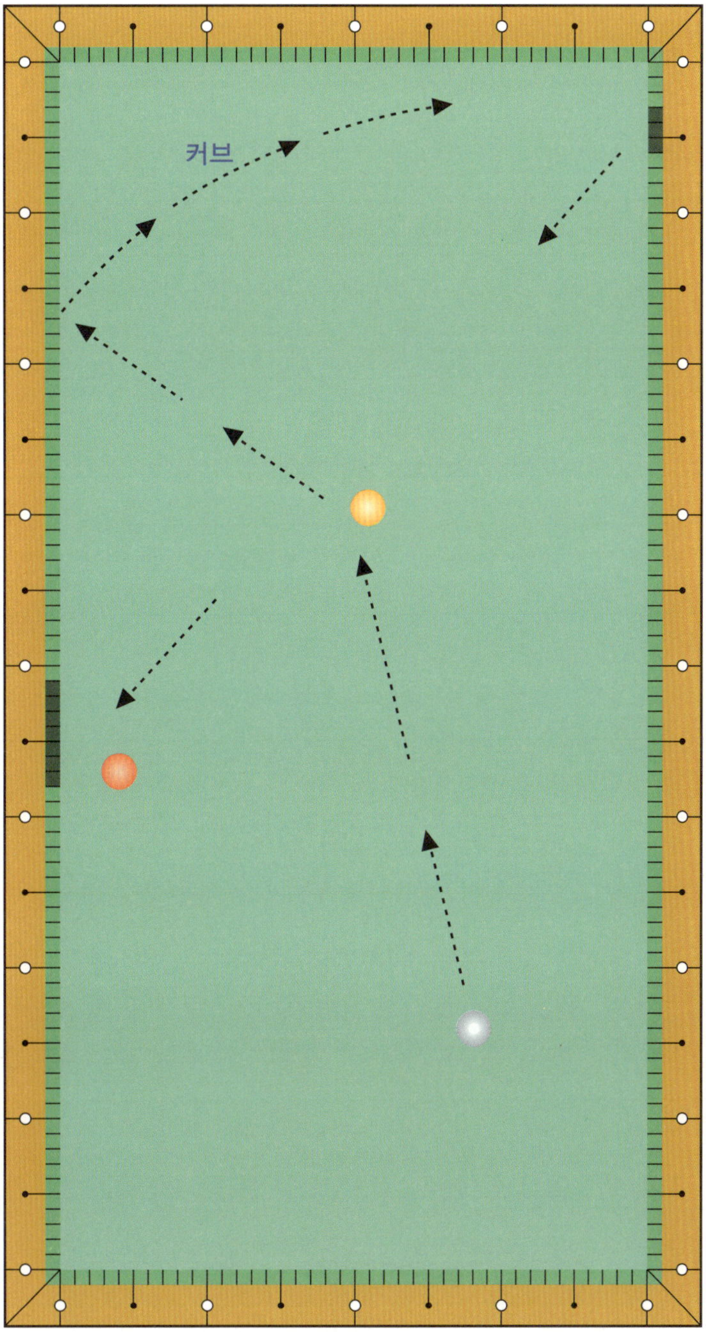

커브

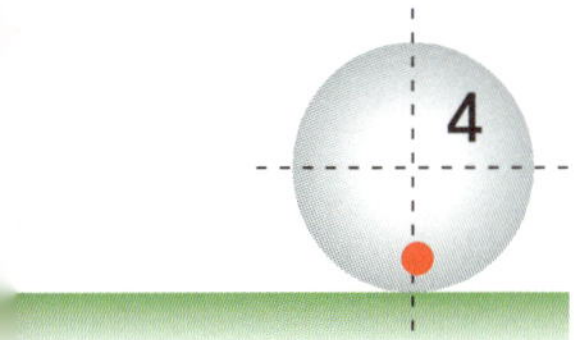

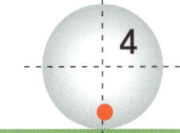

〈그림 420〉

2/3 시스템 교정
Joey's Alignment

▶ 이 페이지에서는 수구의 당점을 중단에 두었을 때 진행 방향을 계산하는 방법을 다루고 있다.

▶ <그림 421>의 내용을 이해하기 위해선 먼저 『빌리어드 아틀라스 3권』 22쪽에 소개한 2/3 시스템(Two-Thirds System)을 읽어 보기 바란다.

▶ 2/3 시스템에서 수구가 A를 향할 경우 3쿠션 지점은 수구 수의 2/3지점이 된다는 사실을 이미 설명한 바 있다.

▶ <그림 421>에서는 수구의 위치가 바뀌었을 때 1쿠션 겨냥점을 찾는 방법을 소개하고 있다.

▶ 그림을 보면 수구 수가 9이고 A를 겨냥했을 때, 3쿠션 지점은 9의 2/3인 6이 됨을 알 수 있다.

▶ 그렇다면 수구가 9보다 오른쪽, 즉 단축에 위치할 경우에 교정하는 방법은 무엇일까?

▶ 수구가 9보다 오른쪽에 위치했을 때 1쿠션 겨냥점을 교정법은 다음과 같다. 1쿠션 겨냥점이 1포인트 이동할 때마다 수구를 0.5포인트 이동시켜라. 즉, 수구가 9보다 0.5포인트 오른쪽에 위치할 경우 1쿠션 지점 B를 겨냥해야 X로 보낼 수 있다.

▶ 수구 수가 Y일 경우에는 1쿠션 지점 C를 겨냥해야 X로 향한다.

▶ 수구 속도 5~6을 적용해 단호하게 타격하라.

▶ 이 시스템은 플로리다의 조이 벤트렐리(Joey Ventrelli) 선수가 전수해 준 것이다.

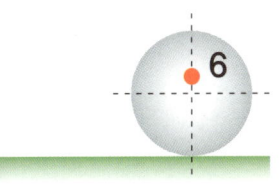

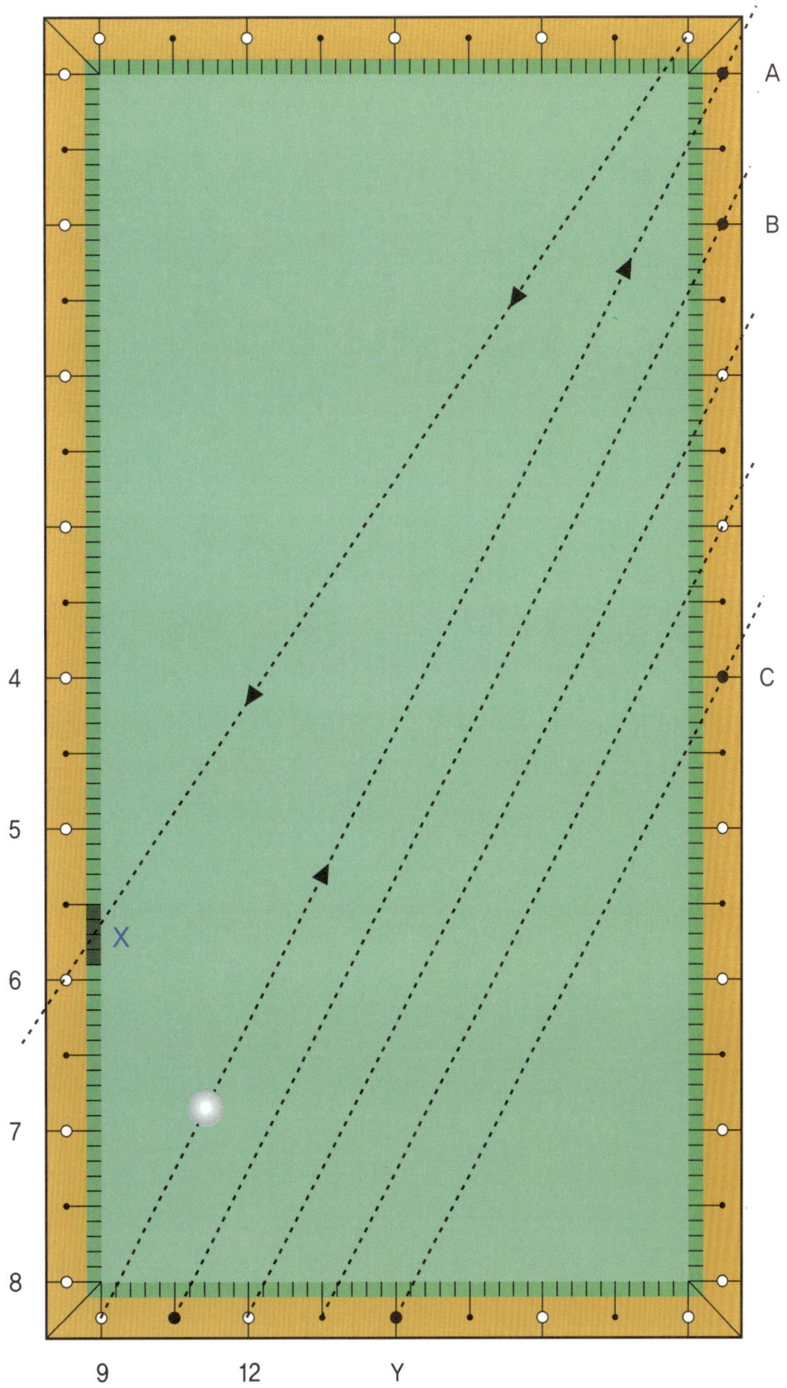

〈그림 421〉

VERTICAL AXIS SYSTEMS

데드볼 플러스
Dead Ball Plus

▶ 이 독창적인 플러스 시스템은 여러분을 흥분시키기에 충분할 것이다. 흔치 않은 시스템 중 하나로, 〈그림 422〉에서 자세한 공략법을 소개하고 있다.

▶ 라틴 아메리카 예술구 대회를 17회나 제패했고, 1990년 세계 예술구 대회에서 2위를 차지한 **로베르토 로자스(Roberto Rojas)** 선수에게 감사의 말을 전한다.

▶ 처음 이 시스템을 접하면 성공 확률이 얼마나 될까 의아해 할 것이다. 하지만 걱정하지 마라. 한번 그 맛을 보면 시스템에 푹 빠져들게 될 것이다.

▶ 우선 3쿠션 지점 A를 정하고, A에서 시작하여 코너 B를 통과하고 당구대 너머 6피트(1.8m) 너머 벽의 한 지점 X까지 가상의 선을 그어라. 그리고 수구를 X에 겨냥하라.

▶ 수구의 시발점에 따라 타법에 차이가 생긴다. 수구의 시발점이 C인 경우 D일 때보다 더 느린 속도로 수구를 보내야 한다.

▶ 수구는 자신감있게 때려야 한다. 수구의 적당한 속도를 찾기 위해서는 반드시 연습이 필요하다.

▶ **로자스** 선수는 상단 2팁의 당점을 적용한다.

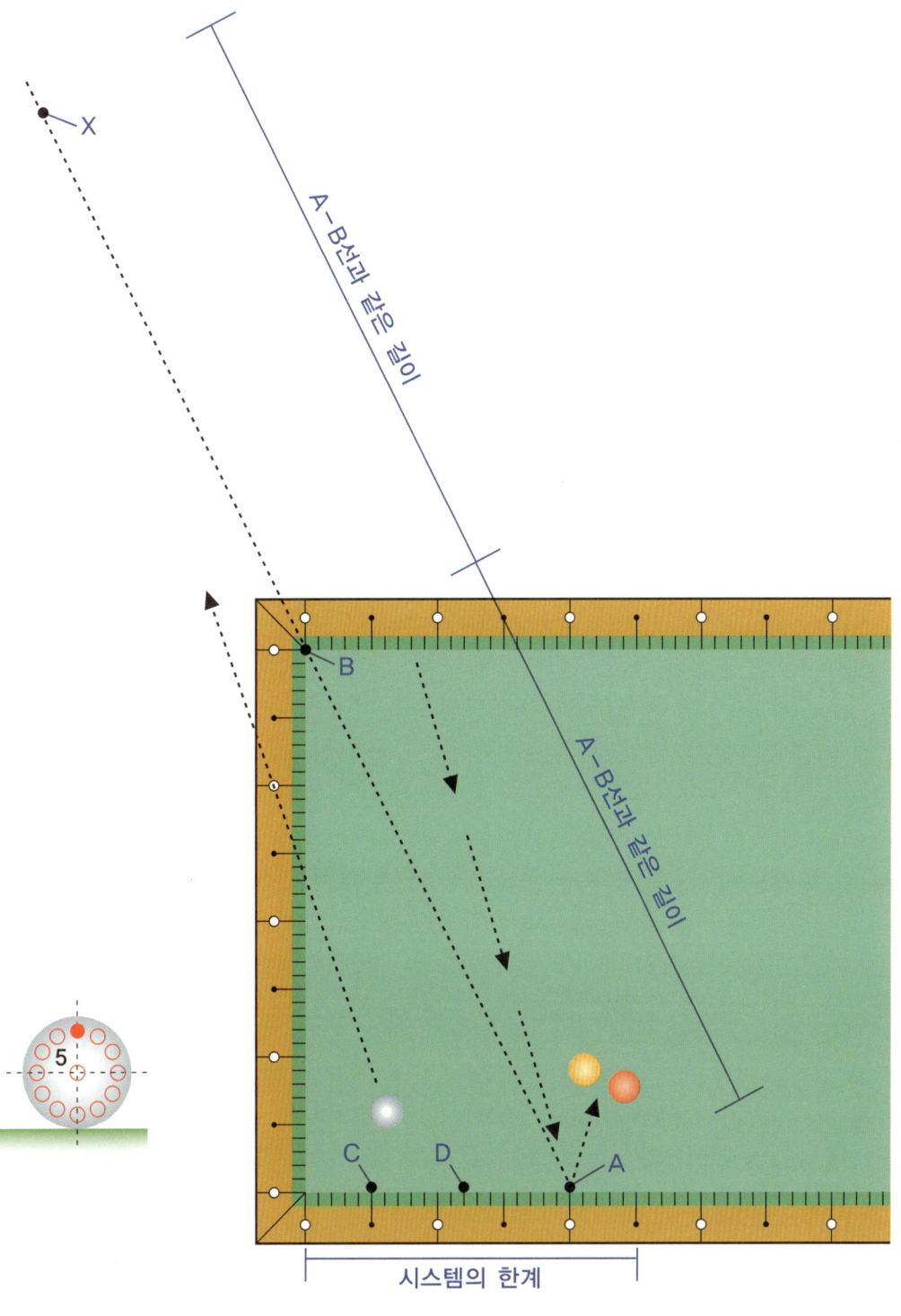

〈그림 422〉

VERTICAL AXIS SYSTEMS

데드볼 플러스 2
No Accident

▶ 이 샷을 성공시키면 사람들은 우연이라고 말할 것이다. 하지만 철저한 계산에서 나온 샷이다.

▶ 〈그림 423〉에서는 고려해야 할 요소가 얼마나 많은지 보여 주고 있다. 수구는 3쿠션 지점으로 향하면서 역회전이 작용하며, 2쿠션 지점에서 수구의 시발점도 측정해야 한다. 또한 수구의 속도에 따라 큰 차이가 생긴다.

▶ 이 그림에서 수구의 시발점은 C이고, 2쿠션 시발점은 F이다. 3쿠션 지점은 A이며, 대략의 4쿠션 지점 범위는 회색칠된 부분이다. 3쿠션에서 수구의 입사각과 반사각이 **동일하지 않다**는 사실을 명심하라.

▶ 수구가 느리고 부드럽게 굴러갈 수록 3쿠션 이후에 작용하는 역회전은 줄어들며, 수구의 속도가 빨라질수록 진로는 짧아진다.

▶ 〈그림 424〉에서는 수구의 시발점이 D, 2쿠션 시발점은 L, 3쿠션 지점은 A이다.

▶ 수구가 4쿠션째에 대략 어느 지점으로 진행하는지 나타내고 있다. 수구의 속도가 빨라질수록, 그리고 역회전이 작용할수록 4쿠션으로의 진로가 짧아진다는 사실을 명심하라.

▶ 〈그림 424〉를 응용하여 또 다른 샷을 시험해 볼 수 있다. 2적구가 당구대의 중간에 위치했다고 가정하자. 수구의 속도를 조금 더 빠르게 하면 5쿠션 이상 째에서 득점에 성공할 수 있다.

▶ 브롬달 선수가 위의 샷을 플로리다대회 때 성공시켰는데, 필자는 "혹시 『빌리어드 아틀라스 4권』을 봤나요?"하고 묻지 않을 수 없었다.

▶ 여러분이 샷을 성공시키면 친구들은 놀라워 할 것이다.

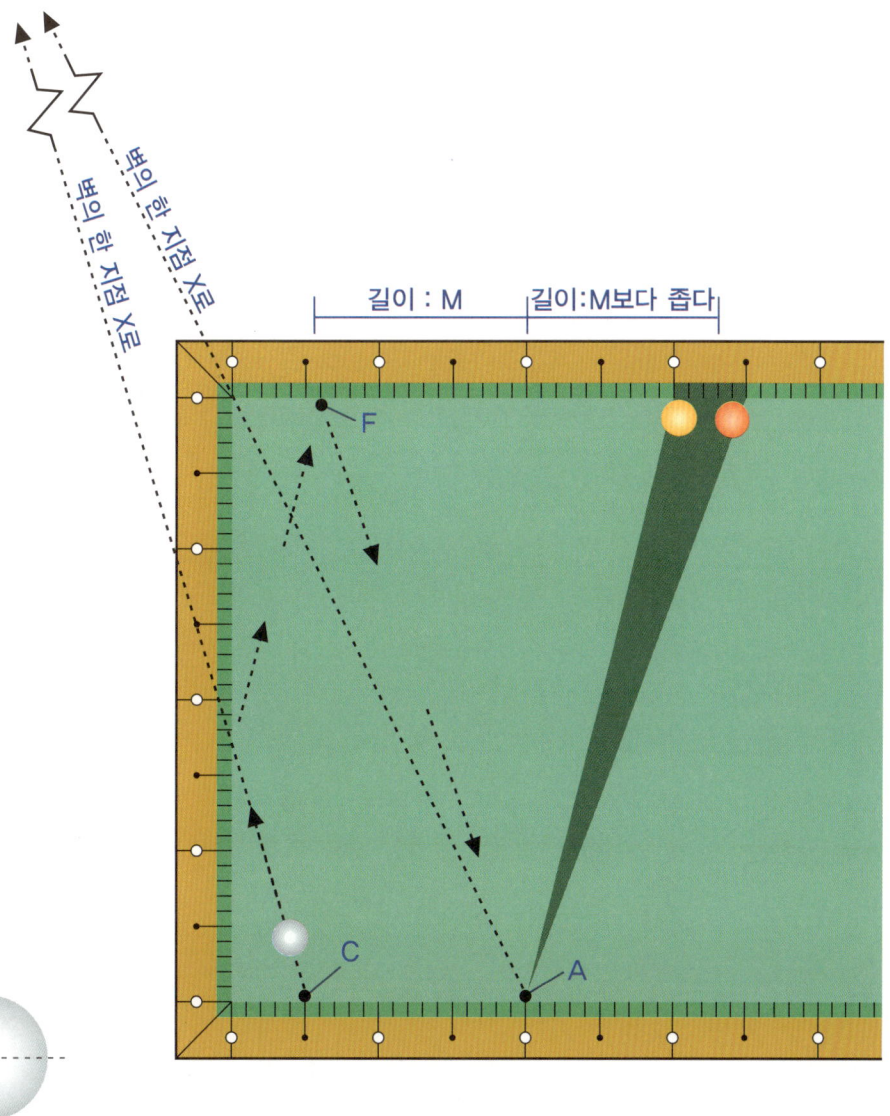

〈그림 423〉

VERTICAL AXIS SYSTEMS

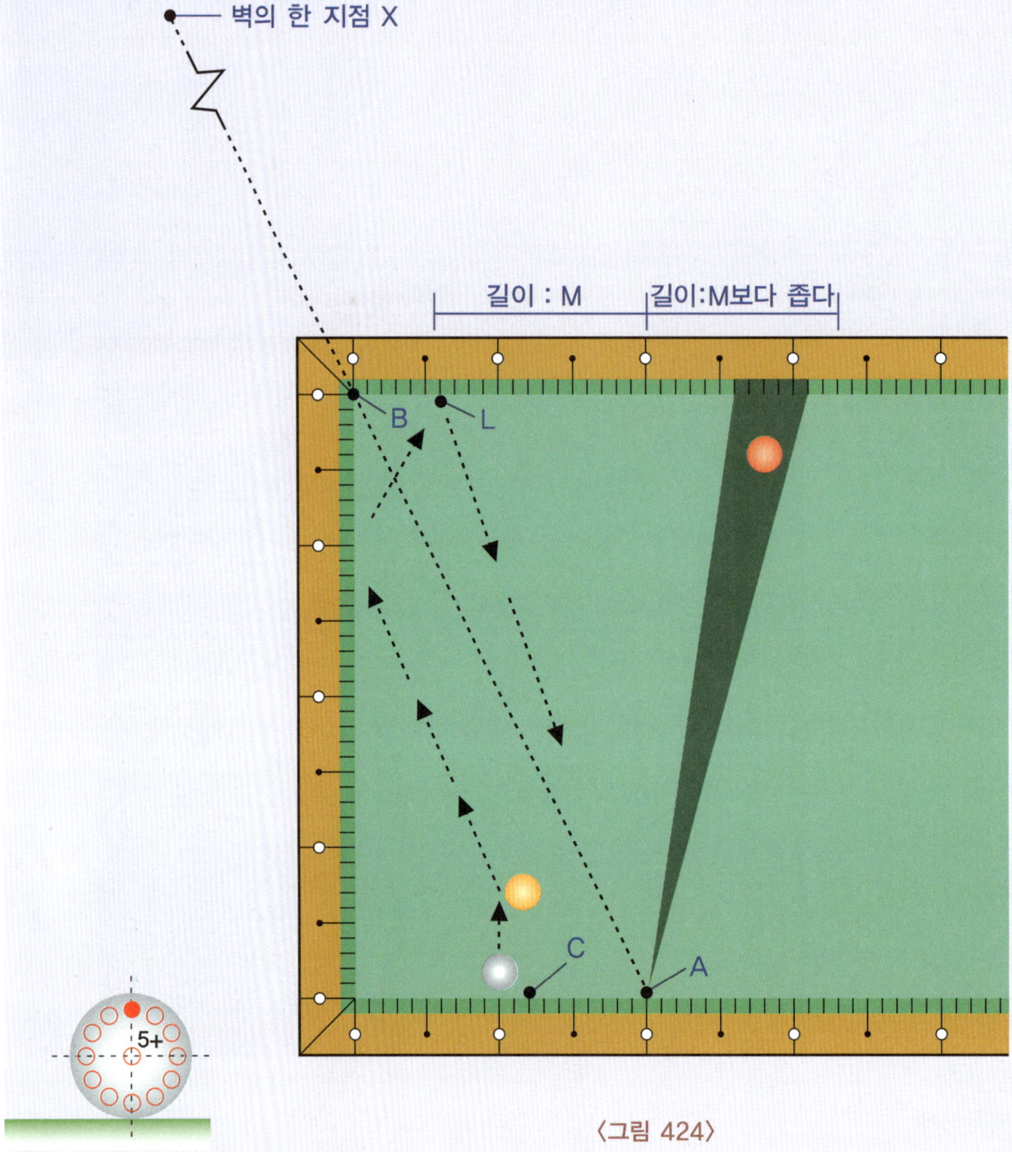

벽의 한 지점 X

길이 : M   길이:M보다 좁다

B L

C A

5+

〈그림 424〉

고수들의 조언
Words From Above

리차드 비탈리스 선수는
정확도 향상을 위해서는 최대한 손목을
사용하지 않는 것이 바람직하다고 충고한다.
특히 쇼트앵글 샷에서는 더욱 그러하다.
팔뚝과 손이 하나되어 움직일 때
가장 이상적이고, 수구도 능숙하게 컨트롤
할 수 있을 뿐더러 결과도 좋아진다.

Billiard ATLAS Chapter 3

속도
Speed

타석에 들어서서 계산을 시작할 때 가장 먼저 결정해야 할 사항이 바로 수구의 속도이다. 만약 수구의 속도가 잘못되면 진로는 바뀌게 되고, 샷은 득점권 밖으로 벗어날 것이다. 속도 조절은 아마도 선수들이 가장 많이 실수하는 부분일 것이다.

수구를 얼마만큼의 속도로 보낼지 결정한 다음에는, 이 속도를 기준으로 다른 모든 사항을 계산하라.

속도는 이 책의 모든 내용과 연관되어 있다. 교수법이 훌륭한 선수가 속도에 관한 내용을 정리하여 일반 동호인들에게 일깨워 줬으면 하는 바람이다.

이 장에서는 속도가 약간 달라짐에 따라 타격 지점이 얼마나 많이 바뀌는지 보여 줄 것이다.

또한 자주 사용되는 더블쿠션 샷을 분석하였다. 더블쿠션 샷은 항상 선수들을 당황하게 만드는데, 약간만 속도가 달라져도 진로가 완전히 어긋나기 때문이다. 속도에 대한 개념을 조금만 정립한다면 더 안정적으로 득점할 수 있을 것이다.

여러분은 이 스피드 시스템(speed system)에 빠져들게 될 것이다. 이 시스템은 누구나 따라할 수 있을 만큼 간단하다. 필자가 장담하건대 여러분이 이 시스템에 입각하여 연달아 득점하면 상대방은 멍해져서 감탄할 겨를도 없어질 것이다.

속도 개념을 정립하면 자신만의 시스템을 구축하는 데도 큰 도움이 될 것이다.

- 진로 변화
- 진로 변화 2
- 속도 변화
- 속도 변화 2
- 강하게 치기
- 던져치기
- 스피드 시스템
- 당구대

진로 변화
Path Change

▶ 이 페이지의 목적은 선수들에게 수구의 조그만 속도 변화가 진로를 어떻게 바꾸는지에 대해 각인시키고자 함이다.

▶ 수구의 당점은 중단이며, 다음 페이지까지 수구의 속도 변화가 진로에 어떤 영향을 미치는지 설명할 것이다. 매우 뛰어난 선수들도 이 내용을 간과하고 있을 때가 많다. 겨냥점은 포인트 선상이 아닌 칼끝이다.

▶ 〈그림 425〉에서 1쿠션으로의 입사각과 반사각은 거의 동일하나, 2쿠션으로 입사/반사각은 다르다.

▶ 3쿠션에 겨우 닿을 정도로 부드럽게 스트로크할 경우, 예상 도달 지점과 0.2포인트 정도 오차가 생김을 감안하라.

▶ 〈그림 426〉에서도 2쿠션으로의 입사/반사각이 동일하지 않다. 다시 한번 강조하지만, 이 진로는 수구가 3쿠션에 겨우 닿을 정도로 부드럽게 스트로크했을 때이다.

▶ 수구의 속도를 더 빠르게 할 경우 2쿠션, 3쿠션 지점은 각각 A, B가 된다. 이처럼 속도가 빨라지면 진로에 문제가 생긴다.

▶ 그림에서 알 수 있듯이 속도 변화로 인해 예상 진로가 크게 바뀐다. 때로는 수구를 빠르게 진행시켜야 할 때도 있는데, 위의 두 가지 그림을 기준으로 비교해서 계산하면 될 것이다.

▶ 수구의 당점은 중앙에서 살짝 밑이며, 스톱 스트로크를 적용하라. 단, 손목은 사용하지 않는다.

▶ 당구대의 상태에 따라 1쿠션 겨냥점에 약간씩 차이가 생길 것이다. 적절히 조정하기 바란다.

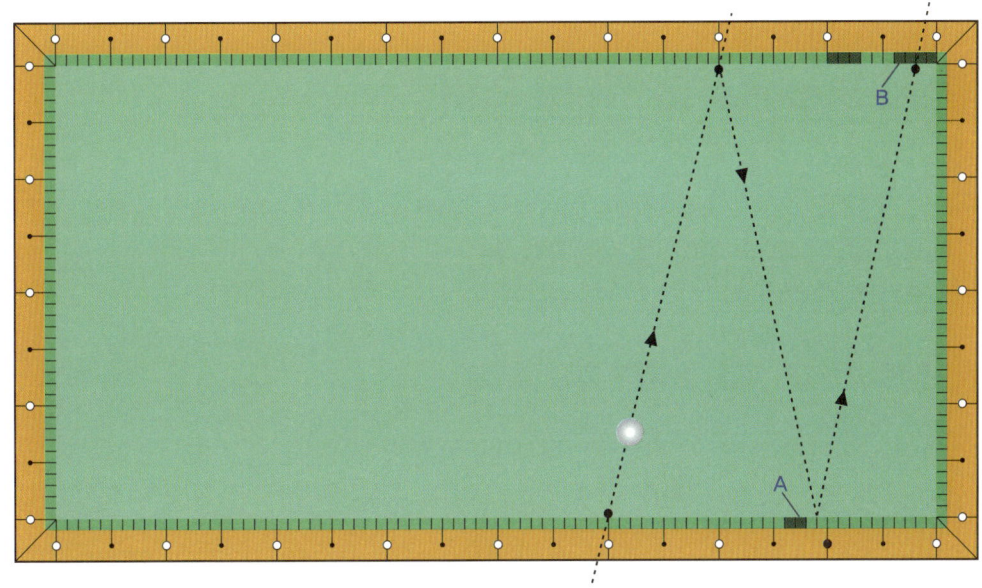

〈그림 425〉

절반의 팔로-스톱-스트로크

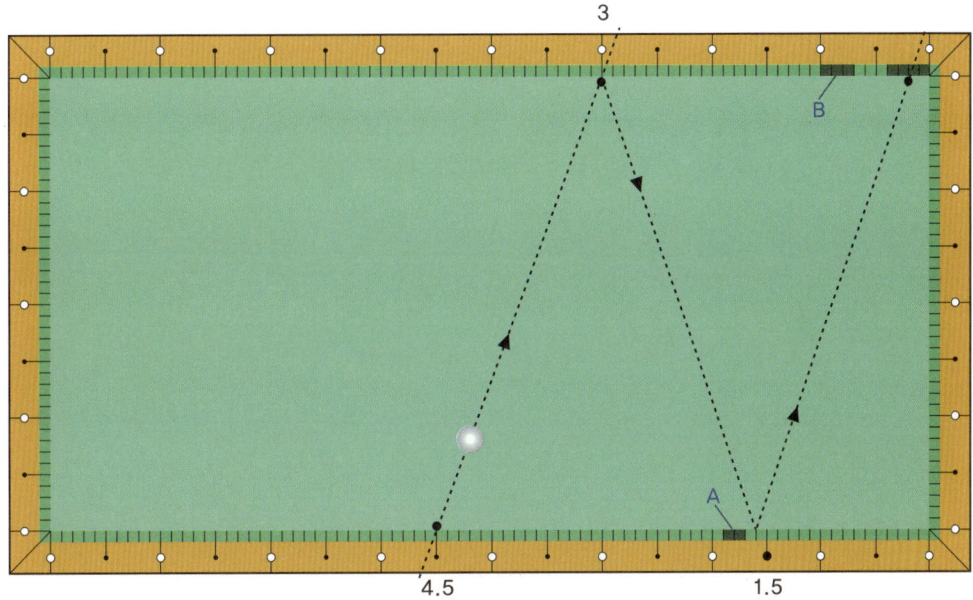

〈그림 426〉

진로 변화 2
More Second To Third Rail

▶ 1쿠션으로의 입사각이 커질수록 3쿠션으로의 진로를 예상하기 힘들다. 전혀 생각지도 못한 각이 생성되기도 하는데, 대부분 수구의 속도 조절에 실패했기 때문이다.

▶ 포인트 선상이 아닌, 칼끝이 겨냥점이다.

▶ 〈그림 427〉을 보면 2쿠션으로의 입사각과 반사각이 동일하지 않음을 알 수 있다. 입사각과 반사각이 동일하다면 수구는 3쿠션 1포인트 지점을 향해야 하는데, 실제로는 코너 근방에 떨어진다. 속도를 더 빠르게 하면 B로 향한다.

▶ 이렇듯 속도 조절에 실패하면 수구의 진로는 급격히 바뀌며, 득점에도 성공할 수 없다.

▶ 〈그림 428〉에서 3쿠션 지점은 8.5나 9.0정도로, 당구대 너머 가상 장축으로 향한다. 대부분의 선수들이 수구가 3쿠션째에 코너 안쪽(장축)에 떨어질 것으로 예상했을 것이다. 수구의 속도를 빨리하면 수구는 B로 향한다.

▶ 1적구를 맞춘 후 장축을 2번 맞춰 코너 부근(8.5)에 위치한 2적구로 수구를 보내고자 할 경우, 〈그림 428〉의 선이 유용하게 쓰일 것이다.

▶ 수구의 속도가 조금만 빨라져도 2, 3쿠션 도달 지점은 현저히 달라지는데, 그림의 A, B로 진행할 것이다. 실제 경기에서는 대부분 수구의 속도를 약간 빠르게 한다.

▶ 당구대와 당구공의 상태에 따라 진로에 차이가 생기는데, 1쿠션 겨냥점을 알맞게 조정하기 바란다.

▶ 속도의 조그만 차이가 진로를 바꾼다는 사실을 알게 되면 조금 더 현명하게 플레이할 수 있다. 이제 여러분은 이 사실을 아는 0.1% 선수 안에 들게 되었다.

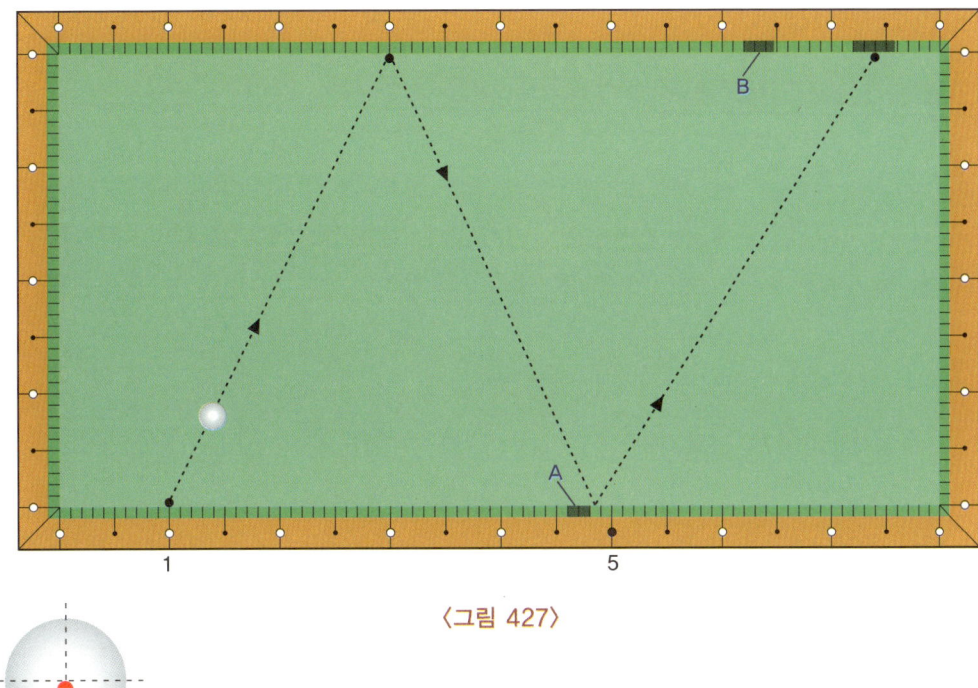

〈그림 427〉

절반의 팔로-스루 스트로크

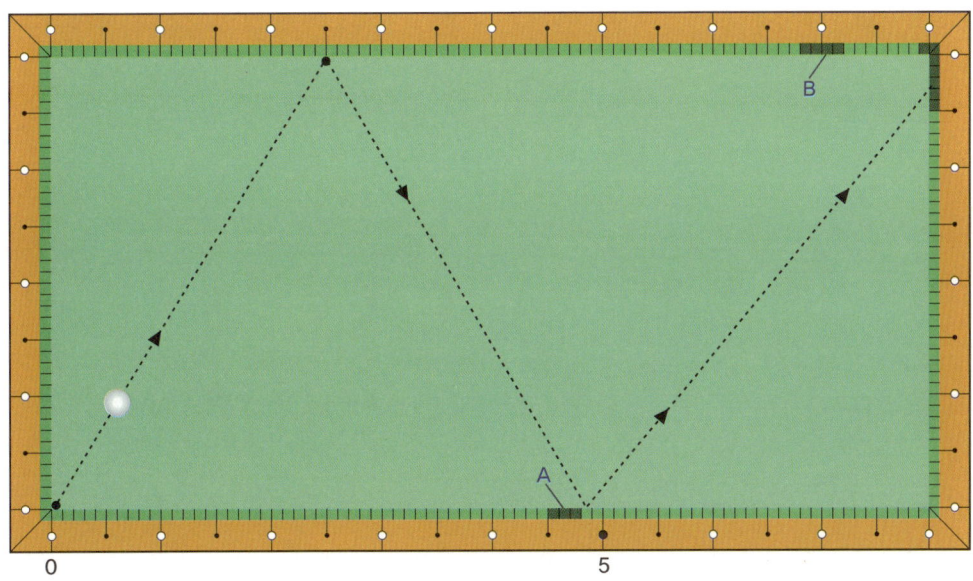

〈그림 428〉

속도 변화
Speed Change

- 전 미국 챔피언인 **할론** 선수는 일반적인 더블쿠션 샷의 미묘한 차이를 구분할 줄 안다.

- 10년 전쯤 보카 라톤(Boca Raton)에서 열린 대회에서 **캐로스 할론** 선수는 샷을 다양하게 변화시키는 유일한 요소는 수구의 속도라고 언급했다.

- 〈그림 429〉에서는 자주 등장하는 배열의 공을 소개하고 있는데, 특히 디펜스 당했을 때 그러하다. 3가지 배열 모두 1적구 두께는 1/2를 적용하였다.

- 2적구는 코너 부근에 위치하며, 1적구는 3가지 다른 위치에 있다. 수구가 1적구로 입사하는 각은 세 가지 모두 비슷하다.

- 다시 한번 강조하지만, 1적구 두께는 가장 편안한 두께인 1/2이다.

- 그리고 수구가 1적구와 부딪힌 후 1쿠션으로 입사하는 각은 3가지 모두 동일하다.

- 이 샷의 비밀은 각 배열마다 수구의 속도를 달리하는 데 있다. 당점은 역회전 1팁이고, 약간 빠른 스트로크를 적용하라.

- C는 수구를 부드럽게 쳤을 때이다. B는 수구를 약간 강하게 쳤을 때이다. A는 수구를 아주 강하게 쳤을 때이다.

- 연습을 통해 이 테크닉을 익히면 평생 동안 사용할 수 있을 것이다.

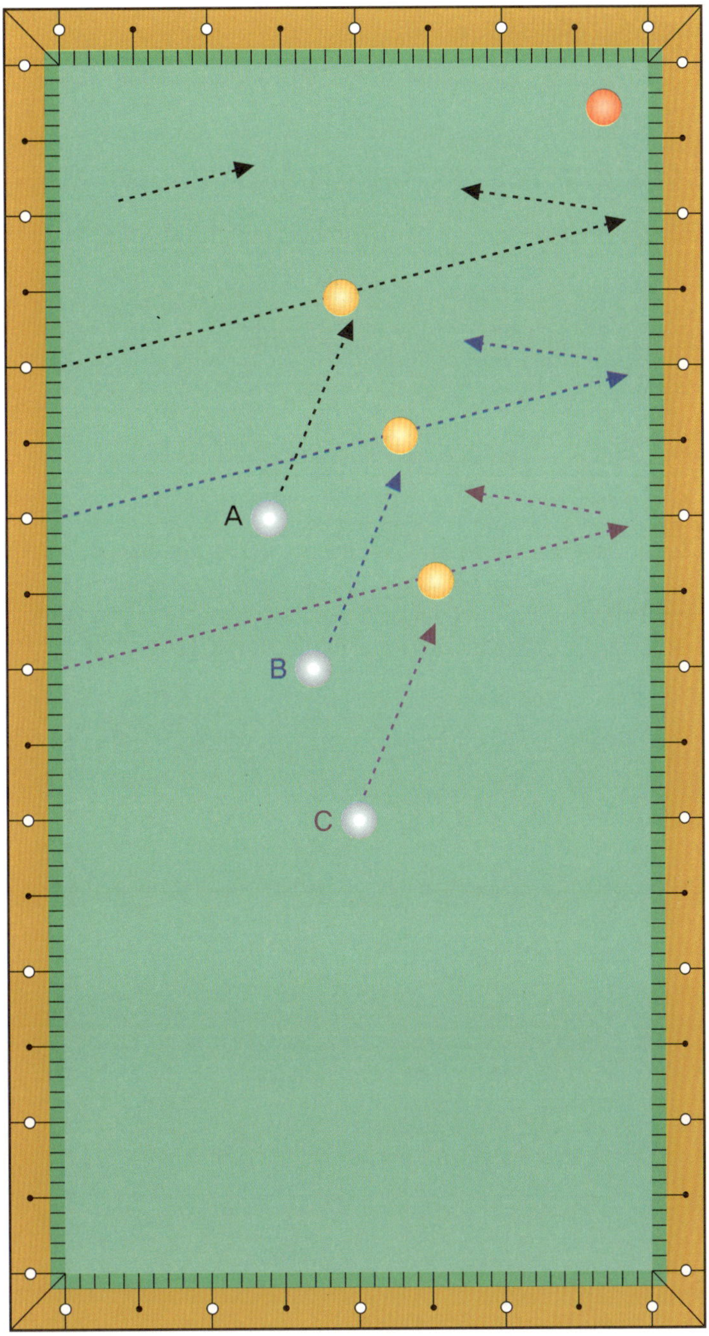

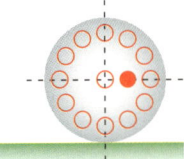

〈그림 429〉

속도 변화 2
More Speed

▶ 〈그림 430〉에서처럼 수구의 1적구로의 입사각이 달라지면 수구의 당점이 달라진다.

▶ 진로M에서 수구의 당점은 중상단이다.

▶ 진로N에서는 반팁 정도의 회전을 적용하였다.

▶ 66쪽의 내용을 마스터한 상태라면, 이 내용이 여러분들의 경기력 향상에 큰 도움이 될 것이다.

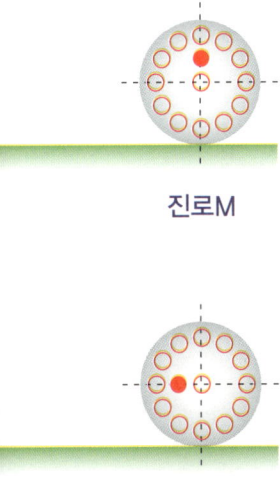

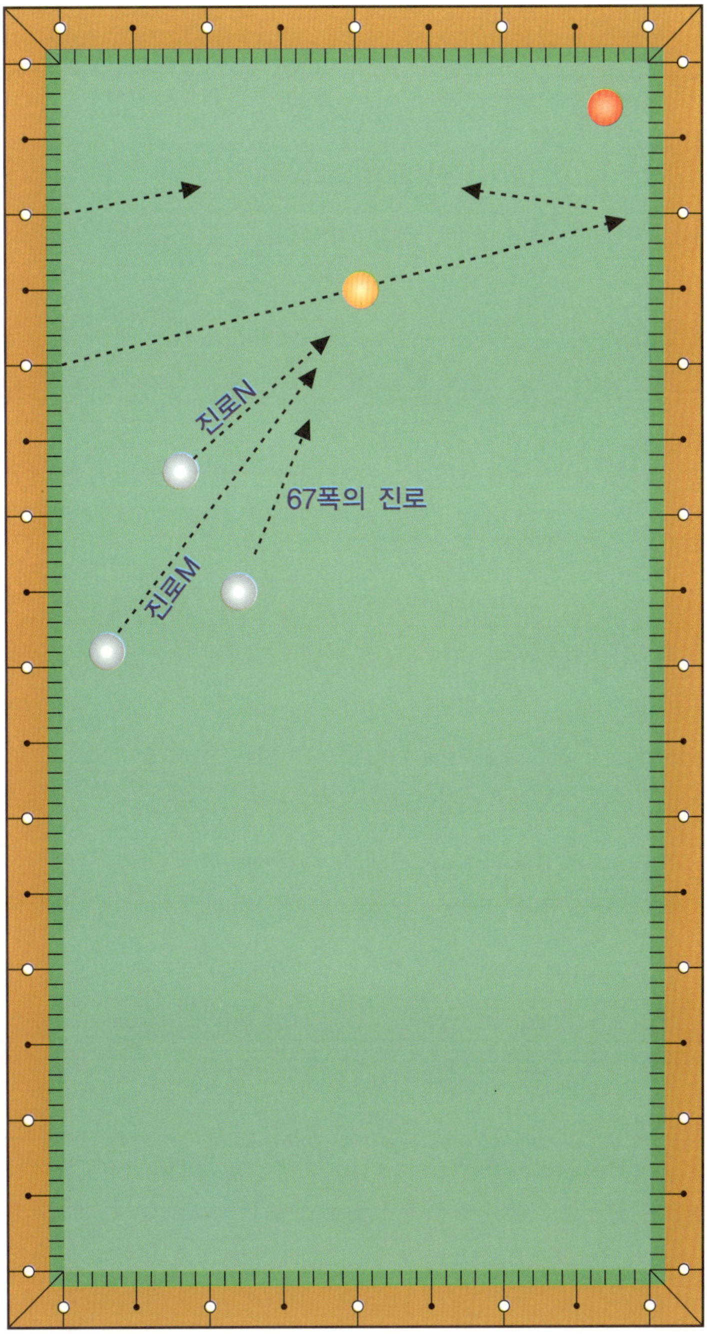

〈그림 430〉

강하게 치기
Hit it Hard

- 만일 이 페이지의 내용이 여러분에게 도움이 되었다면 **캐로스 할론** 선수에게 감사의 메일을 보내 주길 바란다.

- 앞 페이지에서는 속도가 수구의 회전에 어떤 영향을 끼치는지 알아보았다. 수구를 부드럽게 타구할 경우 쿠션에서의 분리각은 강하게 타구했을 경우와 다르다.

- 수구의 속도가 빨라질수록 1쿠션과 2쿠션에서 옆회전은 덜 작용한다.

- 〈그림 431〉에서는 더블쿠션 샷을 소개하고 있는데, 각도를 설정하기가 참 애매하다.

- **할론** 선수는 이런 배열에서 수구를 강하고 빠른 포워드-리버스 스트로크(forward-reverse stroke)[2]로 타구한다.

- 위의 스트로크를 적용할 경우 1쿠션에서 회전이 먹지 않으며 수구의 변화각 역시 매우 좁아진다. 2쿠션째에도 거의 옆회전이 작용하지 않는다.

- 몇 번 연습한 후 속도를 필요한 만큼 조정하기 바란다.

---

2 포워드-리버스 스트로크(Forward-reverse stroke) : 큐를 앞으로 넣었다 빼는 스트로크. 잡아치기.

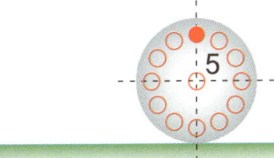

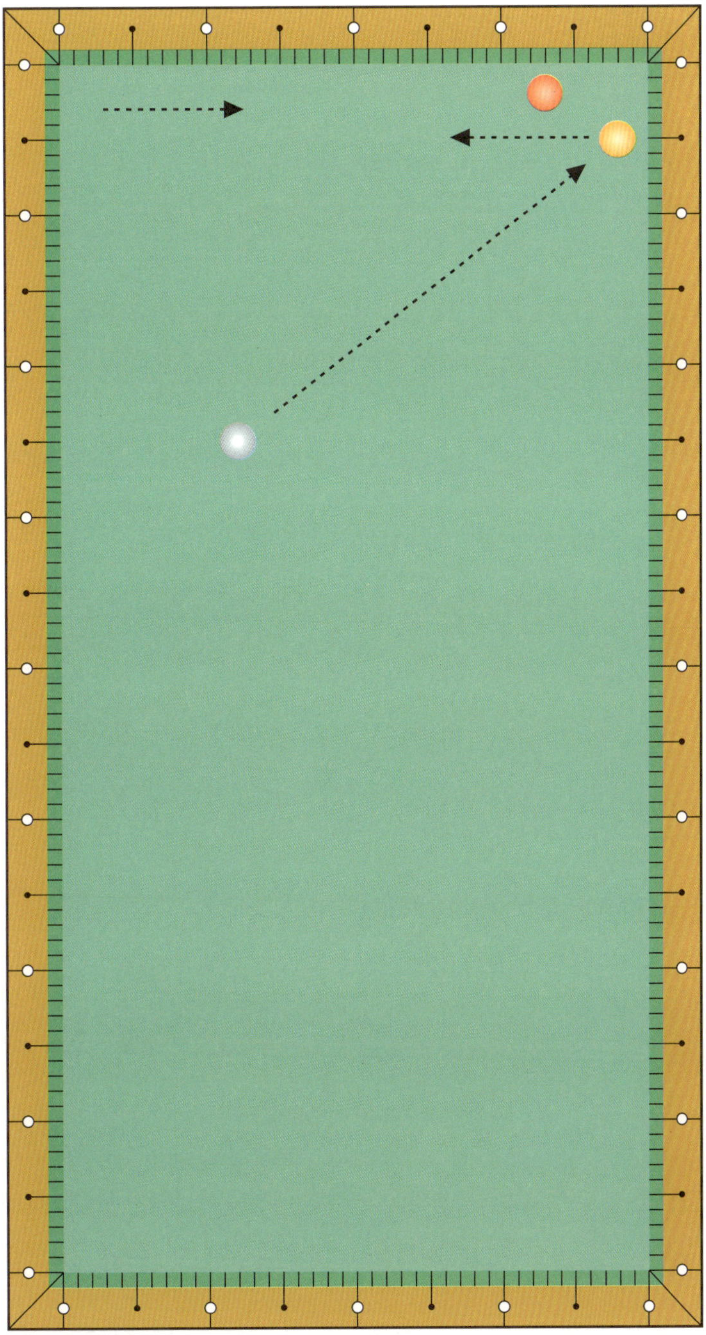

〈그림 431〉

SPEED

던져치기
Drop In

- "저는 이 샷을 굉장히 좋아합니다. 다른 선수들은 아닐지 몰라도, 제가 가장 선호하는 샷 중 하나죠." 딕 야스퍼(Dick Jaspers) 선수가 한 얘기이다.

- 〈그림 432〉 배열은 초이스하기가 까다로운 공이다. 던져치기 샷이 가장 쉽게 시도할 수 있는 최상의 초이스일 것이다.

- 3쿠션 이후 수구에 옆회전이 작용하지 않아야 하므로 속도 조절이 중요하다.

- 수구의 당점은 아래와 같이 적용해 볼 수 있다.
  1. 정중앙 데드볼(노잉글리시) 당점
  2. 약간 역회전 당점
  3. 상단 당점
  4. 상단+약간 정회전 당점

- 수구가 1적구로 입사하는 각에 따라 위의 4가지 당점이 달리 적용된다.

- 상단 당점을 적용하면 마치 역회전 반팁 당점을 적용한 것처럼 움직인다.

- 수구의 속도는 다양하게 조절할 수 있다. 하지만 득점을 위해서는 수구가 겨우 2적구에 닿을 정도의 힘으로 부드럽게 굴려 주는 것이 좋다.

- 디펜스를 고려한다면 이 초이스가 적격이다. 던져치기 샷은 많은 경우 디펜스와 오펜스의 기능을 동시에 수행한다.

- 야스퍼 선수는 다른 세계적 선수들이 이 초이스를 선호하지 않는다고 했는데, 선뜻 이해가 가질 않는다. 필자가 보기엔 최상의 초이스이다.

- 이 샷과 관련된 이론을 조금 더 공부해 보고 싶다면, 〈그림 460, 461〉을 보라.

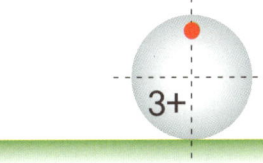

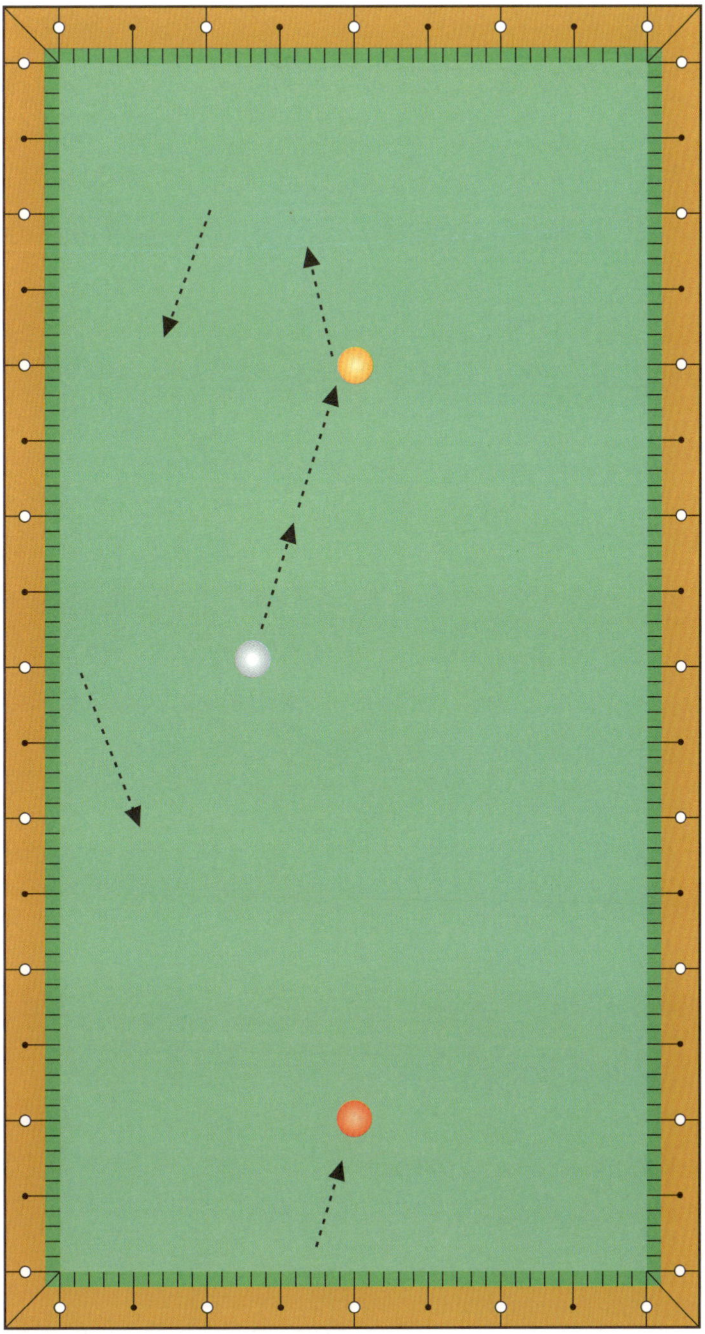

〈그림 432〉

스피드 시스템
Speed System

- 스피드 시스템에 입문하게 된 것을 환영한다. 이 시스템에는 숫자도, '벽의 한 지점'도 사용되지 않는다. 단지 수구의 속도를 바꿔가며 샷하면 된다.

- 〈그림 433〉에서는 간단한 수구의 진로를 소개하고 있다. 진로A는 딱 득점할 정도의 속도로 타구했을 때 나타나는 진로이다.

- 〈그림 434〉는 수구의 시발점과 1쿠션 겨냥점이 동일하지만, 3쿠션 지점이 다르다. 이 그림의 진로는 수구의 속도를 매우 빠르게 했을 때이다. 수구가 단축 사이를 4번 가로지를 정도의 속도가 적용되었다.

- 조금 의아스럽겠지만, 사실이 그러하다. 수구의 속도가 달라짐에 따라 2쿠션 지점이 달라지고, 수구의 진로도 그림처럼 확 바뀐다.

- 만약 목표 지점이 C라면, 단축을 3번 가로지를 정도의 속도를 적용해야 할 것이다.

- 이제 여러분이 직접 공을 배치하여 계산해 보아라. 수구의 시발점을 K, M, N으로 바꿔가며 실험에 보고, 원하는 진로를 찾아내라.

- 이 모든 계산은 좁은 구역에서도 동일하게 적용된다는 사실을 명심하라. 좁은 구역이라 함은 F, G, H, J로 둘러쌓인 구역을 의미한다.

- 한번 여러분에게 맞는 시스템을 고안해내기 시작하면, 그 작업은 계속 진행될 것이다.

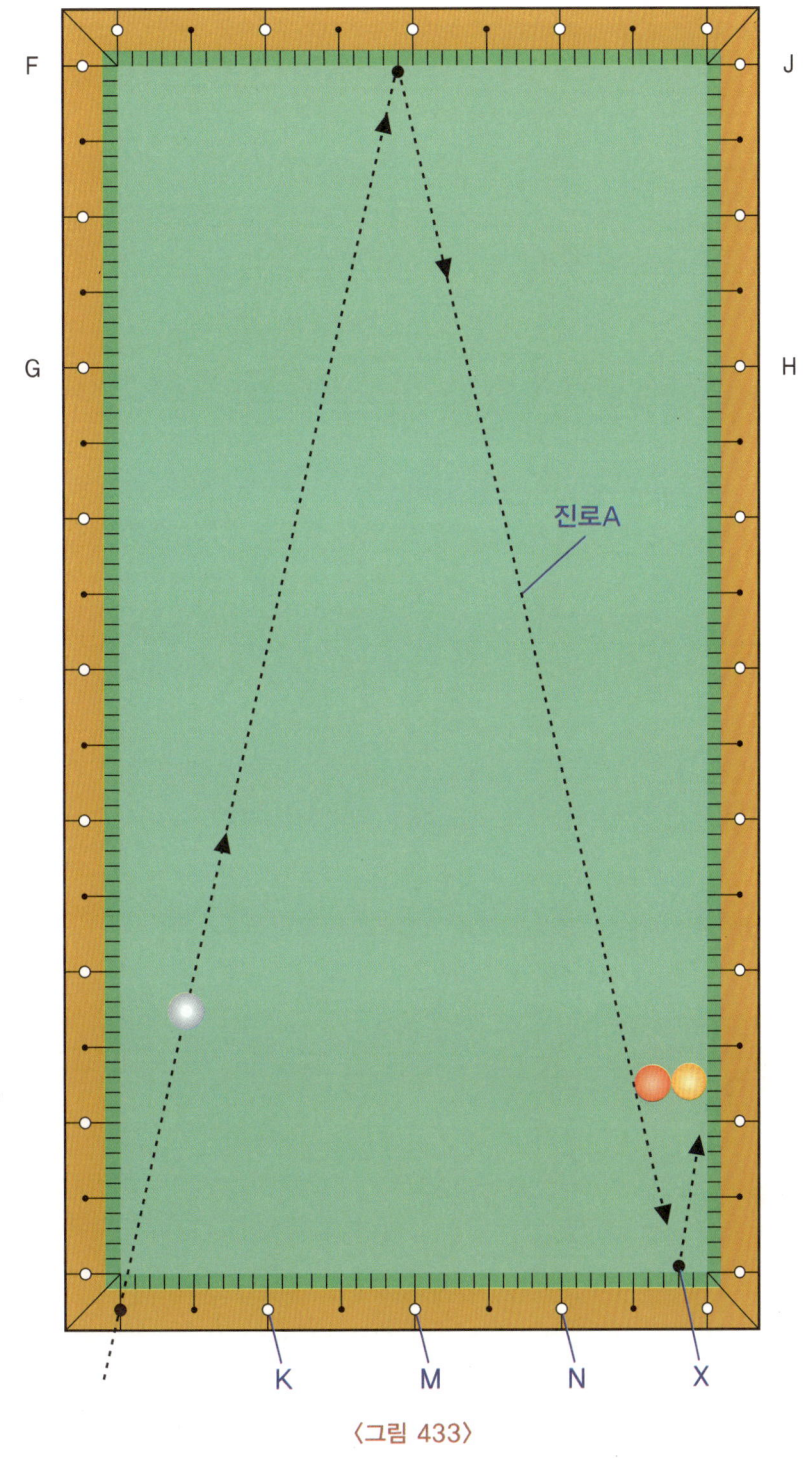

〈그림 433〉

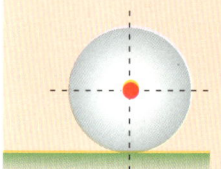

진로B

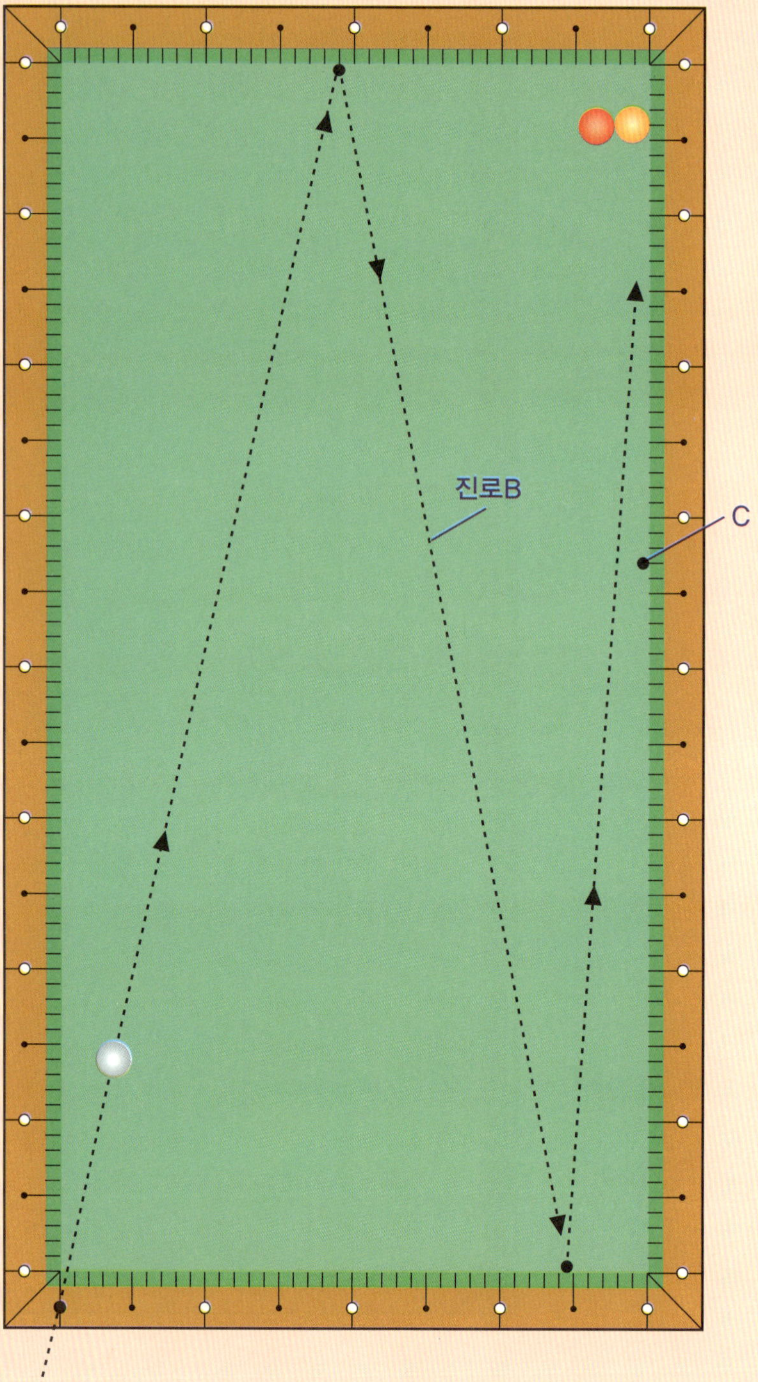

C

〈그림 434〉

당구대
Table

- 혹시 공이 잘 안굴러가는 수준 이하의 당구대에서 플레이하고 있진 않는가?

- 만일 그렇다면, 플로리다의 당구대 전문 수리공인 데니스 뷰리발(Dennis Burival)씨에게 의뢰해 쿠션을 교체할 것을 권하고 싶다.

- 여러분은 체크에 사인을 하고 쿠션을 택배로 그에게 보내기만 하면 된다. 그 후에 뷰리발씨가 여러분들이 원하는 쿠션 아티미스(Artimis), 샌 미셸(San Michele) 등을 주문받아 교체해 줄 것이다.

- 뷰리발씨는 낡은 우드 라이너를 제거하고 새 것을 제작, 부착해 준다. 그 위에 새로운 쿠션과 천을 입혀 줄 것이다.

- 1998년 기준으로 국내(미국) 운송비 등을 모두 포함한 가격은 $1000였다.

- 뷰리발 씨는 당구대를 따뜻하게 관리해 주는 일도 한다. 여러분은 그에게 자문을 구하여 동네 수리공에게 맡길 수도, 혹은 그를 직접 불러서 작업할 수도 있다.

- K55 쿠션을 입힌 브룬스윅(Brunswick) 당구대는 적절한 방법으로 쿠션을 다시 입히고 당구대 바닥을 따뜻하게 해 줌으로써 한 단계 업그레이드 시킬 수 있다. 당구공과 당구대는 항상 최상의 상태로 유지되어야 한다.

- 뷰리발씨는 플로리다 '코너 포켓' 당구장에서 찾아볼 수 있다.

- 잘 관리된 베호벤(Verhoven), 윌헬미나(Wilhelmina), 체비엇(Cheviotte) 당구대는 경기하기에 환상적이다. 혹시 여유가 있다면, 이 최상급 당구대에 $6000 정도 투자하는 건 어떤가. 결코 후회하지 않을 것이다.

Billiard **ATLAS**

Billiard ATLAS Chapter 4

롱앵글
Long Angles

일반적인 더블쿠션 샷 중에는 두 목적구 사이의 간격이 너무 떨어져 있어서 성공시키기가 까다로울 때가 종종 있다.
이 장에서는 그 대안으로써 5 : 3 시스템(five-to-three ratio system)을 제안한다. 이 시스템은 단축과 단축 사이를 '종단' 하는 긴 더블쿠션 샷에 적용되며, 구사하기가 쉽지 않다.
이 시스템은 우리 스텝들에 의해 고안되었다.
또한 아주 긴 각(롱앵글)의 샷을 해결하기 위한 비법도 소개하고 있다. 그 중 하나는 그리스에서 공수해 온 것이다.
중앙 당점을 적용한 4쿠션 롱앵글 샷도 연구했는데, 각을 측정하기가 만만치 않다.
일본에서 전수된 '2쿠션 지점 계산법'에 대한 분석도 수록하고 있다. 이 계산법은 수구의 시발점이 단축에 있을 때 적용 가능하다.

- 웨스트 시카고 롱앵글
- 더블쿠션 길게
- 5 : 3 시스템 2
- 마이클 시스템
- 일본식 볼 시스템
- 일본식 볼 시스템 3
- 웨스트 시카고 롱앵글 2
- 5 : 3 시스템
- 90도
- 역 더블쿠션
- 일본식 볼 시스템 2

웨스트 시카고 롱앵글
West Chicago Long Angle

▶ 당구대마다 상태가 다르고 매번 적용하는 스트로크도 같을 순 없지만, 아래에 소개한 원칙은 매우 유용하게 사용할 수 있다. 여러분은 단지 이 원칙을 당구대와 스트로크에 맞게 조정하여 적용하면 된다.

▶ 〈그림 435〉와 같은 롱앵글 샷은 진로를 그려내기가 힘들다. 하지만 이 시스템을 사용하면 1쿠션 겨냥점을 파악할 수 있다. 이 시스템은 대부분의 당구대에서 잘 들어맞는다.

▶ 그림에서는 수구를 4쿠션 지점X로 보내려고 한다.

▶ 1쿠션 겨냥점을 파악하기 위해 X와 코너M 사이의 거리를 측정하라. 그림에서는 3포인트이며, 2로 나누면 1.5 포인트가 된다.

▶ 코너 P에서 1.5포인트 떨어진 지점에 C를 설정하라.

▶ 이제 X에서 C를 통과하는 가상의 선을 긋고, 당구대 너머 Z까지 연결하라.

▶ Z는 당구대에서 적어도 15피트(4.5m) 떨어져 있는데, 수구의 시발점에서 4쿠션 목적 지점까지의 총 거리와 같다.

▶ 수구의 당점은 중앙이고, 큐를 평행하게 유지한 상태에서 Z를 향해 잽 스트로크를 적용해야 하며, 4쿠션에 겨우 닿을 정도의 속도를 적용하라.

▶ 이 시스템의 한계 범위는 그림에 표시되어 있다.

▶ 이 시스템을 전수해 준 일리노이주 웨스트 시카고 출신의 **조지 테오볼드 (George Theobald)** 선수에게 감사의 말을 전한다.

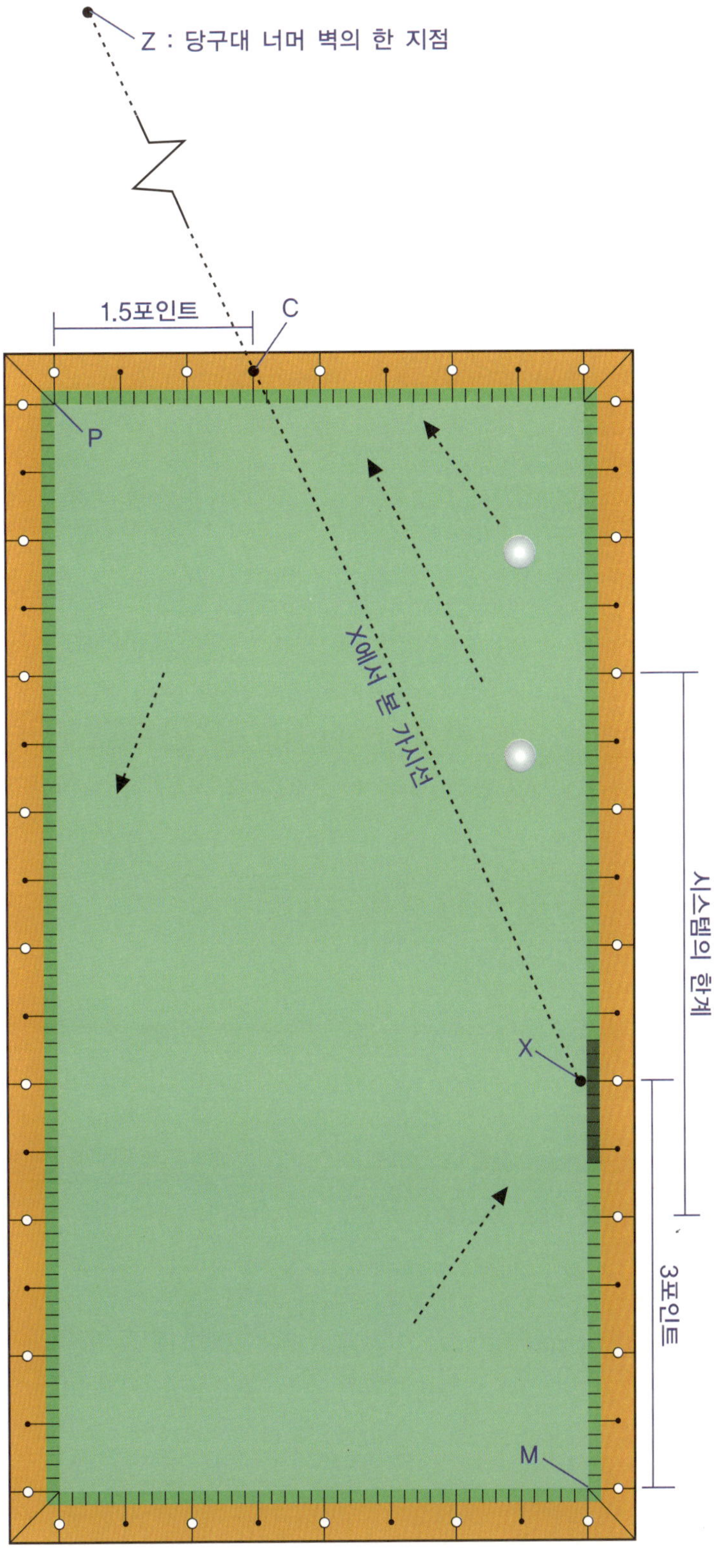

Z : 당구대 너머 벽의 한 지점

1.5포인트

C

P

X에서 본 가시선

시스템의 한계

X

3포인트

M

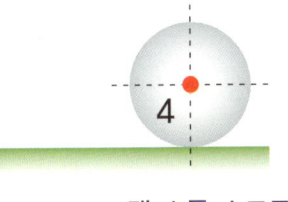

잽 스톱 스트로크

〈그림 435〉

LONG ANGLES

웨스트 시카고 롱앵글 2
More West Chicago

▶ 이 시스템은 롱앵글의 진로를 파악할 때 주로 사용된다. 필자는 1적구를 먼저 맞히는 롱앵글 샷에서 즐겨 사용한다.

▶ 오른쪽과 같은 배열은 디펜스 당했을 때 자주 등장한다.

▶ 〈그림 436〉에서는 수구가 1적구와 분리된 후 진행하게 될 1쿠션 지점을 파악하는 것이 관건이다. 도대체 1쿠션 겨냥점을 어떻게 찾을 것인가?

▶ 수구의 분리각을 정확히 파악하는 건 불가능에 가깝다. 아마도 천 명 중 한 명 꼴로 이 롱앵글 샷의 진로를 그려낼 수 있을 것이다.

▶ 이제 앞 페이지에서 소개한 내용을 그대로 적용해 보자. X는 코너M에서 5포인트 떨어져 있고, 2로 나누면 2.5포인트가 된다.

▶ P에서 2.5포인트 떨어진 지점을 A라고 하자.

▶ 이제 X에서 A를 통과하는 가상의 선을 긋고, 당구대 15피트 너머에 있는 벽의 한 지점까지 연결하라. 이 지점을 Z라고 한다.

▶ 수구와 부딪히는 1적구의 '면'에서 Z를 겨냥하라. 이 선이 1쿠션으로 향하는 수구의 진로이다. 당점을 중앙에 두고 잽 스트로크를 적용한다.

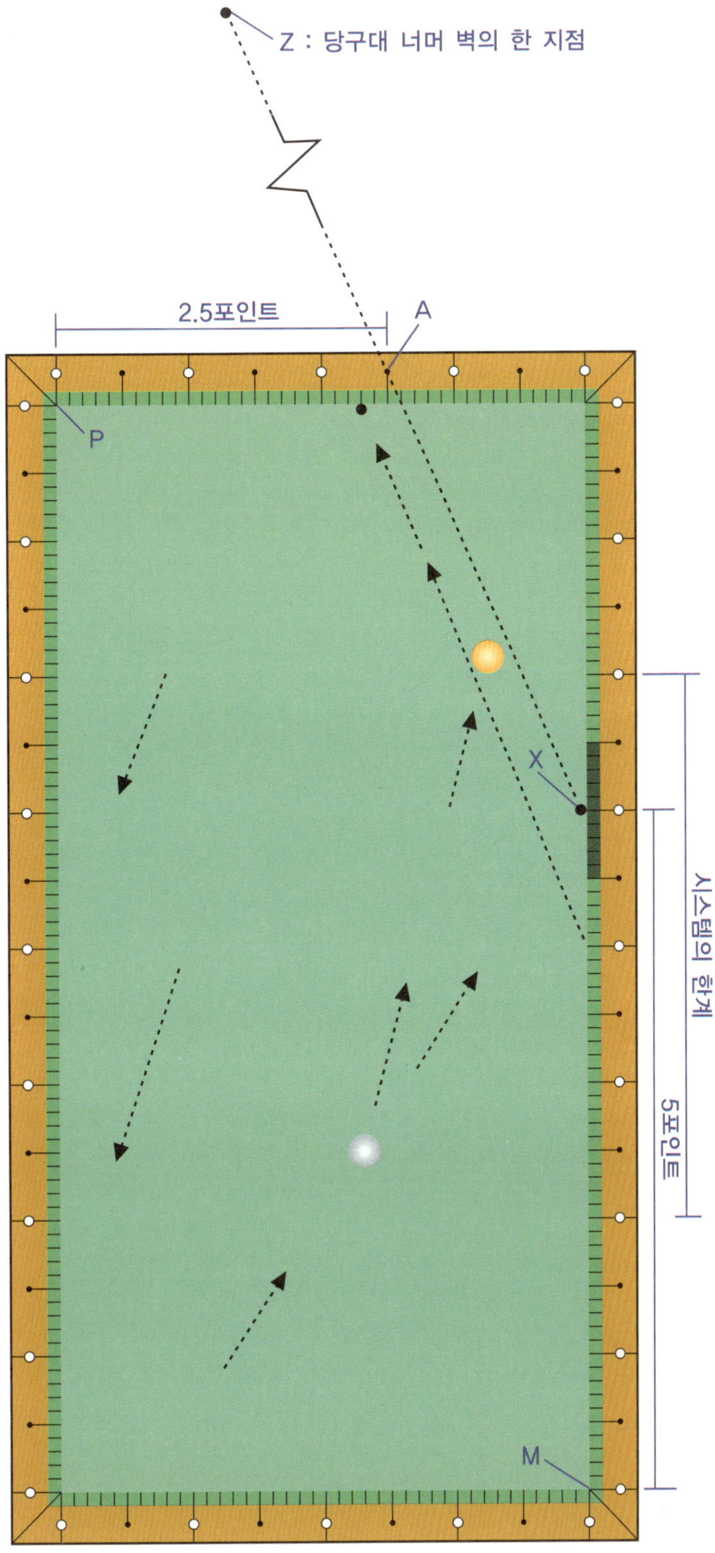

Z : 당구대 너머 벽의 한 지점

2.5포인트

A

P

X

시스템의 한계

5포인트

M

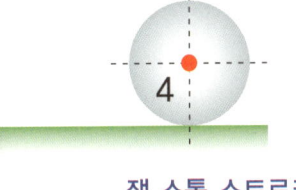

잽 스톱 스트로크

〈그림 436〉

LONG ANGLES

더블쿠션 길게
Long Across

- 일반적인 더블쿠션 샷 중에 공 사이의 간격이 너무 떨어져 있는 경우가 있다. 이 경우 수구는 장축-장축을 거쳐 3쿠션으로 진행한다(오른쪽 그림의 진로와는 다르다).

- 이 경우 입사각을 재는 것이 쉽지 않을 뿐더러 수구를 계산대로 보내는 것도 매우 어렵다.

- **리차드 비탈리스** 선수는 이런 경우에 다른 초이스를 제안한다. 바로 더블쿠션을 '길게' 치는 것이다.

- 고로 수구는 단축 – 단축 – 단축/장축을 거쳐 2적구로 진행한다.

- 〈그림 437〉에서 이 샷을 소개하고 있는데, 많은 경우 이상적인 초이스가 된다. 키스의 위험도 적을 뿐더러 포지션 플레이도 할 수 있다.

- 필자가 50년 동안 당구 경기를 관람했지만 보통 선수들이 이 샷을 시도하는 것을 좀처럼 보지 못했다.

- 이 샷을 조금 더 쉽게 성공시키는 방법이 있을까?

- 정답은 YES이다. 수구에 커브 혹은 곡구를 일으키는 것이다. 깜짝 놀랄만한 결론은 아닐지라도, 좀처럼 활용되지 않는 정보이다.

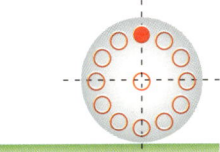

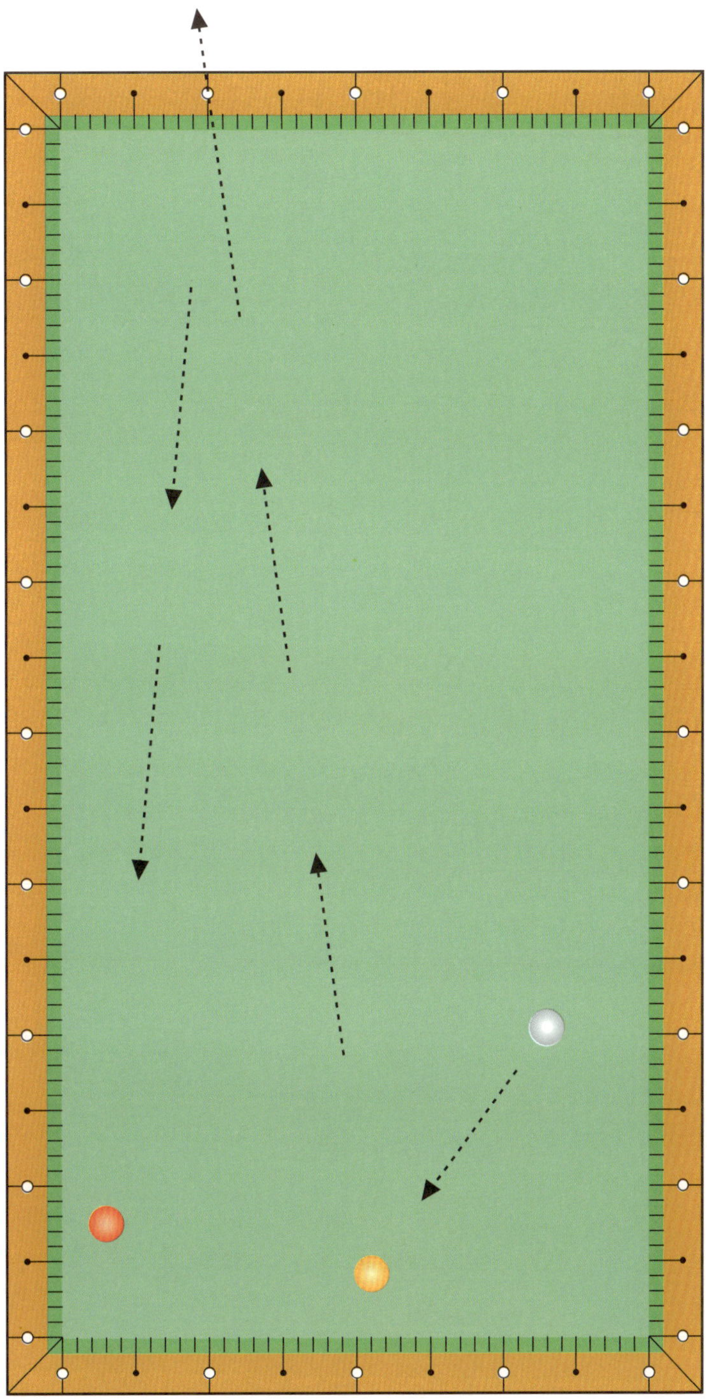

〈그림 437〉

LONG ANGLES

5 : 3 시스템
Five to Three Ratio

▶ 지금부터 몇 페이지에 걸쳐 특정한 1적구로의 입사각을 가진 수구의 진로에 대해 연구해 보겠다.

▶ 〈그림 438〉에서는 수구와 1적구의 입사각이 5 : 3의 비율을 형성한다.

▶ 수구가 1적구와 분리되어 1쿠션 지점(A)과 부딪힌 후에는 살짝 커브를 그리면서 반대편 쿠션으로 향한다. 이때 변화폭은 1.2포인트 정도이다.

▶ 〈그림 439〉에서 수구와 1적구의 위치는 달라졌지만, 5 : 3의 비율은 동일하므로 1쿠션 지점은 여전히 A가 된다. 반대편 단축으로의 변화폭 역시 1.2포인트이며, 다른 배열에서도 같은 원리가 적용된다.

▶ 수구에 상단 당점만을 적용하면 위와 같은 진로가 나오기 힘들 것 같지만, 수구가 1쿠션 이후에 '곡구' 혹은 '훅(hook)'을 일으키므로 가능하게 된다.

▶ 팔로-스루 스트로크를 적용하고 수구의 속도는 3~4정도로 조절하라.

▶ 수구가 1적구와 분리된 후 1쿠션으로 진행할 때의 각도는 90도이다.

▶ 혹시나 이 시스템으로 효과를 보지 못한다면 필자가 여러분께 저녁을 사겠다.

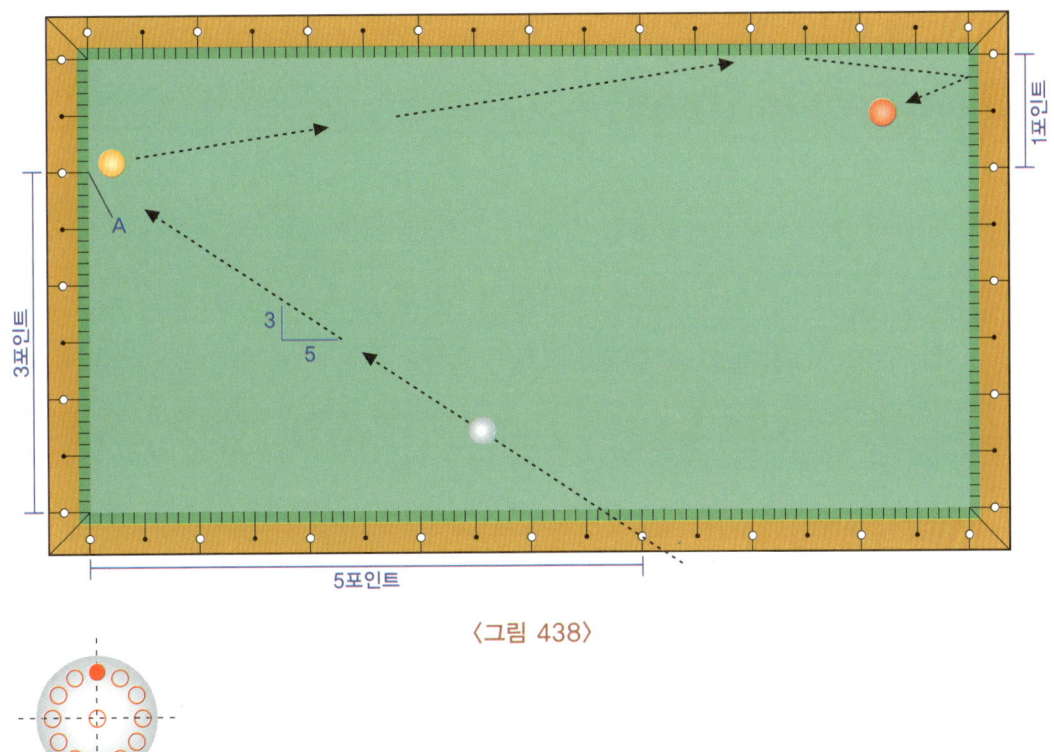

〈그림 438〉

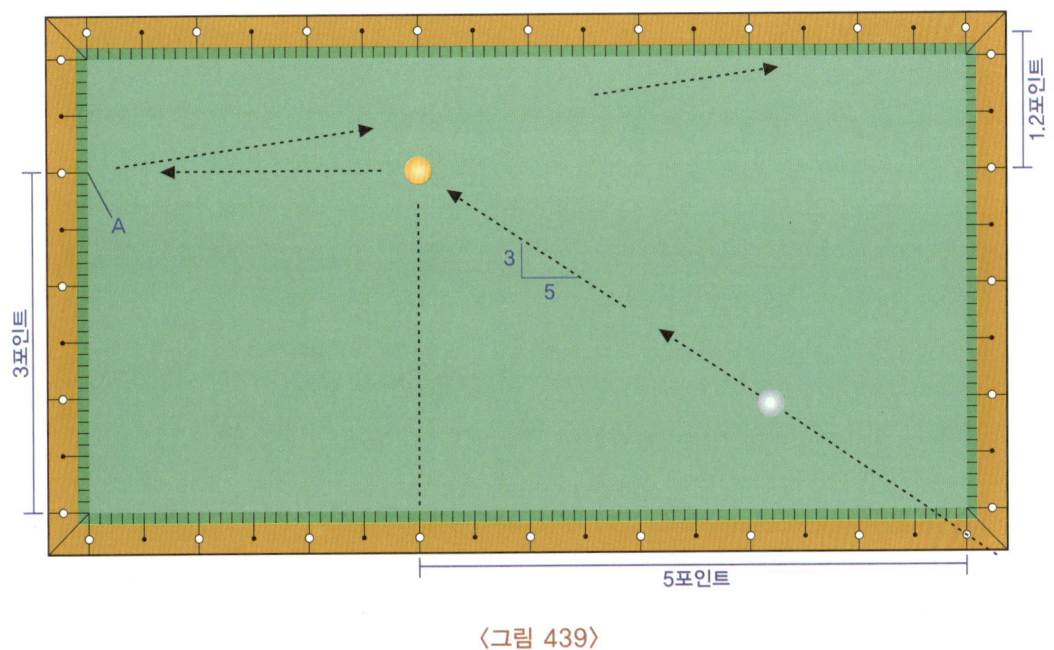

〈그림 439〉

5 : 3 시스템 2
More Five to Three

▶ 수구가 계산하기 좋은 위치에 서 있는 경우는 드물기에 항상 조정이 필요하다.

▶ 〈그림 440, 441〉에는 장축에 −1, 0, +1, +2 등의 숫자가 적혀 있다. 이 숫자들은 득점에 성공시키기 위한 수구의 당점을 나타낸 것으로, 오른쪽 그림에 해당 당점이 표기되어 있다.

▶ 그림에서 보이는 것처럼 10시 당점은 −2, 11시 당점은 −1이다.

▶ 〈그림 440〉에서는 수구의 입사각 비율이 5 : 3이 아닐 경우 변경되는 수구의 당점을 보여 준다. 다시 한번 강조하지만 수구에 커브가 발생해야 그림의 진로대로 정확하게 보낼 수 있다.

▶ 〈그림 441〉에서는 수구의 입사각 비율은 5 : 3이지만, 당점 조절에 따라 다양하게 변경되는 2쿠션 지점을 나타낸다. 수구에 −1 당점을 적용할 경우 2쿠션 지점으로의 변화폭은 0.7포인트가 된다. 원래의 변화폭은 1.2였지만 −1 당점으로 인해 0.7로 바뀐 셈이다.

▶ 수구에 +1 당점을 적용하면 변화폭은 1.7포인트가 된다(0.5포인트 늘어난다).

▶ 이제 우리는 더블쿠션 길게 치는 샷의 기준을 갖게 되었다. 1쿠션으로의 입사각이 90도가 되면 2적구는 빅볼이 된다.

▶ 지금부터 여러분은 이 난해한 더블쿠션 샷을 쉽게 풀어낼 수 있게 되었다. 경기력 향상에 큰 보탬이 될 것이다.

▶ 많은 정상급 선수들도 이와 비슷한 공략법을 사용한다. 혹시 더 심층적으로 배워보고 싶은 분이 있다면 페드로 피에드라뷰나(Pedro Piedrabuena) 선수에게 문의하라. 그는 일본식 '시계 당점 시스템'을 상세히 터득하고 있다.

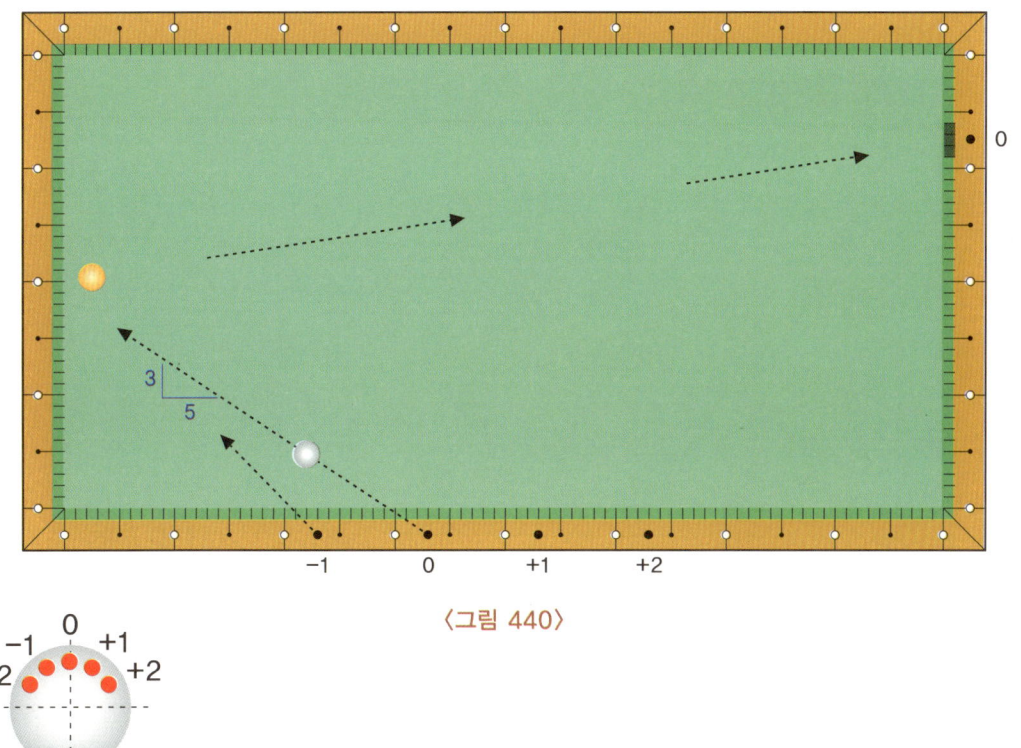

〈그림 440〉

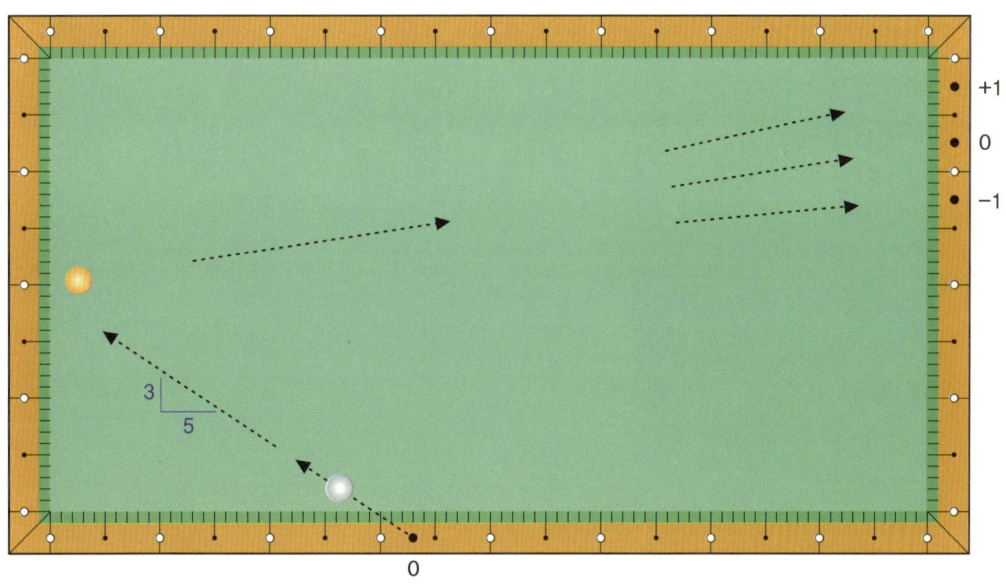

〈그림 441〉

LONG ANGLES

90도
Ninety Degrees

▶ 지금까지는 5 : 3 시스템 중에 1쿠션으로의 입사각이 90도인 경우에 관해 다뤄 보았다.

▶ 수구의 당점은 상단이었고, 목적 지점으로 보내기 위해서는 수구의 커브를 일으키는 것이 주요 관건이었다.

▶ 〈그림 442〉에서는 앞 페이지와 비슷한 배열의 공에서 두 가지 다른 당점을 적용하고 있다. 하나는 중단, 하나는 하단이다.

▶ 이렇게 세 가지 종류의 '수직축 당점'을 적용하여 수구의 진로를 다양하게 변화시킬 수 있는데, 당구를 깊게 배우고자 한다면 반드시 숙지해야 할 사항이다.

▶ '수직축 당점'을 조절할 줄 알면 더블쿠션 샷-특히 장축 횡단 샷을 더 쉽게 풀어낼 수 있다.

▶ 이는 보크라인 선수들에게는 기초적인 내용으로, 이들은 '수직축 당점'을 조절하는 데 귀재들이다. 위의 정보 없이는 수구를 C로 진행시키기 위한 당점을 찾지 못할 것이다.

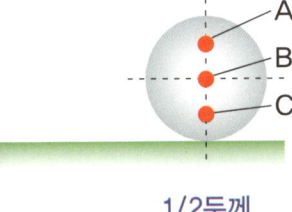

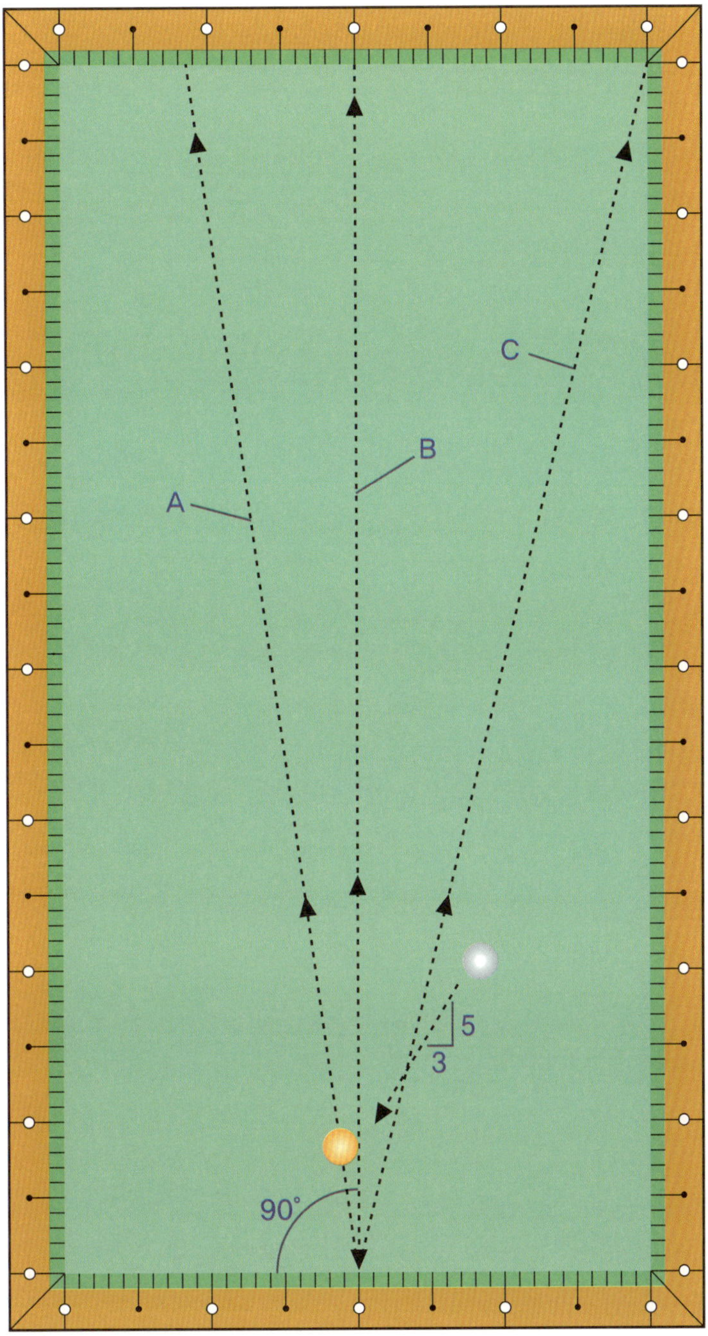

1/2두께

〈그림 442〉

LONG ANGLES

마이클 시스템
Michael's System

- 마이클 카쿨리디스(Michael Cacoulidis) 선수가 이 흥미로운 시스템을 전수해 주었다. 이 시스템은 〈그림 437~441〉에서 보여 준 시스템의 연장 선상에 있다.

- 〈그림 443〉에서는 수구가 1적구와 분리된 후 90도의 각을 이루며 1쿠션 지점X로 향하고 있다. 당점을 잘 조절한다면 수구는 B&C로 진행할 것이다. 당점은 오른쪽 그림을 참고하라.

- 수구의 진로를 A로 보내고 싶다면, 1적구와 분리된 후 1쿠션 지점Y로 진행하게 만들어야 한다.

- 중간 정도의 속도로 풀 팔로-스루 스트로크를 적용하라. 좋은 결과를 얻기 위해서는 많은 연습이 필요하다.

- 카쿨리디스 선수는 그리스 테살로니키 태생이다. 그가 말하길 최근 조사 결과 40만 명의 그리스인들이 2주일에 한 번 이상 당구를 즐긴다고 한다.

- 그는 또한 그리스의 떠오르는 신예인 니코스 폴리크로노풀로스(Nikos Polychronopoulos) 선수에 대해 알려 주었다. 그는 이제 20살이고 현재 군복무 중이며, 그리스 주니어 챔피언십에서 30점제 7경기를 치르는 동안 에버리지 1.6을 기록했다고 한다. 그는 13세 때 당구를 치기 시작했는데, 아버지 이외의 사람에게 강습을 받아본 적이 없다고 한다.

- 카쿨리디스 선수는 전 그리스 3쿠션 챔피언인 닉 트레물리스(Nick Tremoulis) 선수와 『빌리어드 아틀라스』에 관해 이야기를 나눈 적이 있다고 한다. 트레물리스 선수는 "매우 인상깊게 본 책이다. 세부적인 분야까지 다루고 있으며, 이해하기 쉽게 쓰였다. 전 세계 당구인들에게 많은 도움을 주었다."고 평가했다.

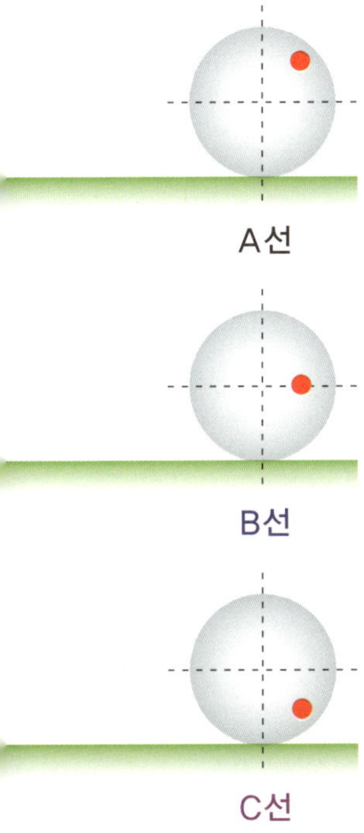

A선

B선

C선

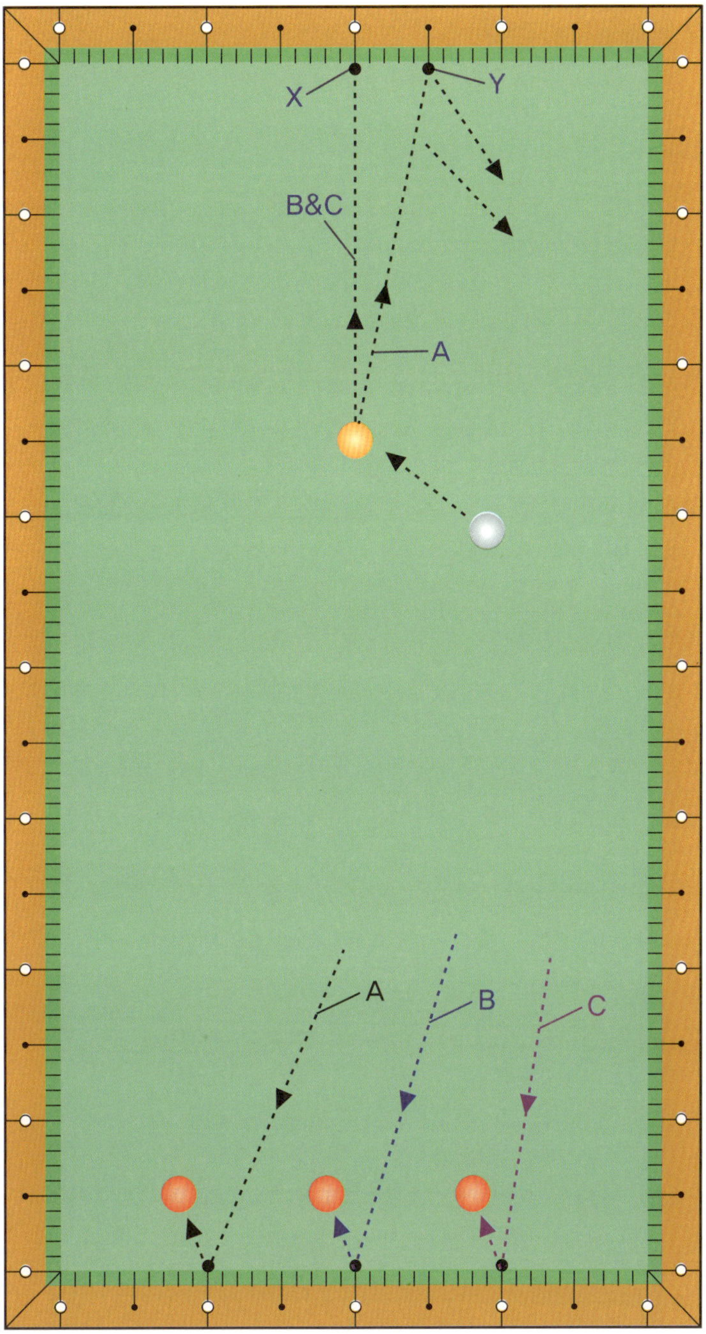

〈그림 443〉

역 더블쿠션
Back Across

▶ 이 페이지에서는 역 더블쿠션(back-across) 샷을 소개하고 있다. 익숙한 샷만을 좋아하는 일반 동호인들에겐 조금 까다로운 초이스이며, 좀처럼 시도하지 않는 샷이다.

▶ 이 샷에는 몇 가지 다른 공략법이 존재하는데, 공의 배열에 맞춰 선택할 수 있다. 한 가지 공략법이 다른 공략법보다 우수할 수도 있으며, 다양한 공략법이 페이지 아래에 제시되어 있으니 참고하기 바란다.

▶ <그림 444, 445>에서는 1적구를 절반 두께로 맞추고 수구의 속도를 변화시키는 방법을 소개하고 있다. 이 조합은 실로 놀라운 효과를 발휘한다.

▶ <그림 444>에서는 1적구를 1/2두께로 맞춰 수구를 1쿠션에 90도로 입사하게 했고, 그림의 당점을 이용해 40%의 속도로 끊어쳤다.

▶ <그림 445>에서는 세 가지 다른 속도가 적용되었다. 하지만 1적구를 1/2두께로 맞춰 수구를 1쿠션에 90도로 입사시키고, 잽 스트로크를 사용한 점은 같다.

▶ A는 해당 당점에 100% 속도를 부여한 것이다.
B는 해당 당점에 80% 속도를 부여한 것이다.
C는 옆회전 1팁에 30% 속도를 부여한 것이다.

▶ 이 샷을 통해 수구 속도의 중요성을 깨달을 수 있을 것이다.

▶ 위에서 언급한 것처럼 다른 공략법도 사용할 수 있다. 『빌리어드 아틀라스 1권』 152쪽에서는 수구의 당점을 변화시키는 테크닉을 소개하고 있다. 『빌리어드 아틀라스 3권』 58~61쪽에서는 변화폭 1.4를 이용한 샷을 소개하고 있는데, 꽤 괜찮은 방법이다. 앞서 네 페이지에서 소개한 방법도 매우 효과적이다.

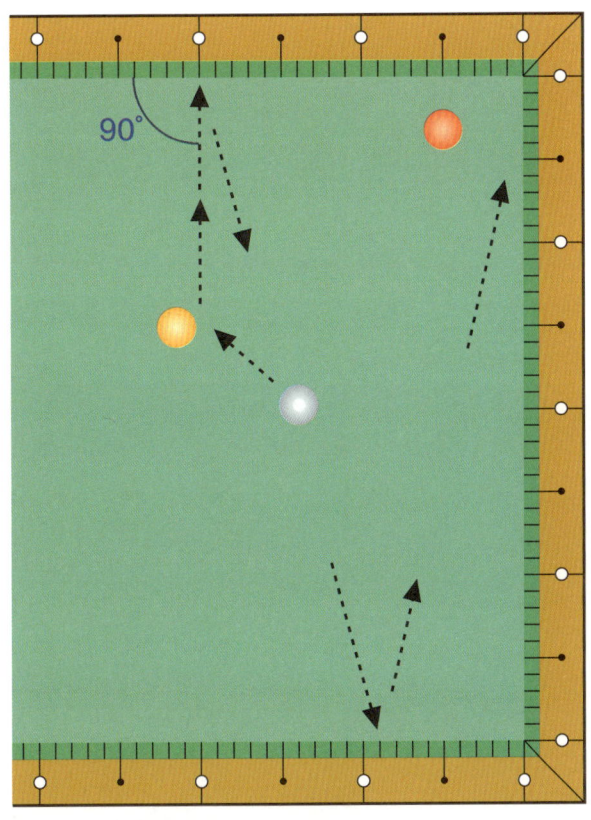

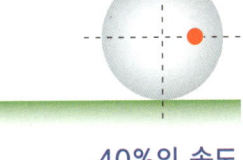

40%의 속도

〈그림 444〉

LONG ANGLES

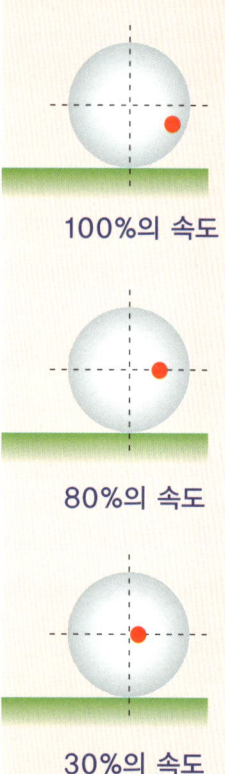

100%의 속도

80%의 속도

30%의 속도

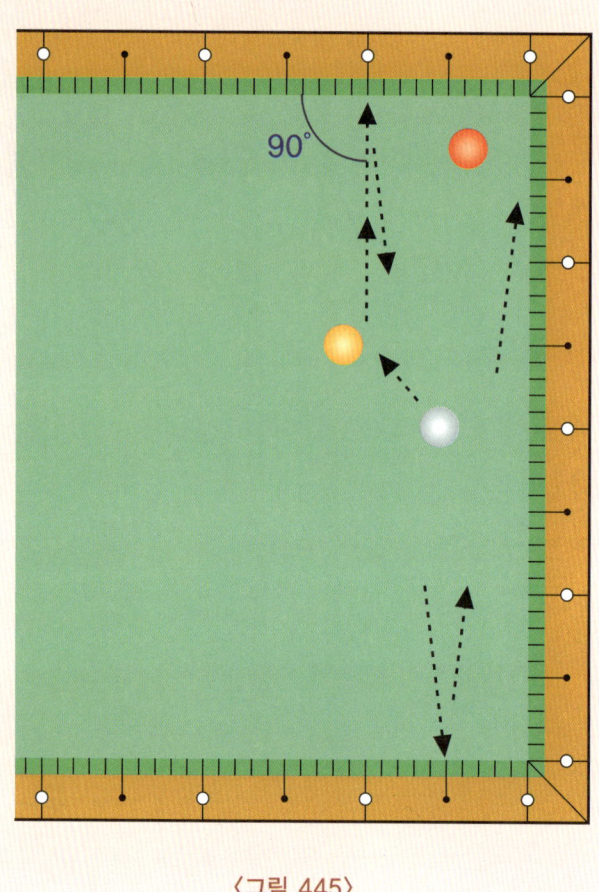

〈그림 445〉

고수들의 조언
Words From Above

당구를 어느 정도 치다 보면, (공이 서자마자)
반사적으로 샷하는 행위는 극도로 자제해야 한다는
사실을 쓰라린 경험을 통해 깨닫게 될 것이다.

당구를 빨리 친다고 해서 얻을 수 있는 건 거의 없다.
샷하기 전에 어떤 샷을 구사할지 신중하게 생각하고
행동하는 것이 훨씬 유리하다는 것은
오랜 경험을 통해 검증된 사실이다.

일본식 볼 시스템
Nippon Gem

▶ 이 일급 시스템은 일본 카나가와 출신의 **나오키 쓰야(Naoki Tsuya)** 선수가 전수해 준 것으로, **카나타니**씨의 작업을 거쳐 세상에 소개되었다.

▶ 수구의 시발점이 장축에 있지 않을 때(가상의 장축에 있을 때) 문제가 발생한다. 이때는 단축의 수구 수를 대신하여 적용하였다.

▶ <그림 446>에서 수구 수는 n쿠션의 2.5이고, b쿠션의 2.5를 겨냥하고 있다. 데드볼 잉글리시(노잉글리시)를 적용하면 수구는 2쿠션 지점 7.2로 진행할 것이다. n쿠션의 수와 b쿠션의 수가 일치해야 한다는 사실을 명심하라.

▶ 쿠션에 부여된 숫자는 외우기 쉬울 것이다. 수구의 시발점은 단축인 n쿠션이며, 1쿠션으로 장축인 b쿠션을 겨냥한다는 사실을 명심하라.

▶ 계산법은 단축(수구) 수와 1쿠션 수를 동일하게 놓은 다음 b쿠션 수에 4를 더하고, 여기에 조정값을 더해 주면 2쿠션 수가 된다.

▶ 예 : 2쿠션 지점은 1쿠션 수인 2.5에 4를 더한 값인데, 여기에 조정값 0.72를 더하여 7.2가 되었다.

▶ 당점은 중앙에 두고 큐를 평행하게 유지한 채 부드러운 스톱 스트로크를 구사하라.

▶ <그림 447>에서는 수구 수가 1이다(n쿠션). 위의 계산법을 적용하면 수구는 b쿠션 1을 겨냥한 상태에서 1+4+0.7=5.7, 즉 2쿠션 지점은 5.7이 된다.

▶ **카나타니**씨는 경험상 0.7을 조정값으로 사용한다고 한다.

▶ 여러분의 당구대에서는 조정값이 다를 수도 있으니 확인해 보기 바란다.

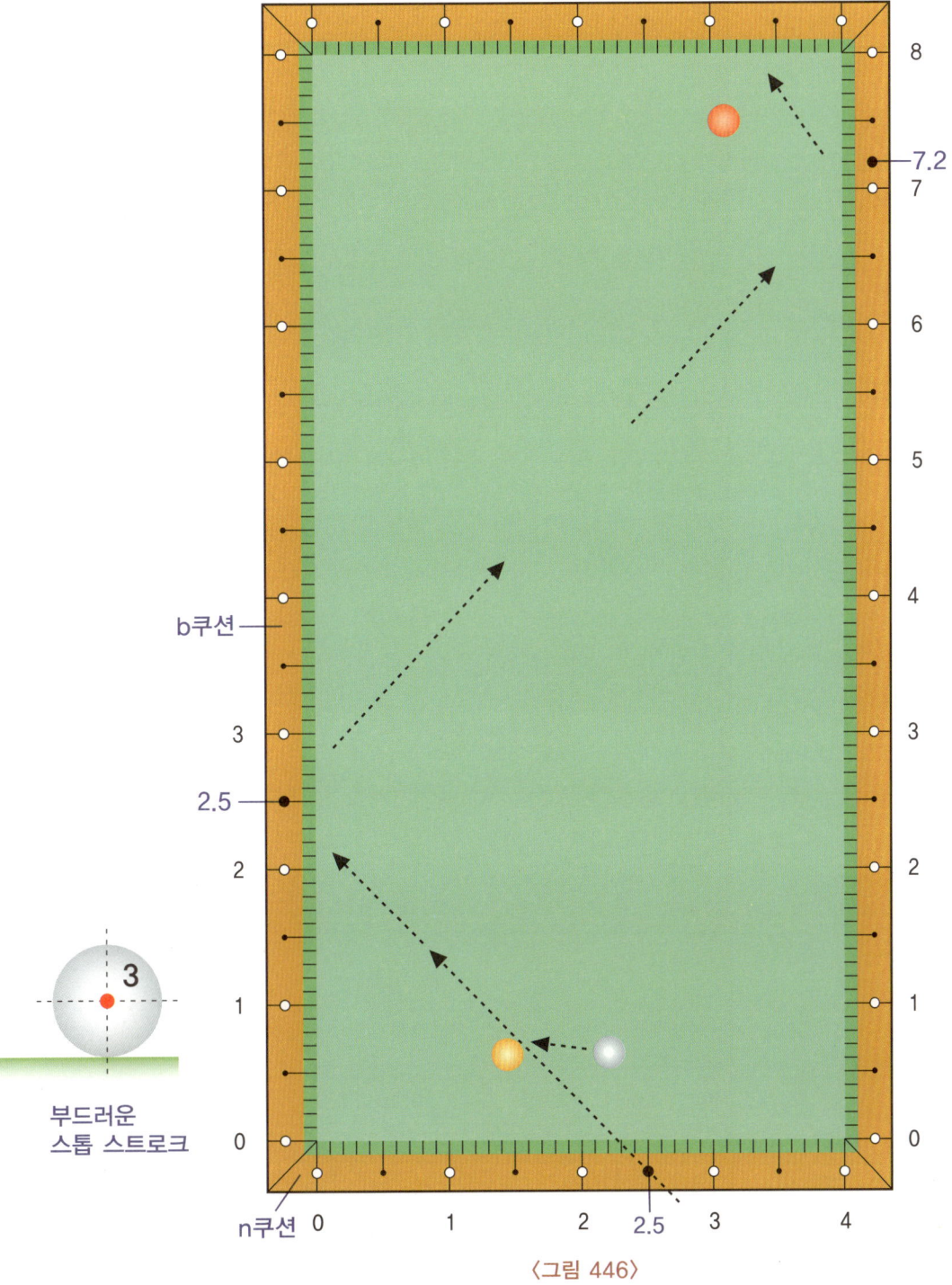

〈그림 446〉

LONG ANGLES

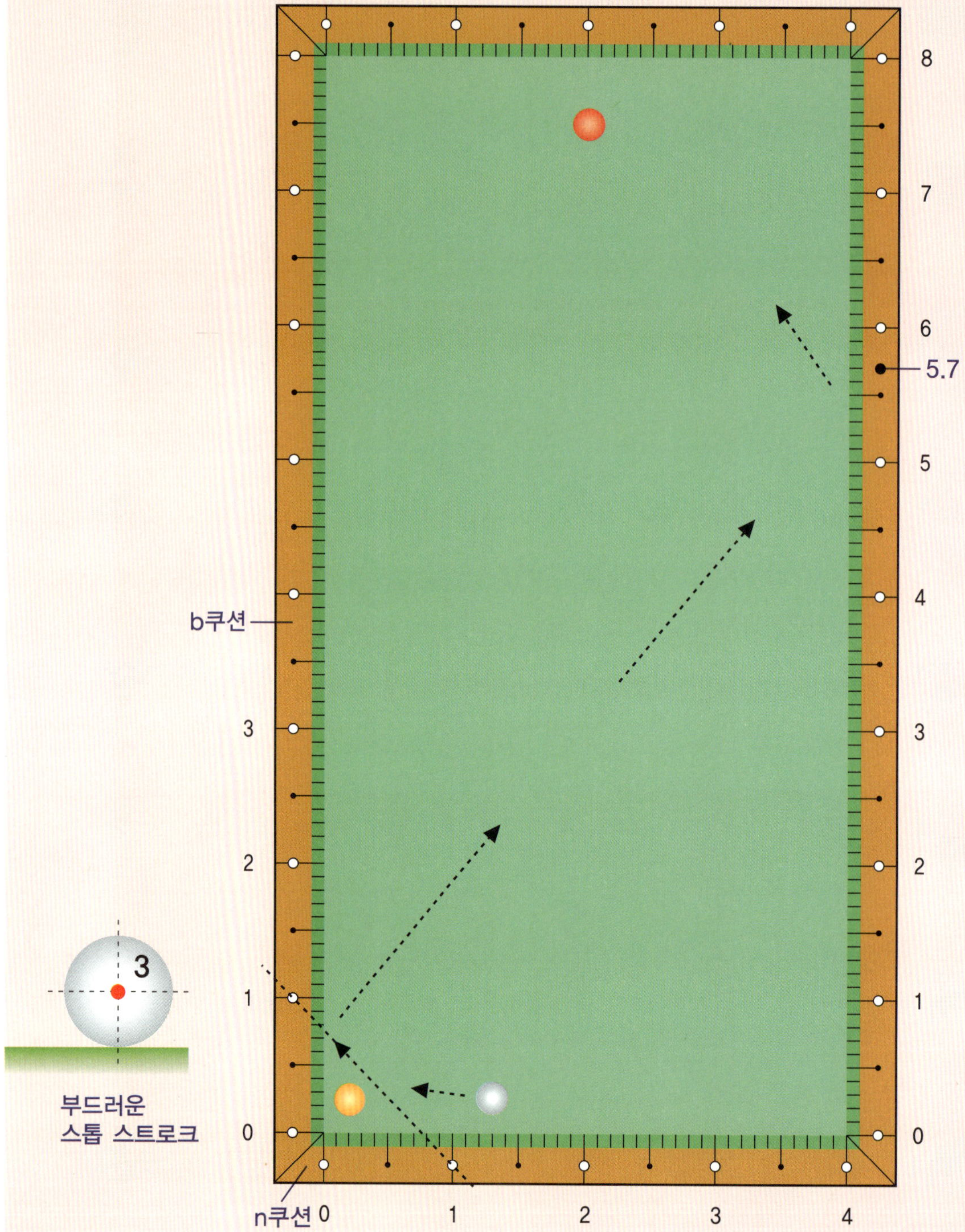

b쿠션

n쿠션

3

부드러운
스톱 스트로크

5.7

〈그림 447〉

100 **BILLIARD ATLAS** 시스템과 테크닉에 관한 연구

고수들의 조언
Words From Above

당구가 아주 잘 맞는 날이 있다.
그 땐 당구에 몰입하게 되고,
뭐든지 다 할 수 있을 것 같다.
그 어떤 난구라도 모두 해결할 수 있다.

또한 당구가 아주 안 맞는 날이 있다.
전혀 득점을 올리지 못할 뿐더러,
길을 찾으려고 온갖 노력을 해 봐도
보이지 않는다.

일본식 볼 시스템 2
Nippom Ease

▶ 일본식 볼 시스템은 수구에 옆회전 당점을 부여할 수도 있다.

▶ 〈그림 448〉에서 수구 수는 1이고(n쿠션), 1쿠션 겨냥점도 1이다(b쿠션).

▶ 수구의 당점 1팁당 2쿠션 지점은 1포인트가 차이가 난다. 2팁을 적용할 경우 2쿠션 지점이 2포인트 늘어난다.

▶ 1팁 당점을 두고 1을 겨냥했을 때 수구는 2쿠션 지점 6.7로 진행하는데, 그림에서 진로F이다. 이 수치는 1쿠션 수인 1에 4를 더하고, 조정값 0.7과 1포인트를 더 더한 것이다. 고로 총합 6.7이 된다.

▶ E는 2팁 당점을 적용했을 때의 진로이다.

▶ 2팁 당점을 두고 1을 겨냥했을 때 수구는 2쿠션 지점 7.7로 진행한다. 이 수치는 1쿠션 수인 1에 4를 더하고, 조정값 0.7과 2포인트를 더 더한 것이다. 고로 총합 7.7이 된다.

▶ 큐를 당구대와 평행하게 유지한 채 부드러운 스톱 스트로크가 요구된다.

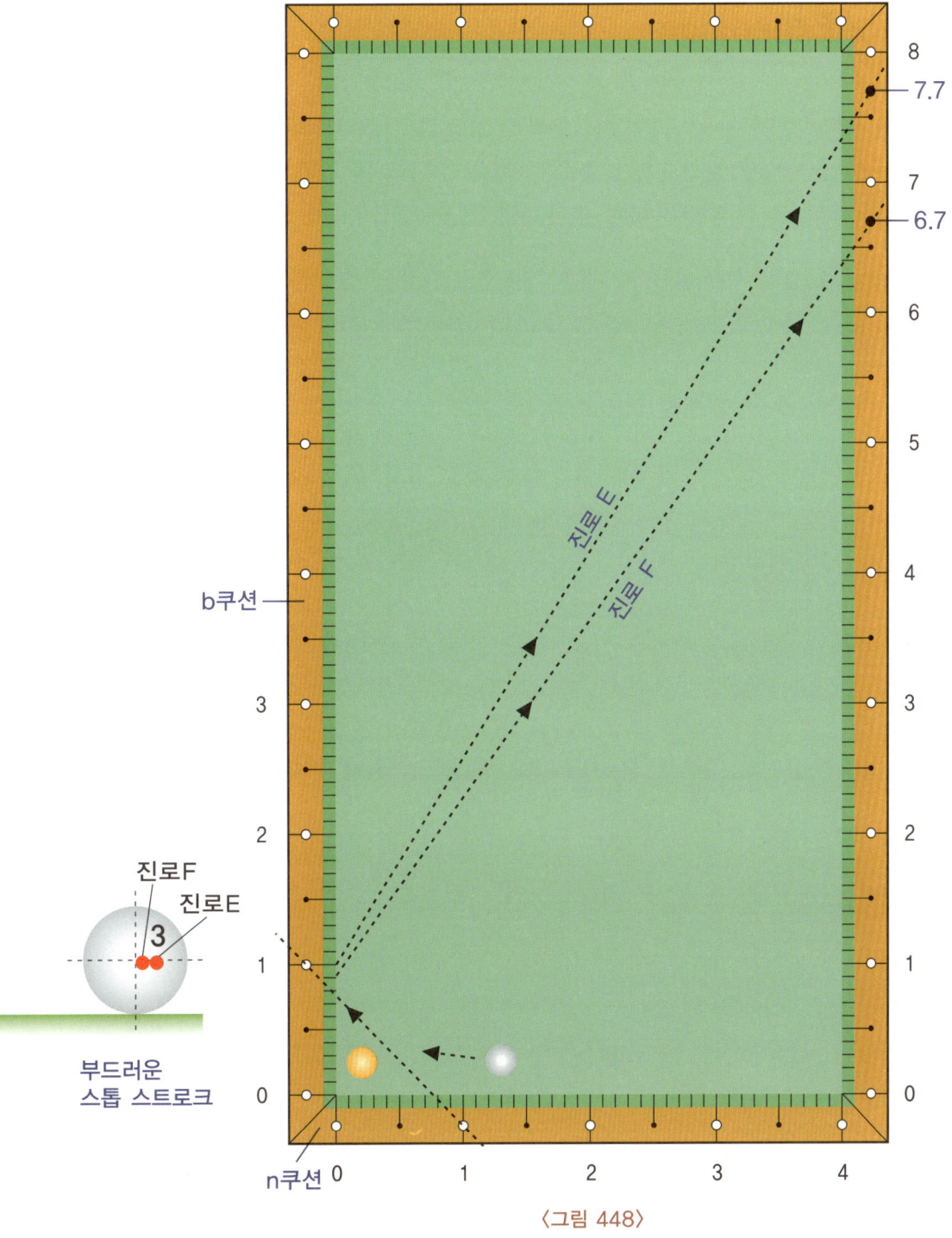

〈그림 448〉

LONG ANGLES

일본식 볼 시스템 3
Gem Expansion

▶ 이 샷은 정말 자주 등장한다. 오른쪽 그림처럼 수구 수(n쿠션 수)와 1쿠션 수(b쿠션 수)가 일치하지 않는 경우에도 일본식 볼 시스템을 적용할 수 있다. 사용되는 공식은 다음과 같다. **2쿠션 수=b(1+4/n)+0.7**

▶ 〈그림 449〉에서는 수구 수가 2, 1쿠션 수가 3인 경우를 예로 들어 설명하고 있다. 계산은 다음과 같다 : 3.0(1+4/2)+0.7=9.7(장축을 넘어서는 숫자이다). 9.7지점에 서서 1쿠션 지점을 바라보라. 2쿠션 지점을 기억해 둔 다음 득점할 수 있게끔 진로를 조정하라.

▶ 이 공식을 자주 사용할 것이라면 **3.0, 3.6, 5.0, 9.0** 네 가지 숫자를 암기해 놓으면 계산하기 편리할 것이다.

▶ 자주 사용되는 수구 수에서 이 숫자들이 나타난다.

▶ (n=2.0일 경우) 2쿠션 수=b(1+4/2.0)+0.7=b(**3.0**)+0.7
(n=1.5일 경우) 2쿠션 수=b(1+4/1.5)+0.7=b(**3.6**)+0.7
(n=1.0일 경우) 2쿠션 수=b(1+4/1.0)+0.7=b(**5.0**)+0.7
(n=0.5일 경우) 2쿠션 수=b(1+4/0.5)+0.7=b(**9.0**)+0.7

▶ 이 네가지 숫자를 암기한 다음, 2쿠션 수를 결정한 후 1쿠션 겨냥점을 찾아라.

▶ 예를 들자면 : 수구 수가 1이고 2쿠션 지점 8로 보내고자 한다면, x×5.0=8, x=1.6이 된다. 고로 1쿠션 지점 1.6을 겨냥한 후 조정값 0.7을 고려하면 된다(필자라면 1.4를 치겠다).

▶ **나오키 쓰야** 선수와 **카나타니**씨 덕분에 이 시스템을 여러분의 무기고에 추가할 수 있게 되었다.

▶ 2쿠션 지점(단축)을 찾는 방법을 조금 더 심도있게 공부해 보고 싶다면, **요기 하야마(Yogi Hayama)**의 저서를 참고하기 바란다.

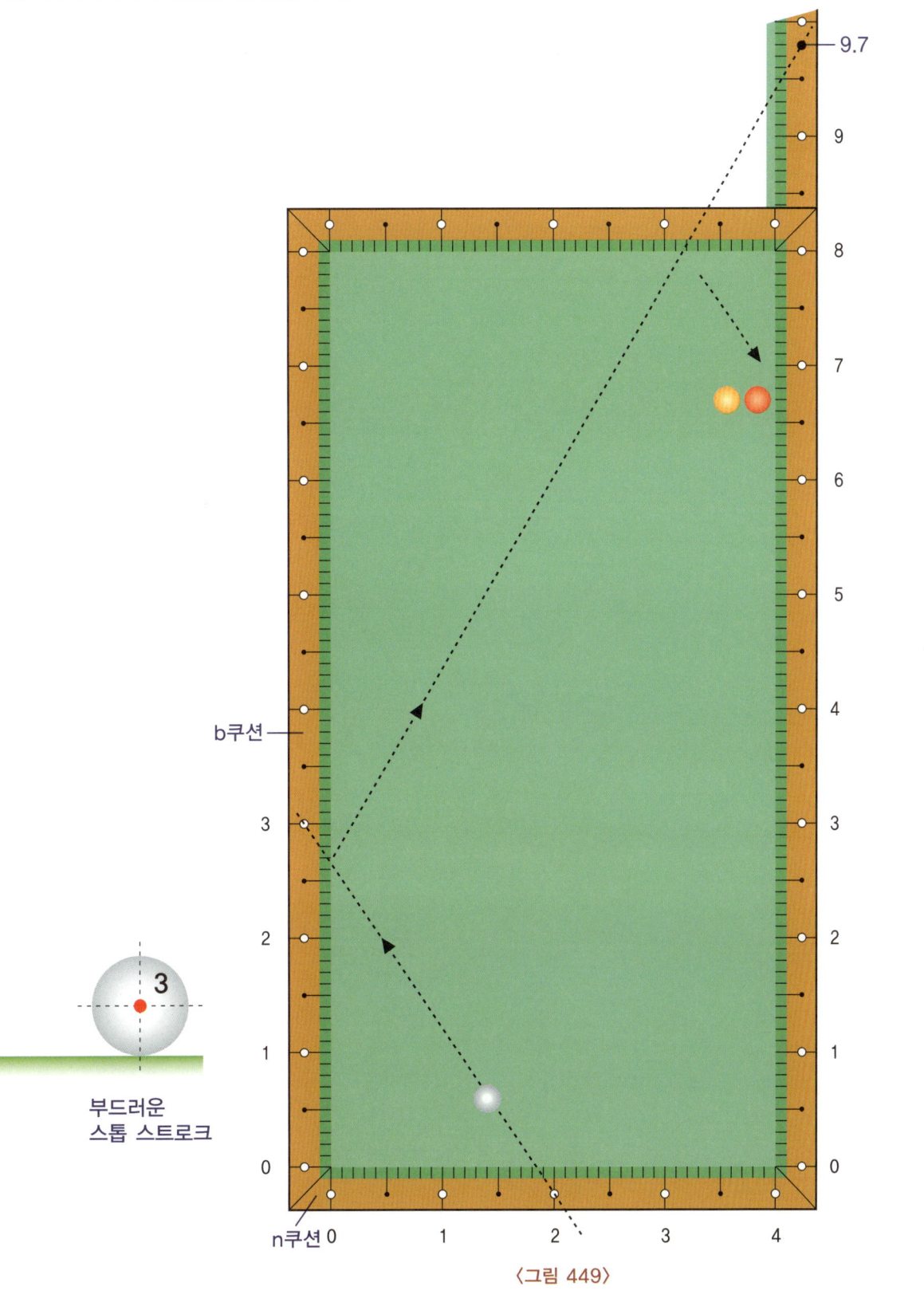

〈그림 449〉

LONG ANGLES

Billiard ATLAS Chapter 5

확장 효과
Angle Stretch

일반 동호인들은 수구가 진행 중에 커브를 일으킨다는 사실을 잘 모른다. 하지만 그 커브까지도 정확히 계산할 수 있다.
이 장에서는 수구의 진로를 확장하는 방법을 다루고 있는데, 확장된 진로는 수구에 맥시멈 당점을 주더라도 만들 수 없다.
때때로 확장 효과를 일으키는 테크닉을 사용해야 할 때가 있다. 이 장에 소개된 그림들은 어려워 보이지만 생각보다 쉽게 배울 수 있다.
또한 마세(masse)와 그리스 마사지(Greek massage) 테크닉을 소개하고 있는데, 두 테크닉 모두 상당히 난이도가 있다. 만약 실전에서 성공시킨다면 관중들의 환호를 받을 것이다.
잘 사용되지는 않는 테크닉이지만, 넓은 각에서의 스핀샷(spin shot)도 테스트해 보았다. 여러분이 실전에서 응용할 수 있길 희망한다.
쿠션 눕히기(rail hug) 테크닉을 사용하면 여러분이 생각했던 것보다 훨씬 더 각을 확장시킬 수 있다.
디크로이트 데드볼 시스템(Detroit dead-ball system)을 실전에서 성공시키면 관중들은 믿기지 않는다는 눈으로 쳐다볼 것이며, 5쿠션까지 확장되는 각에 놀라워할 것이다.

- 스핀샷
- 쿠션 눕히기
- 커브볼
- 커브볼 2
- 커브볼 3
- 마세성 샷
- 그리스 마사지
- 그리스 마세
- 디트로이트 데드볼

스핀샷
Take A Spin

▶ 세계적인 선수들은 시합 중에 이 샷을 자주 사용하지만, 일반 동호인들은 그렇지 못하다.

▶ <그림 450>에서는 유사 쇼트앵글 배열의 스핀샷을 소개하고 있다.

▶ 이런 배열의 샷은 모든 선수들이 같은 방법으로 타구할 것이라고 생각할지도 모르겠다. 하지만 그렇지 않은 것이, 선수들마다 성격이 다르기 때문이다. 이는 스리쿠션의 묘미라고도 할 수 있겠다.

▶ 어떤 선수는 브리지를 길게 잡고 샷한다. 어떤 선수는 그립을 앞쪽에 두고, 또 어떤 선수는 큐질에 검지손가락을 사용하지 않는다(방향 조정만 한다). 수구의 당점을 낮춰 샷하는 선수도 있으며, 큐 뒷부분을 들어 주는 선수도 있다. 개인마다 공략법은 다 다르지만, 결과적으로는 모두 느린 스핀 샷을 구사하게 된다.

▶ 이 샷을 어떻게 해결하는지 알아보기 위해 몇몇 선수들에 대해 조사를 실시했다. 스테판 갤라(Stefan Galla), 캐로스 할론(Carlos Hallon), 이상천 선수는 모두 자신의 스타일대로 샷을 했다. 이상천 선수는 스냅을 주어 수구에 회전을 먹였고, 갤라 선수는 풀 팔로-스루 스트로크를 사용했다. 반면 할론 선수는 1적구의 두께가 가장 중요한 요소라고 설명했다.

▶ 일반 동호인들에게는 갤라 선수의 공략법이 가장 효과적일 것이다. 1적구를 두껍게 맞추면서 풀 팔로-스루 스트로크를 적용하면 수구가 회전을 더 먹게 된다. 스트로크 또한 복잡하지가 않다.

▶ 바람직한 1적구 두께는 1/2에서 3/4사이며, 1적구를 눌러 쳐야 한다. 느리고 긴 팔로-스루 스트로크를 적용하려며 브리지를 바르게 하고 당구대와 큐가 평행을 유지해야 된다.

▶ 만약 1적구가 A에 위치한다면 수구에 힘을 더 가해야 한다.

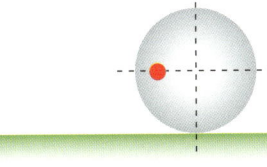

〈그림 450〉

ANGLE STRETCH

쿠션 눕히기
Rail Hug

▶ 이 샷은 매우 감각적인 샷이지만, 좀처럼 시도하지 않는다. 이 샷을 적용하면 각을 확장시킬 수 있으며, 생각보다 쉽게 배울 수 있다.

▶ <그림 451>에서 가장 적절한 예를 소개하고 있는데, 이 샷을 제외하면 별다른 초이스가 없어 보인다. 배짱 좋은 선수들만이 이 초이스를 할 수 있다.

▶ 쿠션에 가까이 붙어 있는 1적구는 80% 정도 두께로 두껍게 맞춰야 한다.

▶ 수구의 당점은 맥심이고, 긴 팔로-스루 스트로크를 적용하라. 어느 정도의 힘도 필요한데, 약 75%의 속도가 적당하다.

▶ 수구에 '초과 회전'이 먹으면 그림처럼 진행하게 되는데, 수구가 쿠션에 '눕게' 된다. 그리고 3쿠션으로 향하면서 살짝 커브를 그린다.

▶ 처음 이 샷을 시도할 때는 12시 방향 당점을 주고 수구의 움직임을 관찰해보라. 상당히 희한한 진로를 그릴 것이다.

▶ 그 다음 11시, 11시 반 당점을 적용하라 10시 반 당점도 괜찮다. 수구가 원하는 방향으로 진행할 때까지 실험을 계속하라.

▶ 수구에 적당한 정도의 '초과 회전'을 부여하기 위해서는 긴 팔로-스루 스트로크가 핵심이다.

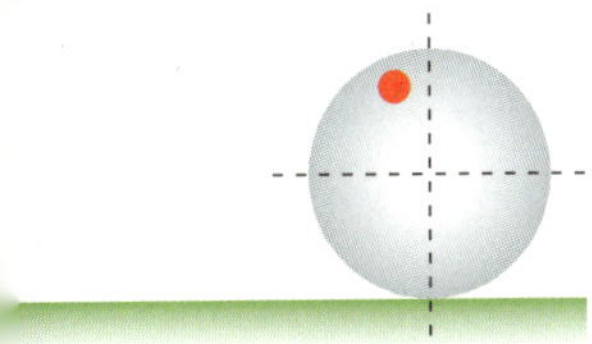

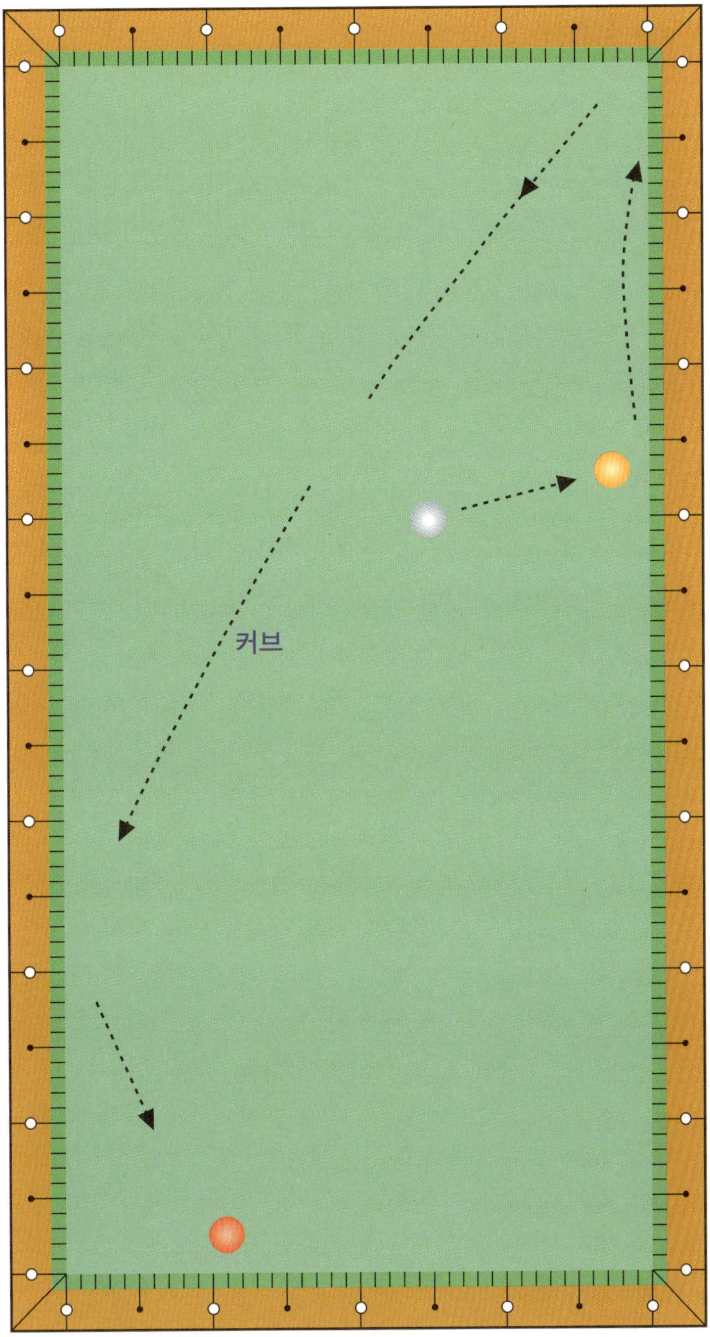

커브

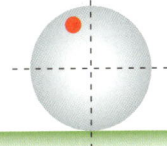

〈그림 451〉

ANGLE STRETCH

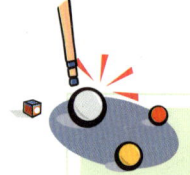

커브볼
Curve Ball

▶ 〈그림 452〉를 얼핏 본 후 독자 여러분은 이건 사기야라고 말할지도 모르겠다. 하지만 이 샷은 사기가 아니다. 특정한 샷 패턴 중 하나일 뿐이다.

▶ 오른쪽 그림의 경우 수구에 맥시멈 옆회전을 준다고 해도 C로 보내긴 힘들다. 수구의 진로를 더 길게 보낼 방법이 필요하다.

▶ 바로 여기에 수구의 진로를 길게 변경할 수 있는 새로운 방법이 있다. 바로 수구에 커브를 일으키는 것인데, 역회전 당점을 적용하는 것과는 달리 아주 정확하게 계산할 수 있다.

▶ 〈그림 452〉에서 수구는 2쿠션과 3쿠션 사이에서 커브를 일으킨 후 6쿠션 지점 C로 진행한다. 즉 커브가 수구의 진로를 길게 바꿔놓은 것이다.

▶ 스트로크는 풀 팔로-스루 스트로크다. 만약 수구에 커브가 일어나지 않는다면 이는 스트로크가 잘못된 것이다. 수구의 커브가 익숙해질 때까지 연습을 거듭하라.

▶ 스트로크는 단호해야 하며, 상단 당점을 적용하되 큐를 업 스트로크로 밀어쳐야 한다.

▶ 만일 이 테크닉이 여러분의 부족한 1%를 채워 주지 못했다면, 필자가 모자를 하나 사 주겠다.

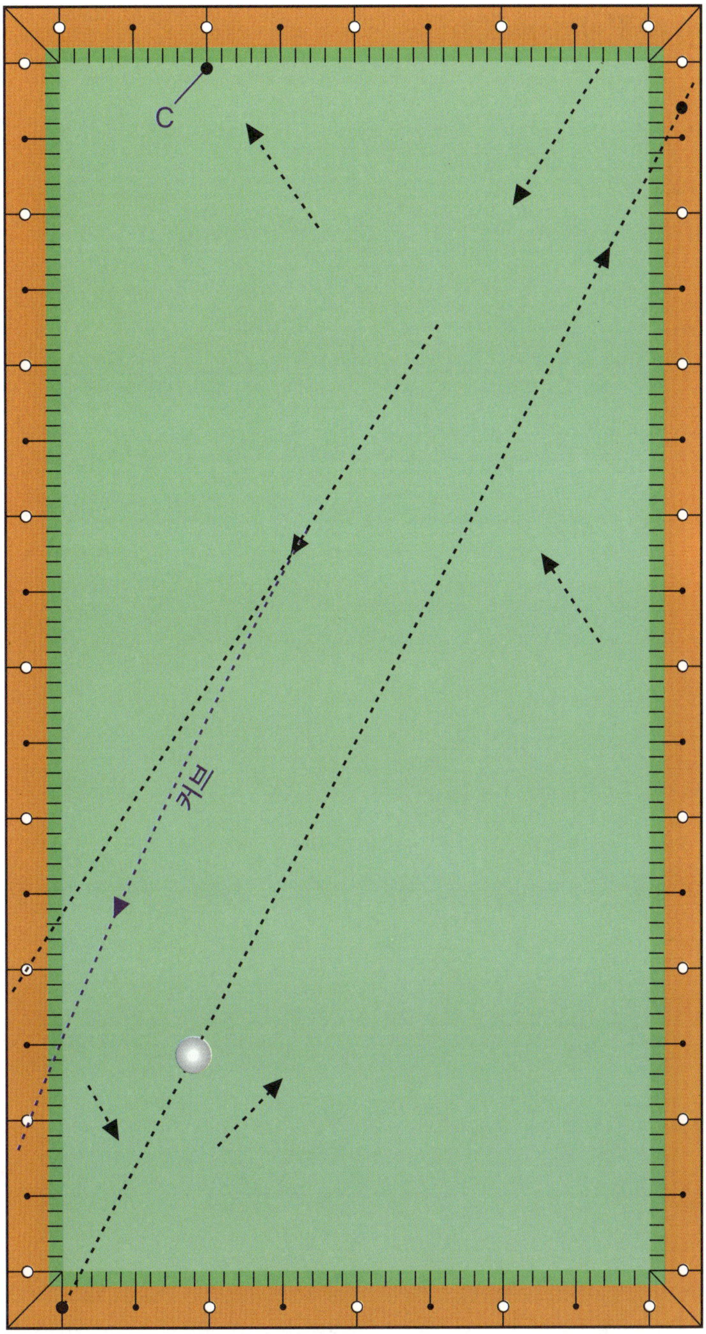

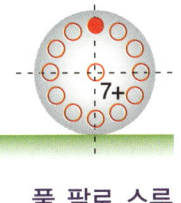

풀 팔로 스루
스트로크

〈그림 452〉

ANGLE STRETCH

커브볼 2
More Curve Ball

▶ 〈그림 453〉을 보면, 수구가 1쿠션 지점 X를 겨냥할 경우 B까지 떨어뜨릴 수 있음을 알 수 있다.

▶ 만일 Y를 겨냥한다면, 6쿠션에서 A까지 떨어뜨릴 수 있다.

▶ 위의 겨냥/도달점은 쉽게 암기할 수 있을 것이다.

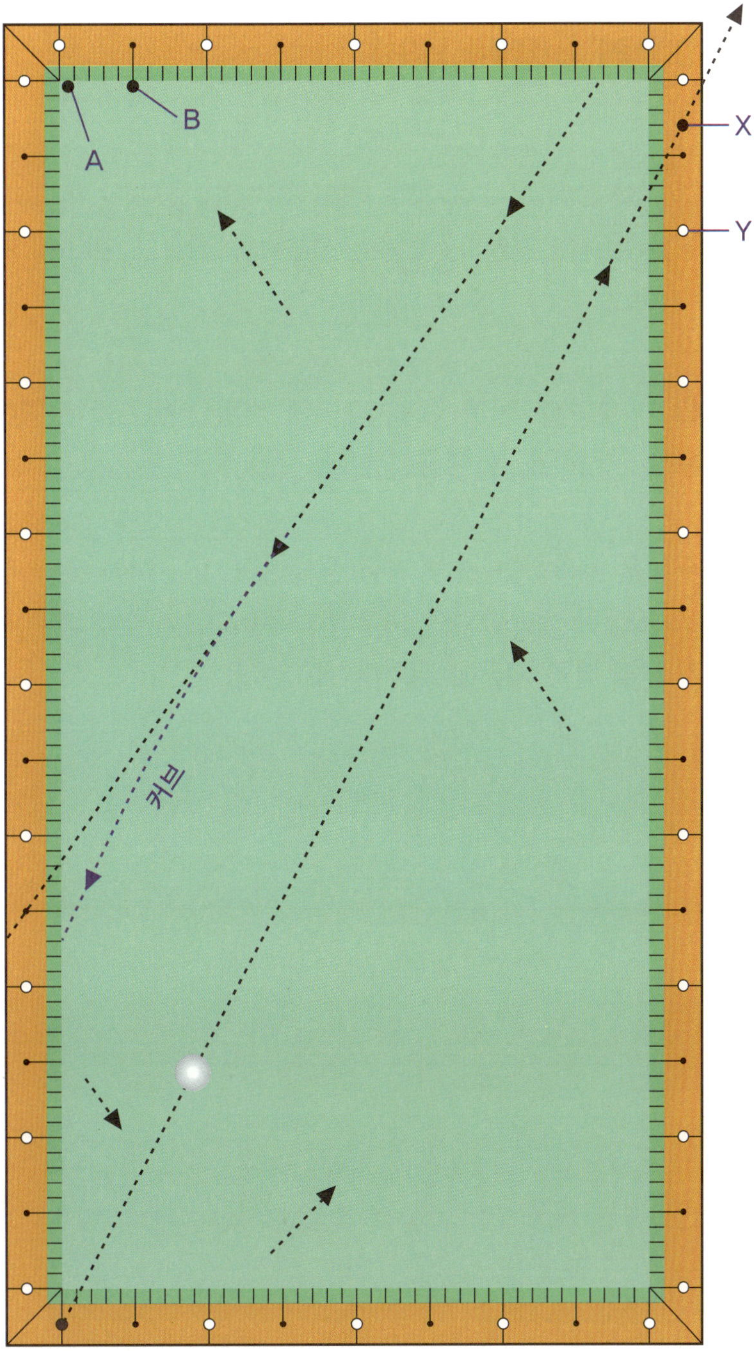

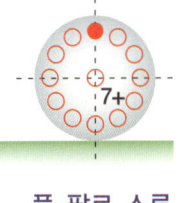
풀 팔로 스루
스트로크

〈그림 453〉

ANGLE STRETCH

커브볼 3
Another Curve Ball

▶ 〈그림 454〉에서는 수구의 시발점이 달라졌지만, 똑같이 6쿠션 지점 A로 수구를 보내려고 한다. 그림의 진로를 암기하고 있다면 경기력에 큰 보탬이 될 것이다.

▶ 만일 이 진로를 모를 경우, 수구에 역회전 당점을 부여하는 등 더 어려운 진로를 선택하게 될 확률이 높다.

▶ 당구대를 체크하는 것이 가장 중요한데, 당구대에 따라 6쿠션 지점에서 약간의 조정이 필요할지도 모르기 때문이다. 가끔씩 매우 짧은 당구대에서는 A가 전혀 다른 지점에 위치하기도 한다.

A

커브

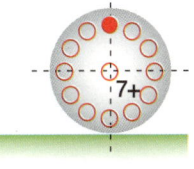

풀 팔로 스루
스트로크

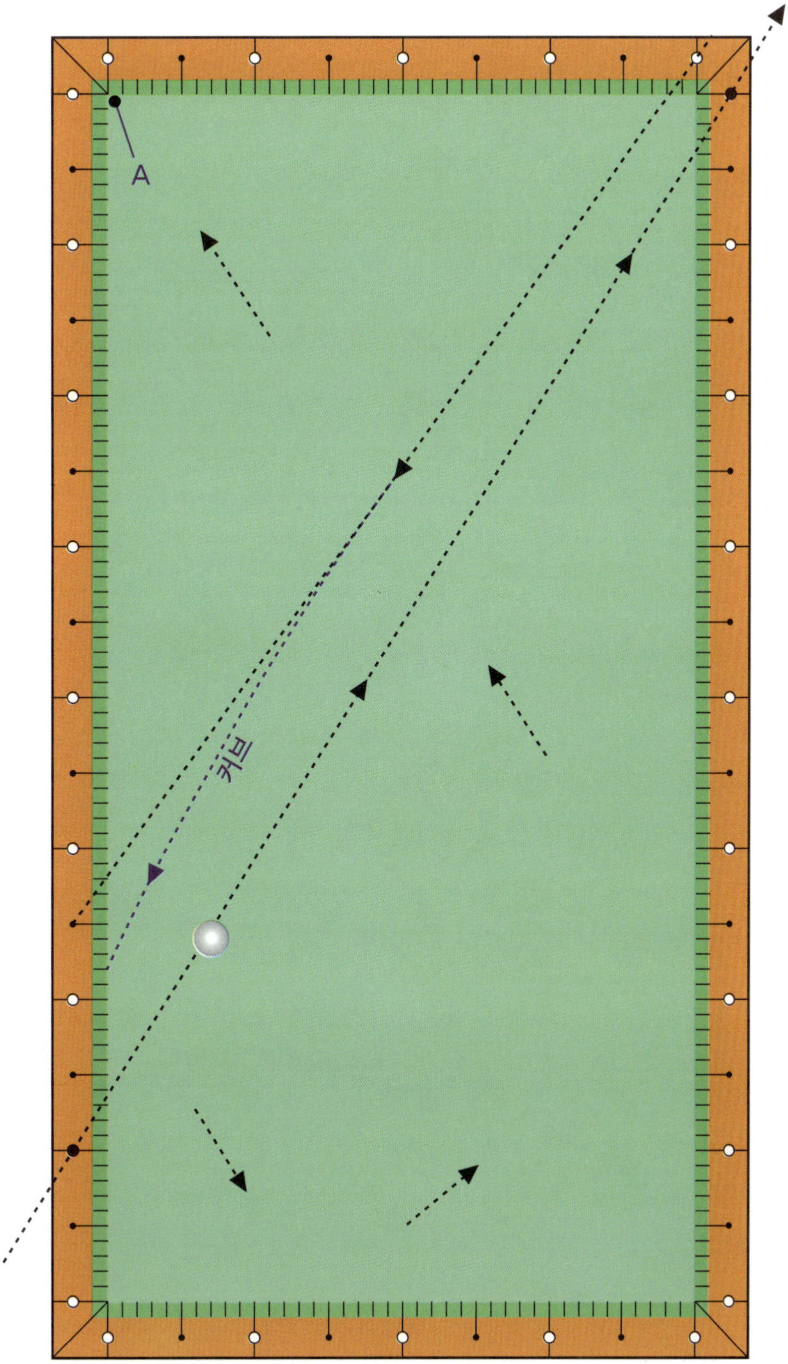

〈그림 454〉

ANGLE STRETCH 117

마세성 샷
A Small Masse

▶ 일반 동호인들의 3쿠션 경기를 관전하고 있자면 마세는 거의 시도하지 않는 것을 알 수 있다. 정상급 선수들은 가끔 마세를 시도하며, 보크라인에서는 필수적인 테크닉이다.

▶ 이는 아마도 마세가 매우 배우기 힘든 기술이기 때문일 것이다. 하지만 약간의 마세는 컨트롤하기가 아주 쉬울 뿐더러, 그 진로 역시 예상 가능하다.

▶ 물론 다른 훌륭한 초이스가 보일 때는 마세를 시도하지 않는 것이 옳다. 하지만 오른쪽 그림의 상황에서는 마세가 더 합리적인 초이스이다.

▶ 〈그림 455〉에서는 수구가 기존 진로를 살짝 벗어나 빈쿠션치기 득점에 성공하는 것을 보여 준다. 수구에 맥시멈 옆회전을 주고 B를 겨냥했을 시에는 결코 득점에 성공할 수 없다.

▶ 수구에 맥시멈 옆회전을 주고 득점에 성공하려면, 선AB를 따라 수구가 진행해야 한다.

▶ 수구에 데드볼 잉글리시(노잉글리시)를 적용해 진로를 길게 늘어뜨리는 것도 하나의 방법이다. 하지만 이 경우 수구의 속도가 완벽하게 조절되지 않는 한 진로를 예측하기가 힘들다.

▶ 수구에 약간의 마세 성질을 부여하여 AB선상으로 올려놓는 것은 그렇게 어렵지 않으며 커브가 과도하게 필요하지도 않다.

▶ 큐를 20도 각도를 들고 – 충분히 컨트롤할 수 있는 각일 것이다 – 그림의 당점을 적용하라.

▶ 큐팁은 수구와 부딪히면서 멈추면 안 된다. 쿠션에 거의 닿을 때까지 수구를 통과해야 한다.

▶ 여러 가지 사항을 감안했을 때 이 초이스가 가장 무난하다. 하지만 시도하는 선수는 거의 없다.

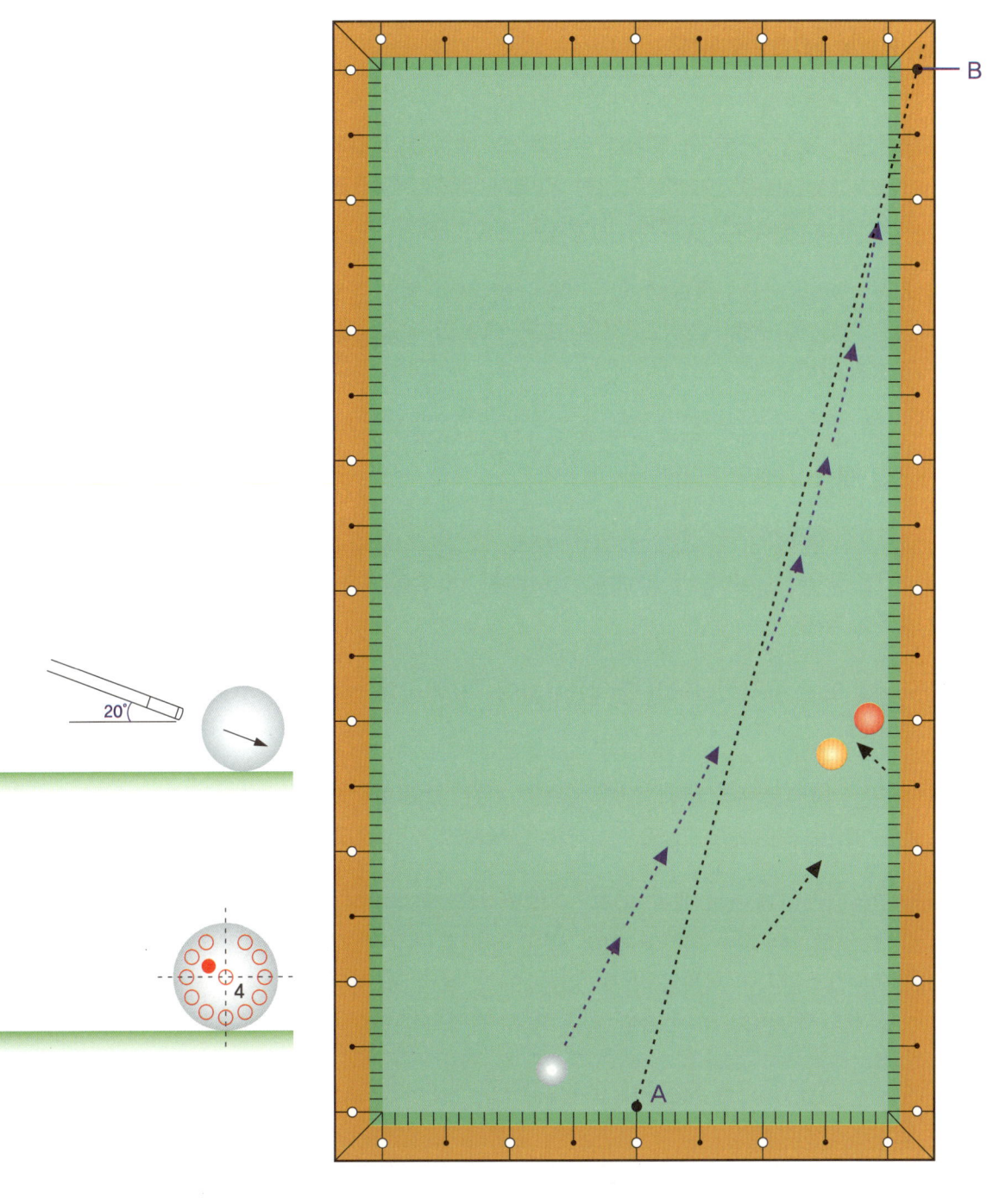

〈그림 455〉

ANGLE STRETCH

그리스 마사지
Greek Massage

- 3쿠션의 초기 이론 중 일부분은 당구의 대가였던 그리스 출신의 **닉 폴라스(Nick Poulas)** 선수가 고안한 것이다. 필자 역시도 그로부터 몇 가지 배열의 공을 풀어내는 방법을 배웠는데, 그 내용을 아래에 소개하려고 한다.

- 지금 소개할 샷은 족보에 있는 샷은 아니다. 하지만 단지 과시용으로 소개하는 것은 아니며, 그림과 같은 드문 배열의 공을 풀어내는 방법을 전달해 주고자 함이다.

- **〈그림 456〉**에서는 수구가 장축과 1적구 사이에 갇혀 있다. 득점으로 연결시킬 확률이 매우 희박해 보인다.

- 이 경우 큐를 30도 각도로 들어 보라. 수구에 10시 방향의 당점을 부여하고, 1적구는 대략 절반 두께를 겨냥하라. 수구를 1적구와 당구대 바닥으로 돌진시켜라.

- 스트로크는 공격적이어야 한다. 큐팁이 거의 당구대 바닥에 닿을 정도까지 뻗어라.

- 수구는 부분적으로 바닥 천에 꽂히겠지만, 대부분 1적구에 부딪힐 것이다. 샷에 어느 정도의 힘이 필요한가를 터득하려면 연습이 필요하다.

- 수구는 1적구를 돌파해 나가고, 오른쪽으로 살짝 스쿼드를 일으키면서 가속이 붙는다. 수구는 회전이 많이 먹은 상태로 1쿠션 지점을 향해 커브를 일으키는데, 2쿠션 지점을 향해 치고 나간 후 다시 회전력이 충만한 상태로 2적구로 진행한다. 마법과도 같은 샷이 아닐 수 없다.

- 수구가 전진하면서 오른쪽으로 스쿼드를 일으키므로 파울을 피할 수 있게 된다.

- 만일 여러분이 이 샷을 마스터하고 득점에 성공하게 되면, **클르망** 선수가 뜨거운 포옹을 안겨줄 것이라 확신한다.

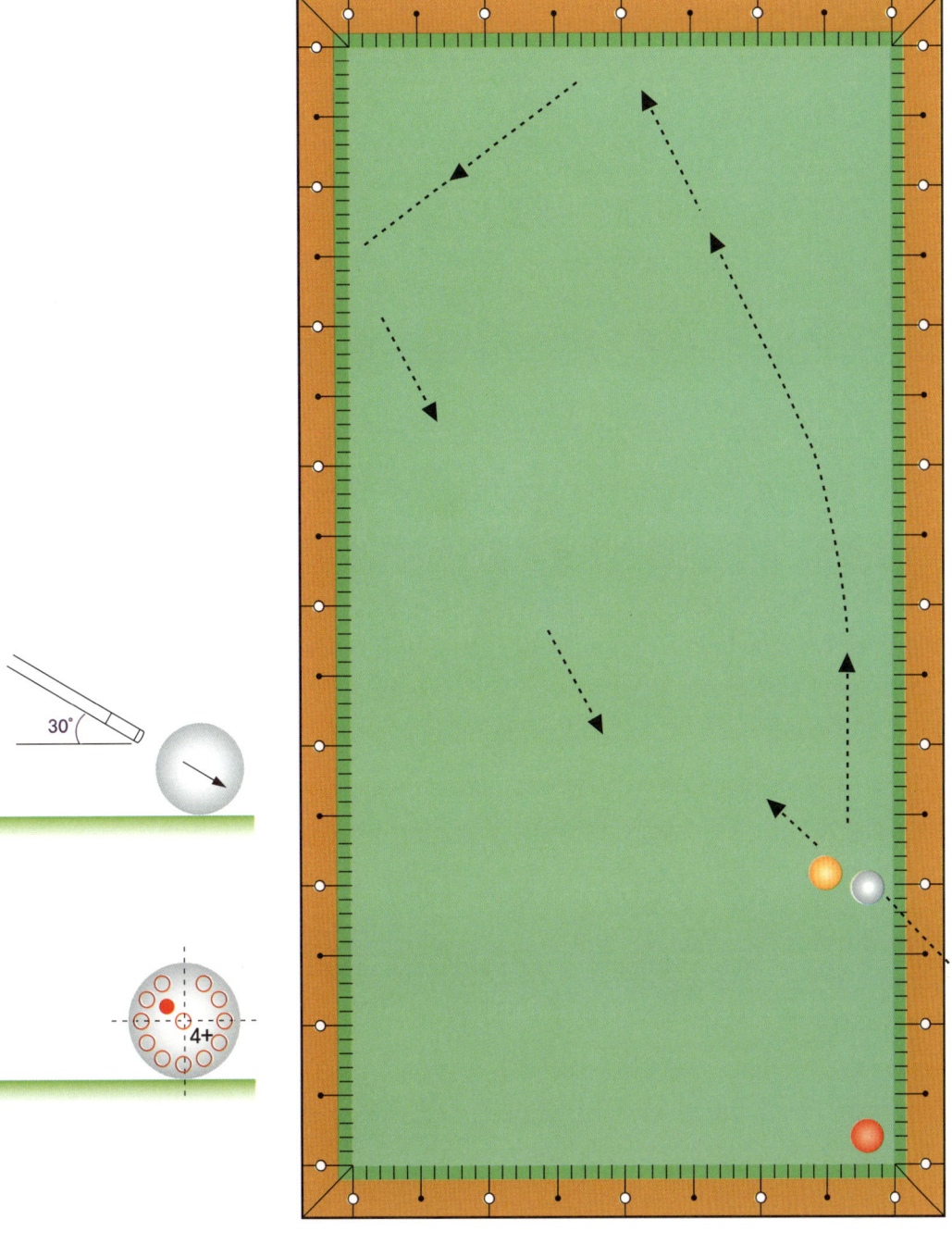

〈그림 456〉

ANGLE STRETCH

그리스 마세
Greek Masse

▶ 이 간단한 테크닉의 정확한 사용법에 대해 소개하겠다.

▶ 〈그림 457〉의 배열을 득점으로 연결시키는 데는 몇 가지 초이스가 존재한다. 여기서는 같은 장축을 두 번 이상 맞춰 득점하는 다소 낯설은 초이스를 제시하고 있다.

▶ 큐는 30도 각도로 들고, 1쿠션을 향하여 공격적으로 스트로크하라. 당점은 10시 방향이며, 당구대 바닥에 큐를 꽂는다는 느낌으로 샷하라. 큐팁이 수구를 관통하여 당구대에 거의 닿을 정도가 되어야 한다.

▶ 스트로크가 정확하게 구사된다면 수구는 1적구에 맞기 전에 장축에 적어도 2쿠션 이상 바운드될 것이다.

▶ 만일 이 샷으로 득점에 성공한다면 어느 곳에서건 열렬한 박수를 받을 수 있을 것이다.

▶ 이 테크닉 역시도 필자가 전(前) 포켓볼 챔피언이었던 **닉 폴라스** 선수에게 직접 강의를 들어 배운 것이다. 그는 **랄프 그린리프(Ralph Greenleaf)** 선수의 동료였다.

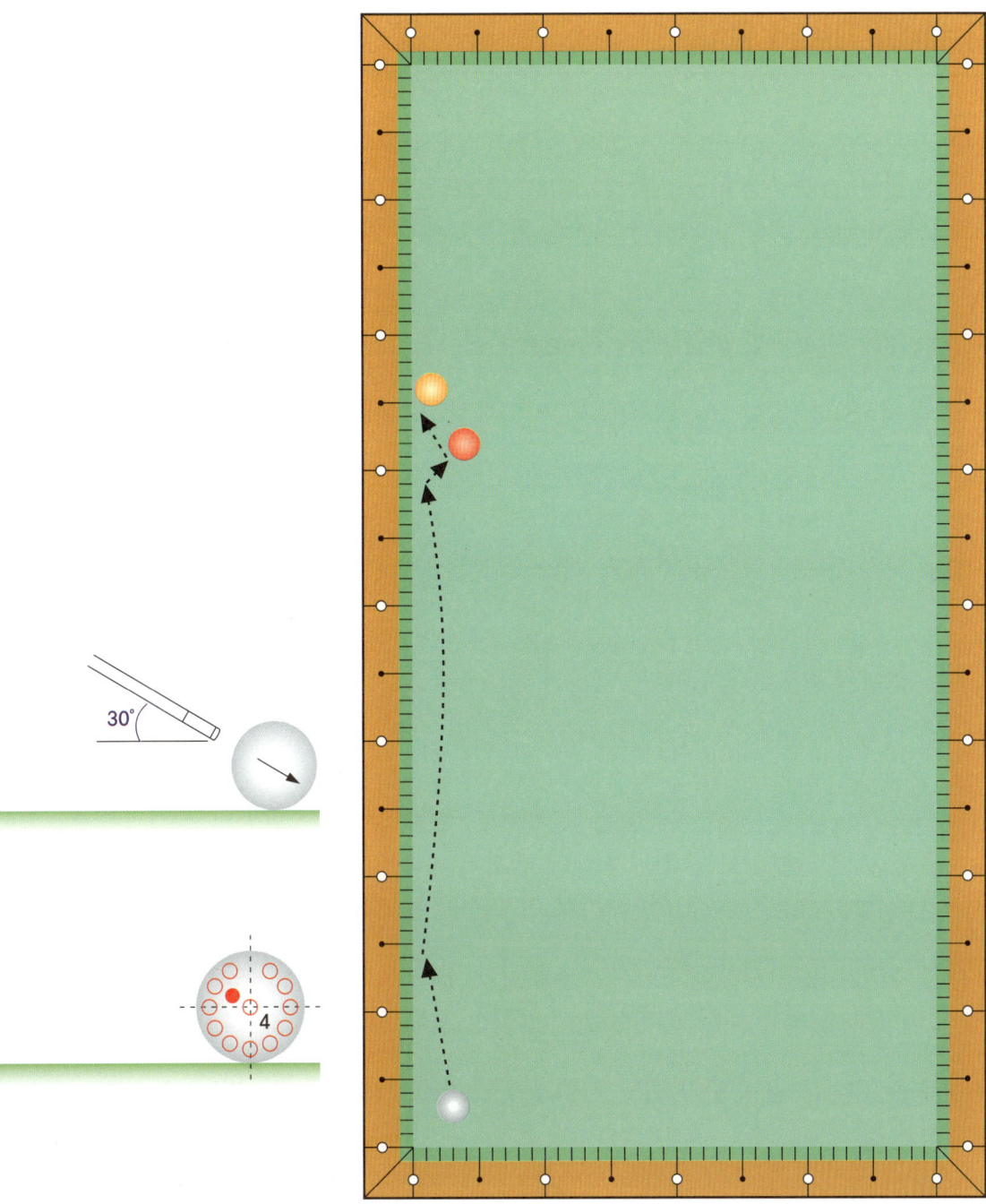

〈그림 457〉

ANGLE STRETCH

디트로이트 데드볼
Detroit Dead Ball

- 여러분은 오른쪽 그림처럼 두 개의 적구가 X지점에 위치한 상황을 얼마나 자주 겪어보았는가? 디펜스를 중시하는 선수들은 이처럼 수구에 맥시멈 옆회전을 주어도 보낼 수 없는 곳에 적구를 포지션시키기 좋아한다.

- 이 난구를 풀어낼 수 있는 방법을 디트로이트 출신의 **조 프로시타(Joe Procita)** 선수와 **밥 아민(Bob Ameen)** 선수가 고안해냈다고 한다.

- 〈그림 458〉에서 수구의 위치는 4가지이지만, 모두 6쿠션째에 X지점으로 보내려고 한다.

- 이 테크닉의 목표는 수구가 3쿠션을 맞고 나서 4쿠션째로 진행할 때 옆회전을 약간 살리는 것이다. 이렇게 하면 X지점으로 보낼 수 있다.

- M에서 P를 겨냥하라. 수구에 중앙 당점을 주고 아주 세게, 6쿠션을 돌아 나올 충분한 속도로 타구하자.

- 만약 수구가 3쿠션째에 R근처로 떨어진다면, M을 이용해 '벽의 한 지점' Z를 찾을 수 있다.

- 수구가 3쿠션째에 R보다 짧은 지점에 떨어지면 수구의 시발점을 N으로 옮겨라. 정확히 R부근에 떨어질 때까지 이 과정을 반복하라.

- 일단 M이 수구의 시발점이라고 가정해 보자. M에서 P를 향해 가시선을 긋고, 이 선을 당구대 너머 10피트(3m) 떨어진 지점 Z까지 연장하라.

- 이제 B, C, D처럼 수구가 어느 지점에 있건, X로 보내기 위해서는 Z를 겨냥하고 샷하면 된다.

- 수구의 속도가 빠르면 수구의 초과적인 옆회전을 상쇄할 수 있을 것이다. 스트로크의 길이는 짧아야 한다는 사실을 명심하라.

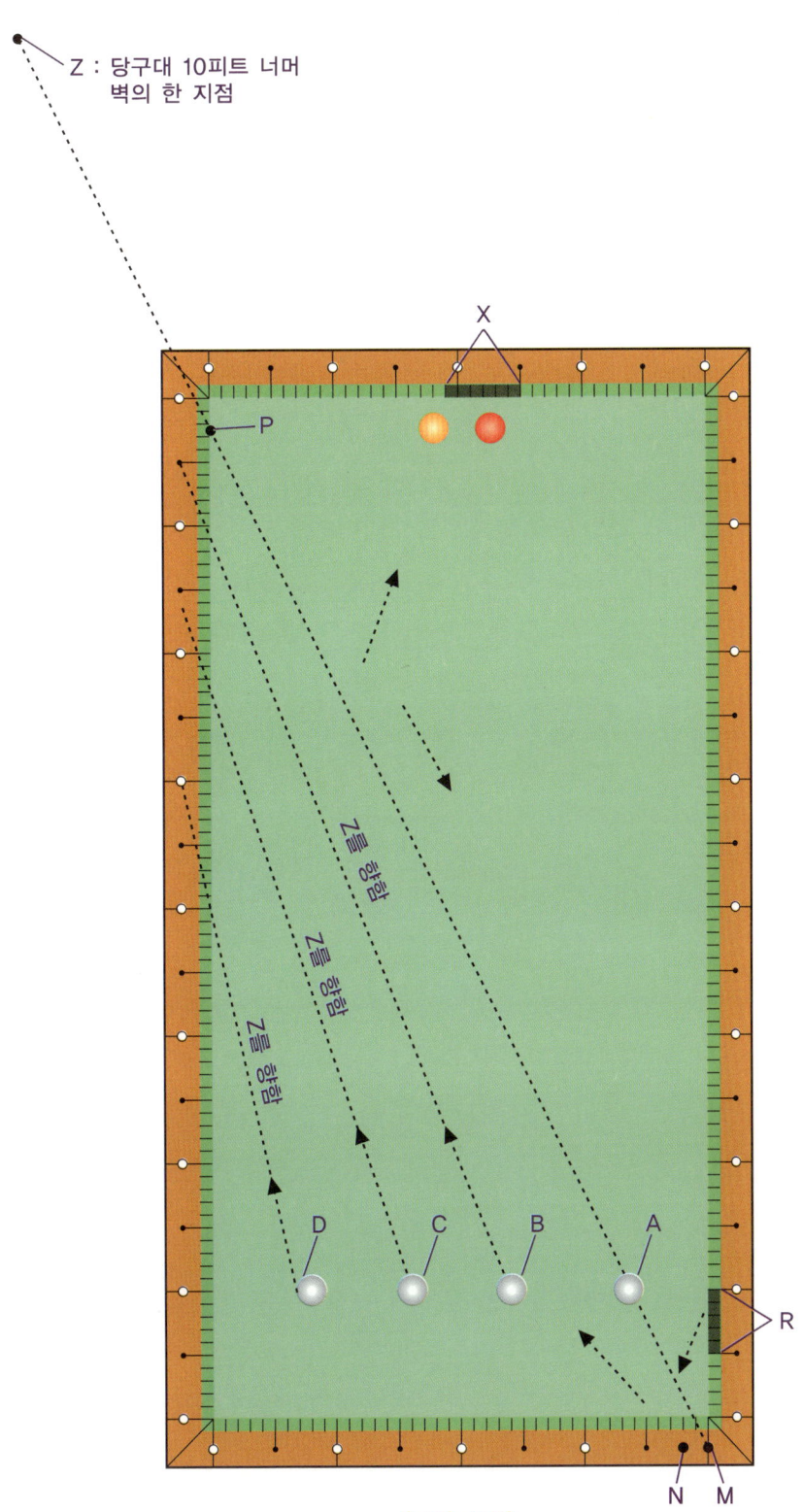

〈그림 458〉

ANGLE STRETCH

Billiard ATLAS

Billiard ATLAS Chapter 6

1/2두께
Half Ball Hit

이 장의 대부분은 1적구가 쿠션에 붙어 있거나 혹은 거의 붙어 있을 때, 정확히 1/2두께를 맞춰낼 수 있는 방법에 대해 다루고 있다. 이 정보는 다른 곳에서 찾아보기 힘든 정보이다. 독자 여러분은 이 장을 이해하기 위해서는 『빌리어드 아틀라스 2권』에서 소개한 볼 시스템(ball system)을 반드시 숙지해야 한다. 여러분의 편의를 위해 해당 내용을 부록 형태로 책 뒷부분에 싣고 있으니 참고 바란다.

1/2두께 이론을 배우고 나면 다른 기술을 빨리 습득할 수 있다. 1적구 얇게 맞추기나 1쿠션에 정확히 떨어뜨리기 등 고난이도의 기술을 말이다. 계산법은 3쿠션 지점에 의거해 결정된다. 1쿠션 지점 혹은 수구와 1적구와의 분리각은 중요하지 않다.

몇 가지 수구의 속도는 암기하여야 한다. 포지션 플레이나 키스는 일단 고려하지 않는다. 일단 이 이론을 마스터하고 나면, 선수 재량에 따라 수구의 속도, 스트로크, 당점 조절 등을 통해 키스나 포지션을 계산할 수 있다.

간단한 기본구(naturals)[3]의 속도를 다루는 부분이 가장 유용하게 쓰일 것이다.

66%의 원칙은 여러분을 미지의 세계로 안내해 줄 것이다. 이는 당구계에서도 일급 정보에 속한다. 여러분이 130~133쪽의 내용을 숙달한다면 경기력이 최소한 7% 이상 상승할 것이다. 이 내용은 다양한 곳에 응용할 수 있으며, 기량을 향상시킬 수 있는 가장 쉬운 방법 중 하나이다. 아마도 『빌리어드 아틀라스 4권』 중 제일 귀중한 정보가 아닌가 싶다.

- 브롬달
- 역회전 당점 적용 구역
- 프로즌 볼의 트랙 : 하단 당점
- 프로즌 볼의 트랙 : 하단 당점 3
- 프로즌 볼의 트랙 : 역회전 당점 2
- 프로즌 볼의 트랙 : 역회전 당점 4
- 프로즌 볼의 트랙 : 수구의 커브
- 프로즌 볼의 트랙 : 66%의 원칙
- 1/2두께의 기본
- 1/2두께에서 속도 조절
- 프로즌 볼의 트랙 : 하단 당점 2
- 프로즌 볼의 트랙 : 역회전 당점
- 프로즌 볼의 트랙 : 역회전 당점 3
- 프로즌 볼의 트랙 : 역회전 당점 5
- 프로즌 볼의 트랙 : 창 던지기
- 2등분

---

[3] 기본구(naturals) : 속칭 '우라마시' 배열의 샷을 의미한다.

브롬달
Blomdahl

▶ 필자는 위대한 세계 챔피언인 **토요른 브롬달(Torbjorn Blomdahl)** 선수와 아침 식사를 함께 하며 당구의 미묘한 차이들에 대해 장시간 토론한 적이 있다. 브롬달 선수는 세계 정상급 선수들 중에서도 가장 뛰어난 선수 중 하나로, 필자가 가장 좋아하는 선수이다.

▶ 그는 1적구의 두께에 따른 특징과, 그것이 득점에 어떤 영향을 끼치는지에 대해 설명했다. 그 내용을 〈그림 459〉에 담아 보았다.

▶ 이 그림에서는 간단한 기본구 배열을 소개하고 있다. 브롬달 선수는 만일 1/2두께를 적용하여 1적구를 겨냥했을 때, 1적구가 약간 두껍거나 얇게 맞더라도 득점할 가능성이 높다고 말했다. 즉, 두께의 에러가 크게 영향을 주지 않는다는 뜻이다.

▶ 1적구를 두껍게 맞히는 에러가 발생했을 때 3쿠션에서 수구의 회전이 많아지므로 자동적으로 두께 미스가 상쇄된다.

▶ 실제로 시험해 본 결과, 1적구의 두께가 두꺼워질수록 수구에 더 많은 회전이 실렸고, 1쿠션으로 입사각은 약간 짧아졌다.

▶ 수구의 회전, 즉 3쿠션에서의 회전은 약간의 두께 에러를 벌충해 주었고 수구의 최종 진로를 결정하는 데 도움을 주었다.

▶ 1적구를 얇게 맞출 경우 수구가 회전을 덜 먹는다. 이 경우 수구의 최종 진로에 상당한 영향을 미치는데, 3쿠션에서 회전이 덜 먹기 때문이다.

▶ 즉, 1/2두께를 겨냥했을 때 수구에 디플렉션(꺾임)이 일어나 3mm 정도 에러가 발생한다 해도, 아주 얇은 두께를 겨냥했을 때 3mm의 에러가 발생하는 것보다 훨씬 타격이 적다.

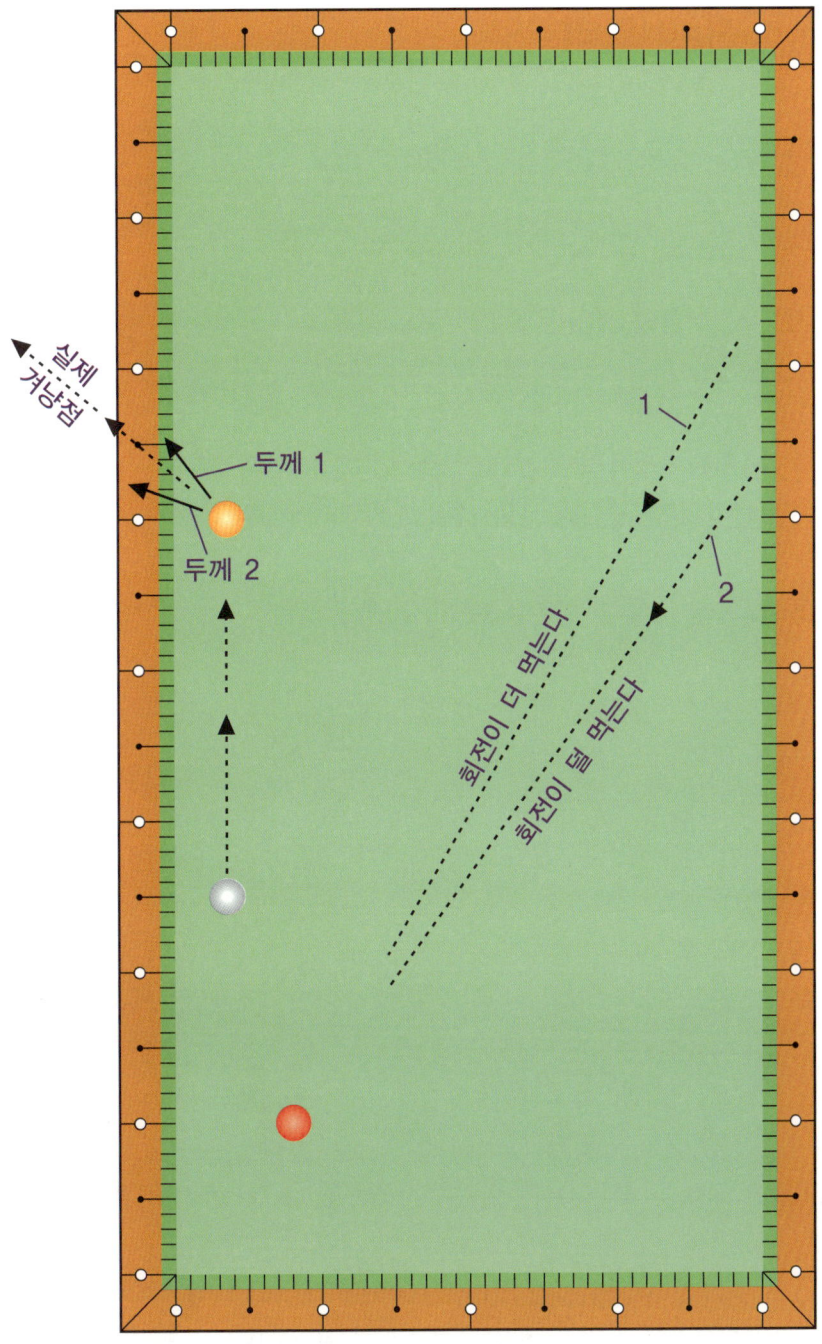

〈그림 459〉

HALF BALL HIT

1/2두께의 기본
Basic Half Ball

▶ 부록 203~229쪽에 소개하고 있는 장축 라인의 응용(long way of the ball system)을 먼저 숙지하기 바란다.

▶ 이제부터 설명할 내용은 위의 시스템에 첨부할 중요사항인, 바로 1/2두께에 관한 것이다.

▶ <그림 460>에서 1적구는 라인 수 1.5에 위치해 있고, 3쿠션 지점은 6가지로 각각 다르다. 진로A~F는 3쿠션 수가 1~6일 때를 나타낸다.

▶ 1.5에 3쿠션 수를 더하면 당구대 수가 된다.

▶ 1/2두께는 4.0이므로, 1적구 수 4.0에 당점 수가 더해져 당구공 수가 된다.

▶ 진로A에서 당구대 수는 1.5+1.0=2.5이고, 이는 당구공 수와 같아야 한다. 1/2두께는 4.0이므로 당점 수가 -1.5가 되어야 당구공 수가 2.5가 된다.

▶ 진로B에서 당구대 수는 1.5+2.0=3.5이다. 1/2두께는 4.0이므로 당점 수는 -0.5가 되어야 한다. 고로 수구에 1/2팁 역회전을 적용하라.

▶ 진로C에서 당구대 수는 1.5+3.0=4.5이다. 1/2두께는 4.0이므로 당점 수는 0.5(정회전 1/2팁)가 되어야 한다. 같은 방법으로 D, E, F도 계산할 수 있다.

▶ 진로F는 가상의 단축을 연장시켜 3쿠션 지점이 6이 된다. 여기에 1.5를 더하면 당구대 수는 7.5가 된다. 1/2두께는 4이므로, 당점 수 3.5를 더하면 7.5가 된다.

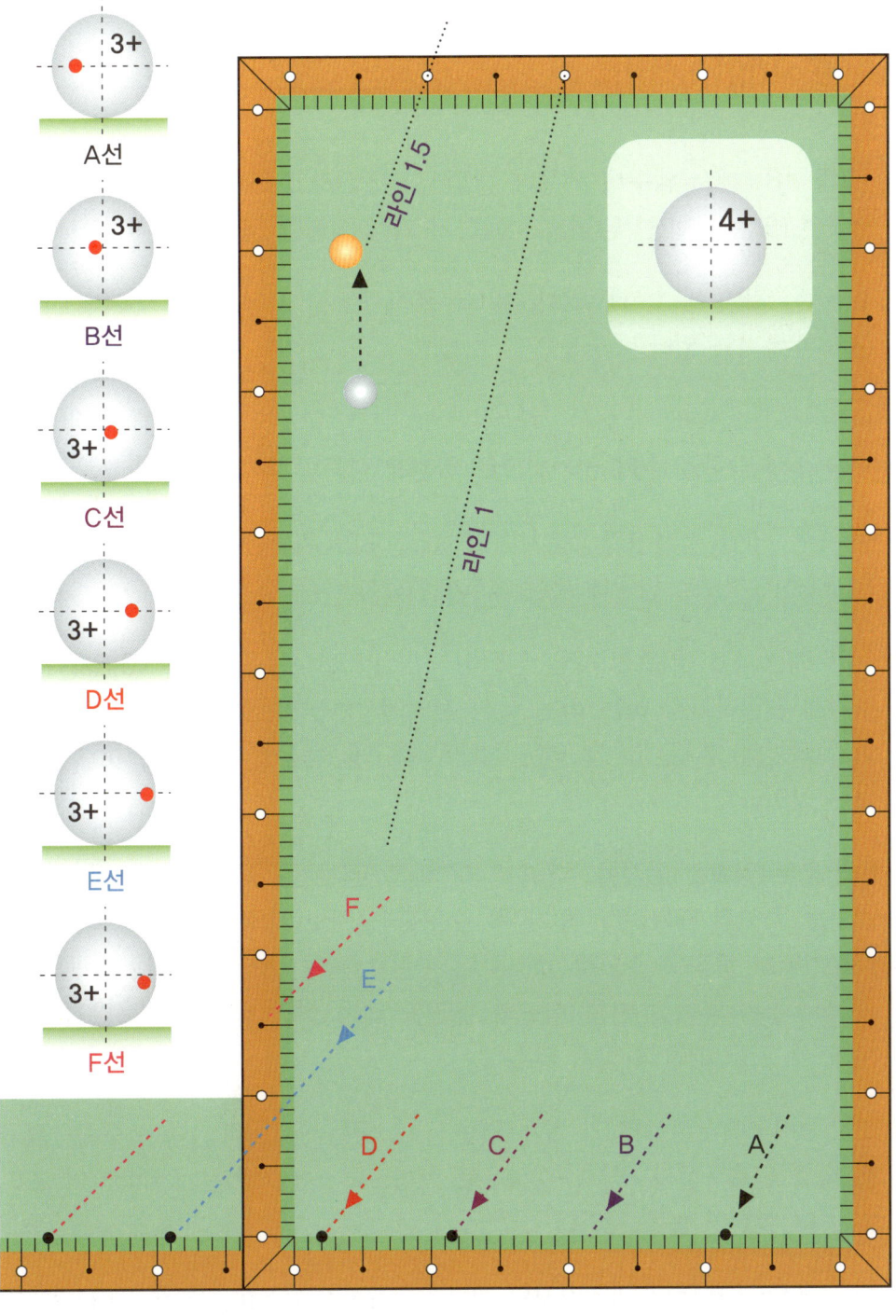

〈그림 460〉

HALF BALL HIT

역회전 당점 적용 구역
Long Angle Hint

▶ <그림 461>에서 당구대 위쪽에 당점A, 당점B라고 쓰인 부분이 있다. 이는 역회전 (또는 무회전) 당점을 적용하기 가장 적합한 영역을 뜻한다.

▶ 수구A는 라인 수 1.5에 위치하는데, 목적 3쿠션 지점은 2.5정도이므로 당구대 수는 4가 된다.

▶ 1/2두께가 4.0이고 무회전 당점은 0.0이므로, 당구공 수는 4.0이 된다. 당구대 수와 당구공 수가 일치하므로 득점에 성공할 수 있다.

▶ 수구B는 라인 수 1.0과 0.0사이인 0.5정도에 위치한다. 목적 3쿠션 지점은 3.0정도이므로 당구대 수는 3.5가 된다.

▶ 1/2두께는 4.0, 역회전1/2팁 당점이 –0.5이므로 당구공 수도 3.5가 된다. 여기서 전달하고자 하는 바는 특정 지역에서는 역회전 당점을 적용하는 것이 유리한데, 옆회전이 덜 먹은 상태로 수구를 득점권 지점으로 보낼 수 있다는 것이다.

▶ B의 경우 역회전 당점을 적용하기가 약간 까다로운 것이 목적구 안으로 돌려치는 공이기 때문이다. 이 경우 수구가 생각보다 역회전을 더 먹는다(찾아보기에서 목적구 안으로 돌려치기 관련 내용을 검색해 보라). 그래서 어떤 선수들은 역회전 반팁 정도의 효과를 내는 상단 당점을 적용하기도 하는데, 수구를 살짝 더 얇게 맞춘다.

▶ 고로 B구역에서는 차라리 짧게 치는 것도 좋은 방법이다. 즉 수구가 1적구를 맞고 단축–장축–장축–2적구로 향하도록 진행시키는 것이다. 이 초이스가 더 확률이 높을 것이다.

▶ 이 원리는 쇼트앵글 배열에서도 그대로 적용할 수 있다. 부록 219쪽을 참고하기 바란다.

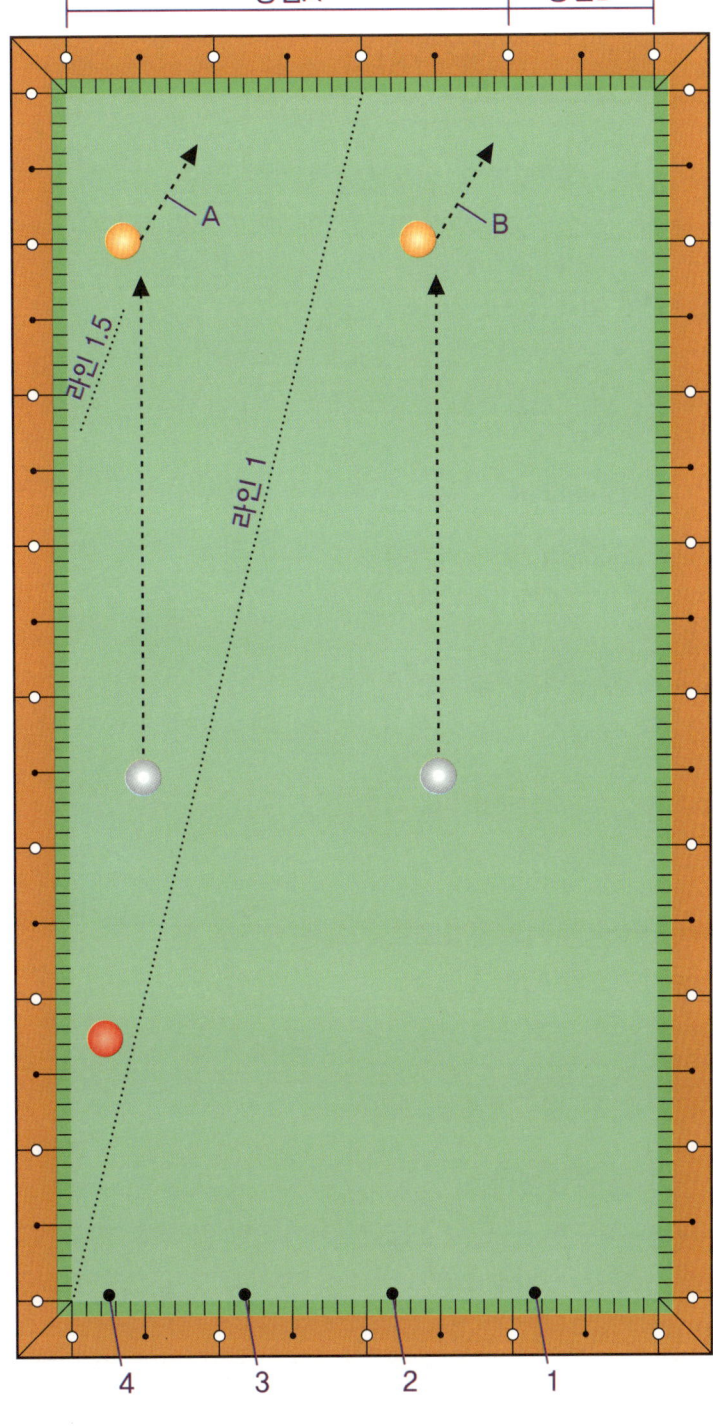

〈그림 461〉

HALF BALL HIT

1/2두께에서 속도 조절
Half Ball Hit Speed

▶ 아래에서는 **1/2두께**를 적용했을 때 이상적인 수구의 속도에 대한 가이드 라인을 제시하고 있다. 속도의 증가에 따라 정렬해 보았다.

▶ **더블쿠션 짧게 3쿠션 샷**
수구가 3쿠션에 겨우 닿을 정도로 부드럽게, 20%의 속도

▶ **길게 던져치기**
수구가 3쿠션에 도달하고 약간 남을 정도의 부드러운 속도

▶ **당구대 1/3구역 안의 기본구**
2적구에 도달하고 남을 정도의 속도

▶ **당구대 1/2구역 안의 기본구**
1/3구역 보다는 빠르게, 약 50% 정도의 속도

▶ **당구대 2/3구역 안의 기본구**
1/2구역 보다는 빠르게

▶ **코너-코너-당구대 중앙으로 향하는 5쿠션 샷**
75%정도의 속도

▶ **9쿠션 샷**
100% 속도(1/2두께가 아니다)

▶ **수구와 1적구와의 거리**
수구가 1적구와 1포인트 정도 떨어져 있다면 부드러운 스트로크를 사용해 20% 속도로 샷하라. 36인치 이상 떨어져 있을 경우에는 30%의 속도를 적용하라.

▶ 1/2두께에서 속도 계산법은 수구와 1적구가 아주 가까이 붙어있는 경우 문제가 발생한다.

고수들의 조언
Words From Above

당구에 대해서 더 많은 것을 알고 있으면
결코 경기력이 뒤떨어지진 않는다.
하지만 당구 선수는 사람이지 기계가 아니다.
아무리 알고 있는 것이 많을지라도
항상 실수를 감안해야 한다.

프로즌 볼의 트랙 : 하단 당점
Odd Tracks To Know

- 이제 여러분은 프로즌 볼(공이 쿠션에 붙어있는 경우)의 세계로 빠져들게 될 것이다.

- 지금부터 몇 페이지에 걸쳐 대부분의 동호인들이 난구라고 생각하는 배열의 공을 소개할 것이다. 하지만 실제로 그렇게 어렵지는 않다.

- 이 배열의 공에서는 수구에 옆회전 없이 하단 당점만을 적용해 샷할 것이다.

- 〈그림 462〉에서는 1적구가 프로즌 상태이고, 수구는 바로 건너편에 위치해 있다.

- 이 그림에서 **1적구의 두께는 1/2**, 수구의 당점은 하단이다. 수구의 뒷부분을 살짝 든 채로 포워드-리버스 스트로크를 적용하라. 수구의 변화폭은 약 4포인트 정도가 될 것이다.

- 1/4두께를 적용했을 때는 변화폭이 3포인트가 된다. 뒷 페이지에서는 계속 1/2두께를 적용할 것이다.

- 프로즌 볼과 관련된 페이지들은 대부분 이 테크닉을 발달시키 위함이다.

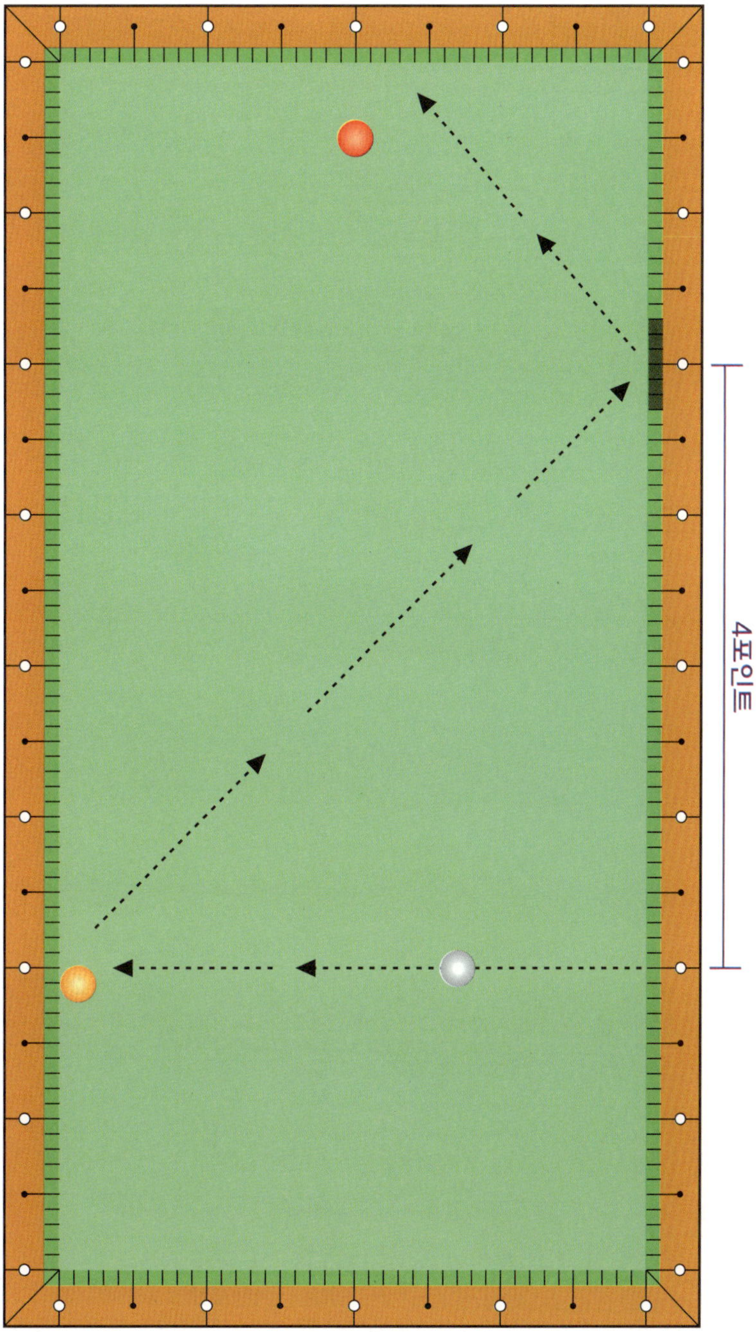

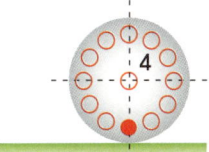

〈그림 462〉

HALF BALL HIT

프로즌 볼의 트랙 : 하단 당점 2
More Odd

▶ 〈그림 463〉은 〈그림 462〉와 거의 같은 배열이지만, 수구의 위치가 약간 다르다. 1적구 건너편 1포인트 아래에 위치한다.

▶ 앞 페이지와 같은 스트로크를 적용할 경우 변화폭은 3포인트가 될 것이다.

▶ 총 변화폭은 4포인트라는 점을 명심하라(변화폭 3포인트 + 수구의 위치 1포인트)

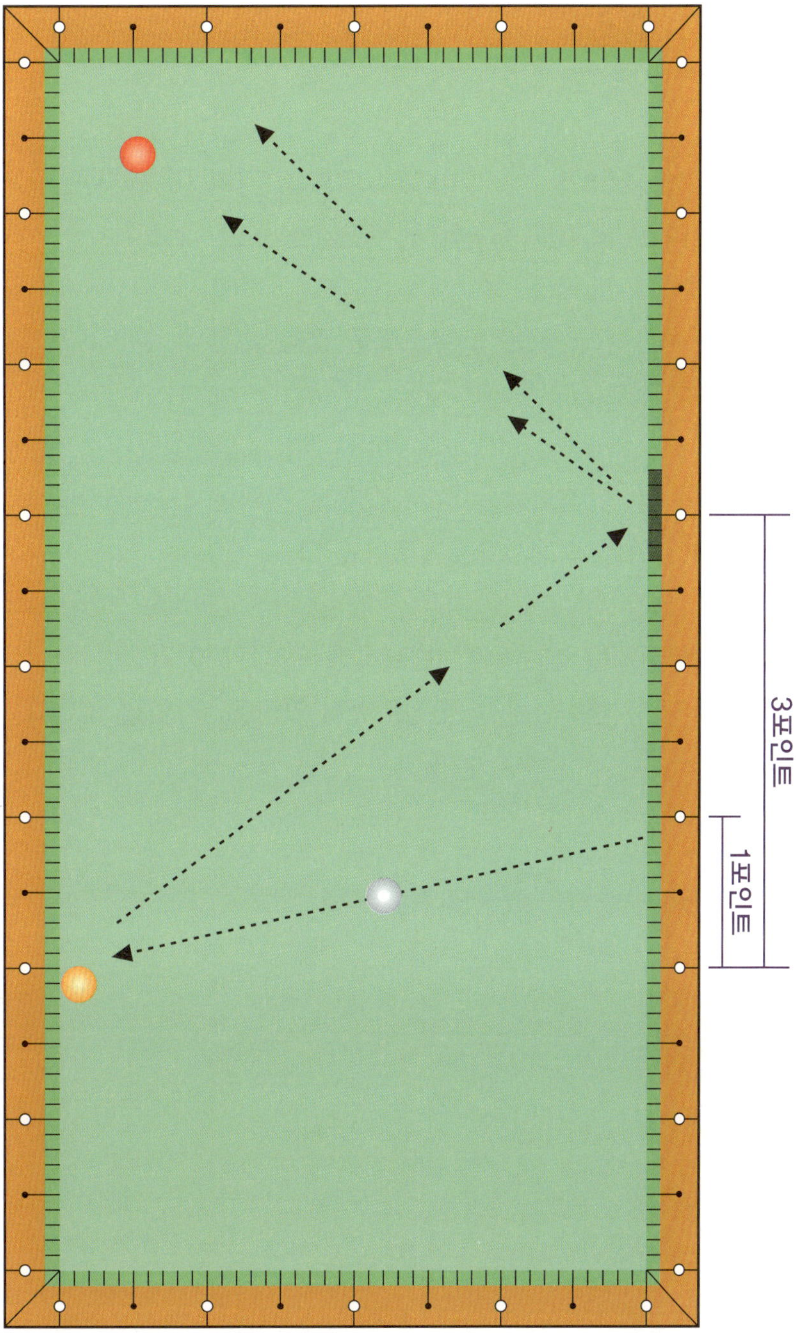

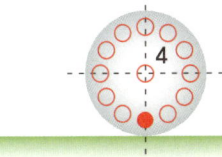

〈그림 463〉

HALF BALL HIT

프로즌 볼의 트랙 : 하단 당점 3
Still Odd

▶ 〈그림 464〉도 앞 페이지의 그림과 거의 비슷하지만, 수구의 위치가 1적구 건너편 1포인트 위쪽에 위치한다는 점만 다르다.

▶ 앞 페이지와 같은 스트로크를 적용할 경우 수구의 변화폭은 5포인트가 될 것이다.

▶ 수구의 총 변화폭은 앞서 소개한 것처럼 4포인트이다. 여기에 수구의 위치 1포인트를 더해서 5포인트가 된다.

▶ 지금까지는 평균적인 변화폭에 관해 이야기했는데, 여러분의 스트로크에 따라 총 변화폭은 4.25정도까지 달라질 수 있을 것이다.

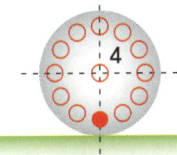

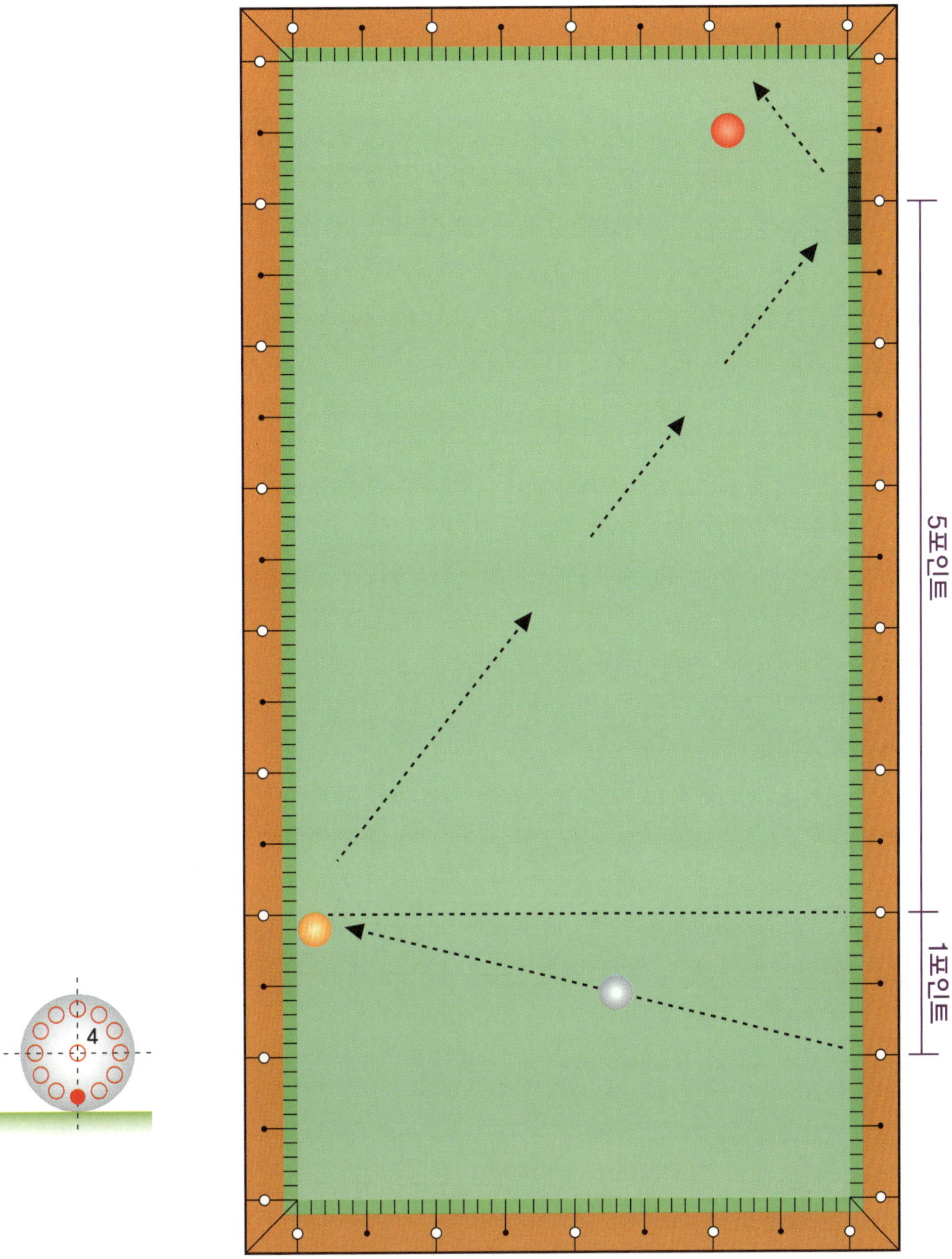

〈그림 464〉

HALF BALL HIT

프로즌 볼의 트랙 : 역회전 당점
Forward Reverse

▶ 여러분은 프로즌 볼을 겨냥했을 때 수구가 어떻게 진행할 것인지 명확히 파악하고 있는가? 많은 선수들이 그렇지 못하며, 이 상황은 더욱 어려워진다.

▶ 더군다나 역회전 당점을 적용하면, 2적구와 2포인트 차이 이상으로 빠지는 경우는 부지기수이다. 하지만 걱정하지 마라. 이 페이지에서 1/2두께를 적용해 프로즌 볼을 다루는 방법을 자세히 설명할 것이다.

▶ <그림 465>에서 1적구는 프로즌 상태이며, 수구는 정확히 90도 각도 건너편에 위치한다. 수구에 역회전 당점을 적용하여 1/2두께로 겨냥해 보았다.

▶ 수구는 2쿠션으로 진행하면서 약 45도 각도, 즉 4포인트의 변화폭을 형성한다.

▶ 이는 앞 페이지에서 하단 당점만을 적용했을 때와 비슷한 진로이다.

▶ 이제 수구는 2쿠션에 부딪힌 후 회전이 살아나게 되고, <그림 465>의 진로로 진행하게 된다. 스트로크는 136쪽에서 소개한 것과 동일하다.

▶ 이제 프로즌 볼 샷에 대한 결론을 내려 보자. 득점을 위해서는 1적구의 두께 조정이 필요한데, 적어도 여러분은 참고할 기준이 생겼다. 두께를 너무 많이 조정하려고 하지 마라. 왜냐하면 1/2두께가 가장 유연성있고 중요한 두께이기 때문이다.

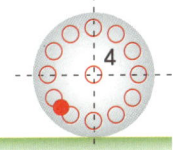

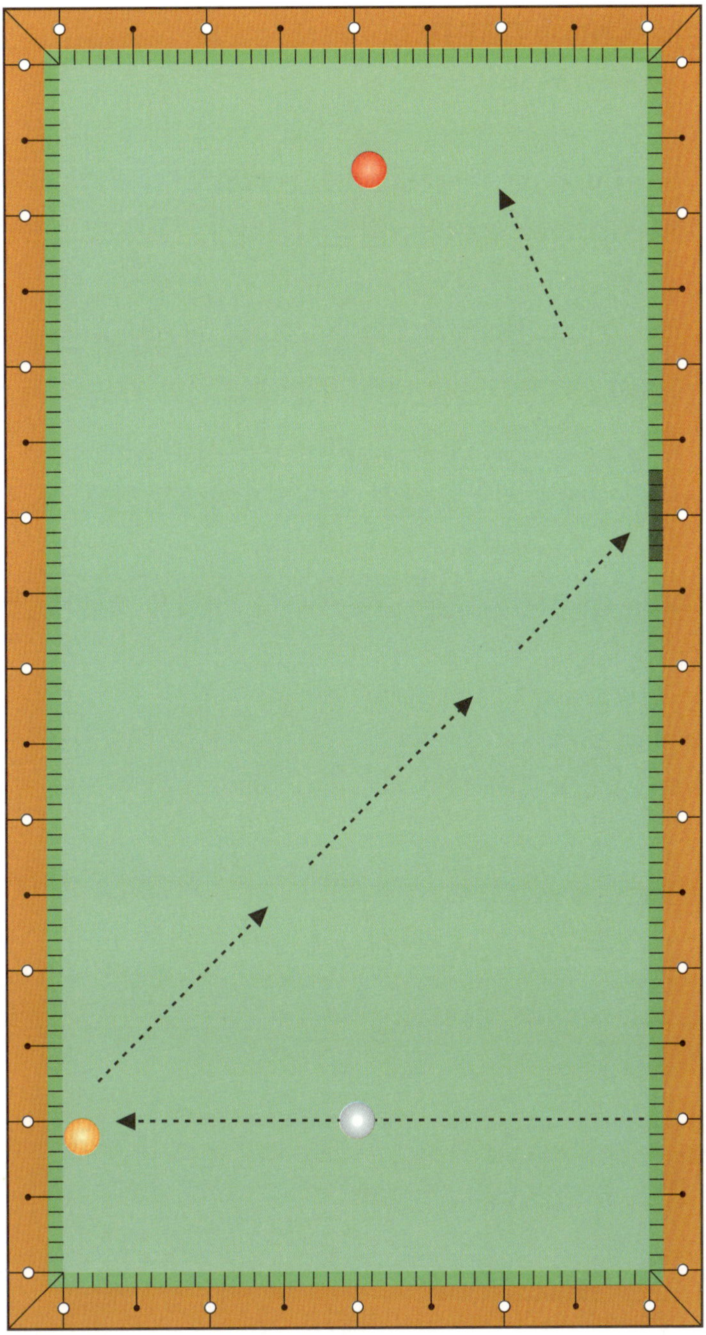

〈그림 465〉

HALF BALL HIT

프로즌 볼의 트랙 : 역회전 당점 2
More On Frozen

▶ 〈그림 466〉은 앞 페이지와 비슷한 배열로, 수구가 1적구의 90도 각도 건너편에 위치하지 않는다는 점이 다르다.

▶ 수구는 1적구보다 1포인트 정도 위쪽에 위치한다. 고로 2쿠션으로 변화폭은 약 6포인트가 되는데, 장비의 상태에 따라 7포인트가 될 수도 있다.

▶ 수구가 2쿠션에 부딪힌 후엔 회전이 살아나야 한다.

▶ 암기하는 데 시간이 조금 걸릴 것이다. 하지만 그것이 인생이다.

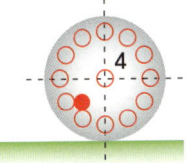

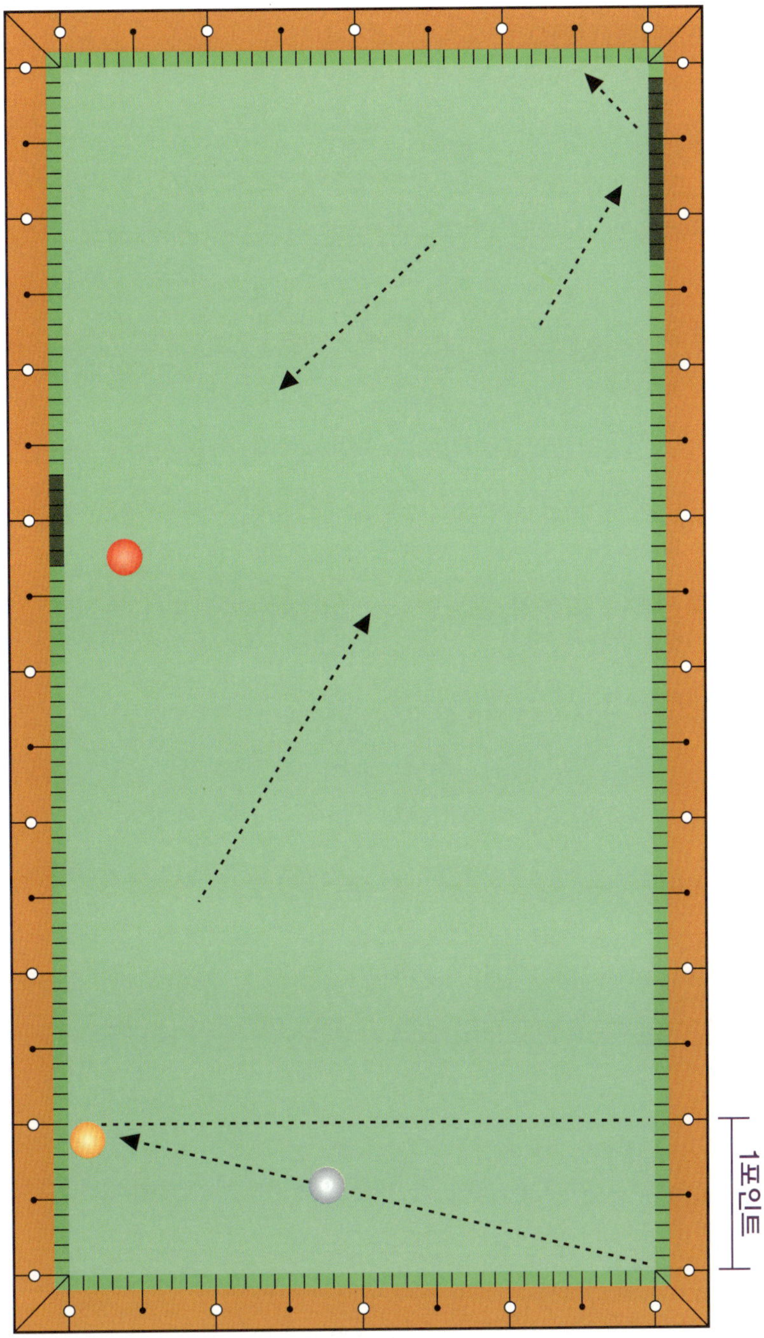

〈그림 466〉

HALF BALL HIT

프로즌 볼의 트랙 : 역회전 당점 3
Developing

▶ 이 페이지를 통해 수구의 역회전 당점에 대한 연구가 완성될 것이다. 〈그림 467〉에서 수구는 1적구보다 1포인트 정도 아래쪽에 위치한다.

▶ 2쿠션 지점으로의 변화폭은 2포인트가 채 되지 않는다.

▶ 변화폭은 1.5포인트 정도로 보는 것이 적당하다. 이 변화폭을 암기해 놓으면 나중에 편리해질 것이다.

▶ 2쿠션에서 회전이 살아나므로 오른쪽 배열에서 득점에 성공할 수 있다.

▶ 스트로크는 〈그림 462〉와 동일하다.

▶ 비록 오른쪽 배열에선 다른 초이스도 가능하지만, 이 방법이 가장 독보적이라고 볼 수 있다.

▶ 2쿠션에서 3쿠션으로의 진로가 조금 다양하지만, 고려해서 사용할 수 있다. 오른쪽의 진로처럼 보내기 위해 여러분만의 맥시멈 당점을 찾아 적용해 보라.

▶ 이 샷에 한번 자신감이 붙기 시작하면 여러분의 무기고 목록에 올릴 수 있을 것이다.

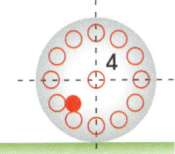

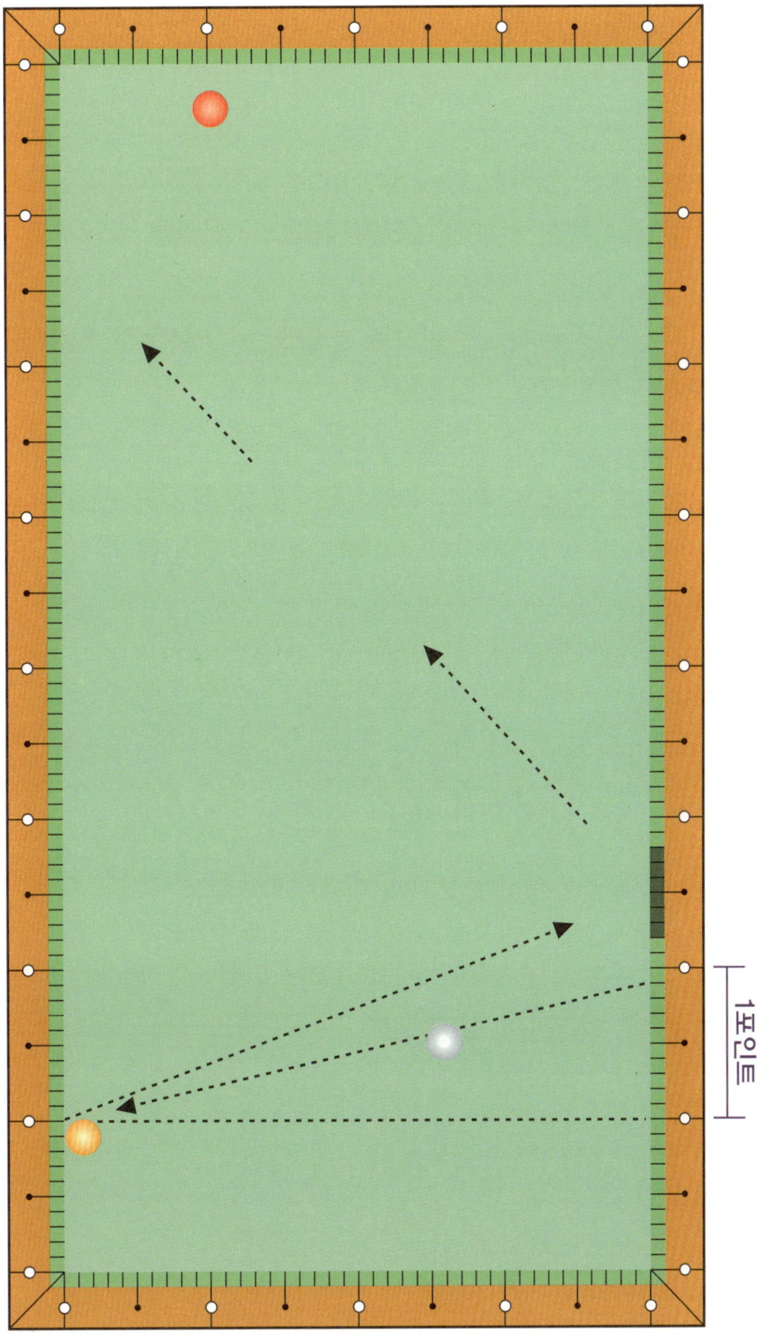

〈그림 467〉

HALF BALL HIT

프로즌 볼의 트랙 : 역회전 당점 4
More Reverse

- 이제 프로즌 볼에서 수구의 진로에 대해 많이 파악했으므로, 몇 가지 독특한 배열에 도전해 보자. <그림 468>의 배열을 확인하라.

- 수구가 1쿠션에서 2쿠션으로 돌아오는 변화폭이 1.5포인트라는 사실이 중요하다. 필히 암기하길 바란다.

- <그림 468>은 앞 페이지에서 연구했던 상황과 동일하다. 공략법 역시 <그림 467>과 똑같은데, 1/2두께에 역회전 당점을 주고 샷하는 형태이다.

- 수구의 변화폭은 1.5포인트이며, 이후 3쿠션으로는 약 45도 각도로 진행한다.

- 수구의 옆당점을 약간 빼면 2쿠션과 3쿠션으로 향하는 수구의 진로가 바뀐다.

- 그림의 초이스는 챔피언들의 초이스이다. 그 외에 이 초이스를 알고 있는 선수들은 여러분이 될 것이다.

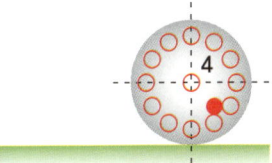

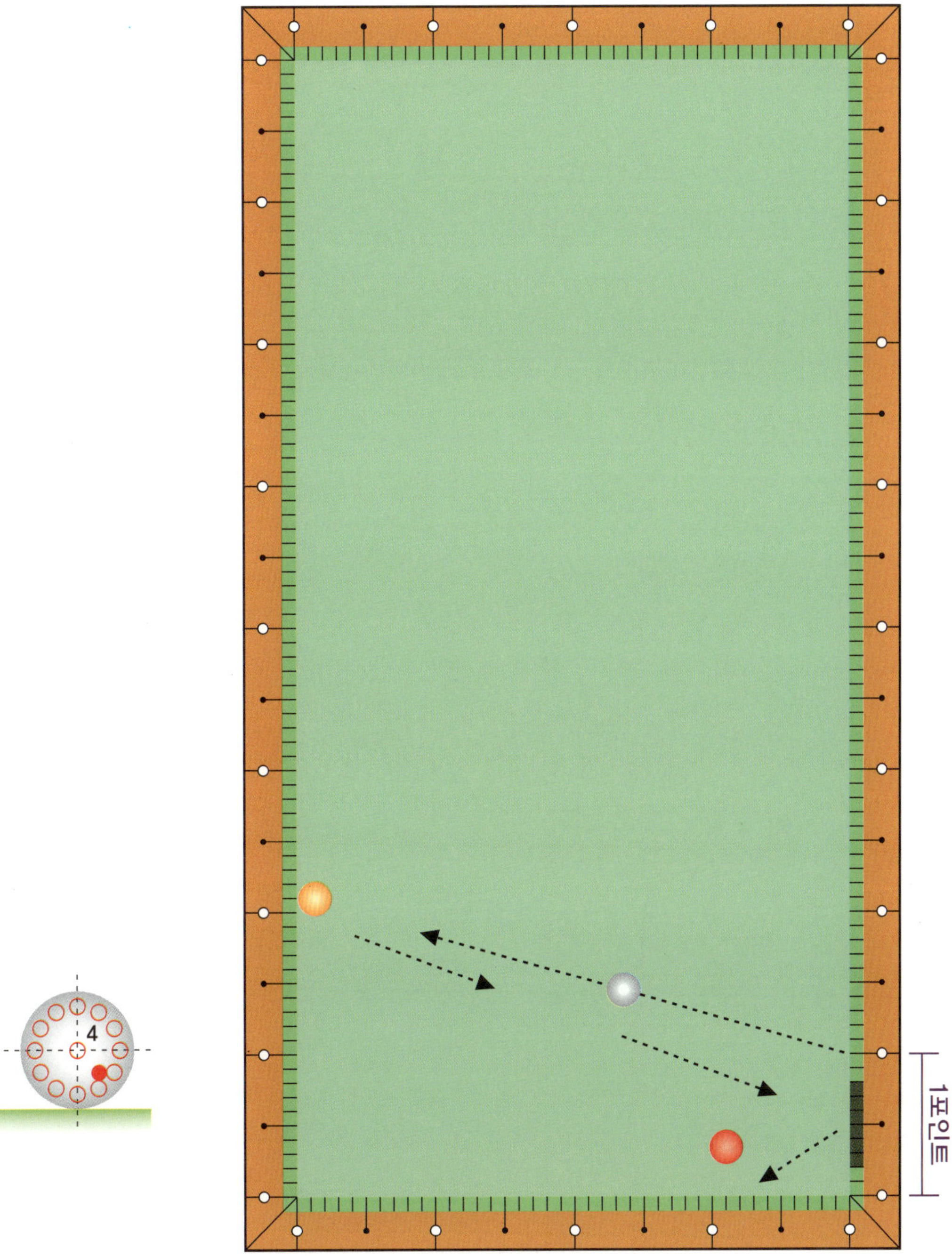

〈그림 468〉

HALF BALL HIT

프로즌 볼의 트랙 : 역회전 당점 5
Applause

▶ 여러분이 관중들의 환호를 받고자 한다면, 〈그림 469〉의 샷을 시도해 보라. 생각만큼 어려운 샷은 아니다.

▶ 앞 페이지에서 소개한 내용, 1/2두께와 역회전 당점을 그대로 적용하라. 중간 정도의 속도에 중간에서-긴 스트로크(medium-long stroke)를 적용하라. 그러면 득점에 성공할 수 있을 것이다.

▶ 수구는 단축에서 역회전이 먹을 것이다. 정상급 선수들은 아주 쉽게 단축에서 역회전을 먹일 수 있다.

▶ 옆당점을 약간 빼주면 수구가 단축에 눕게 될 것이다.

▶ 만약 3쿠션에서 각을 날카롭게 뽑고 싶다면, 스트로크를 매우 짧게 하고, 아주 빨리 큐를 뒤로 빼면 된다.

▶ 관중들의 박수에 사의를 표하는 것을 잊지 말라.

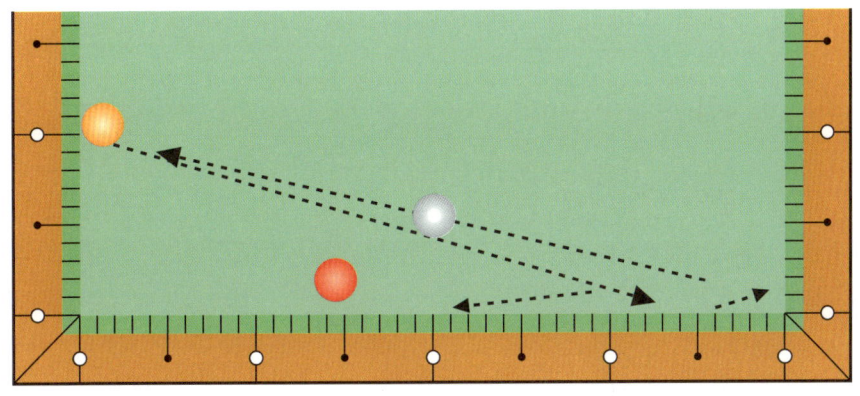

〈그림 469〉

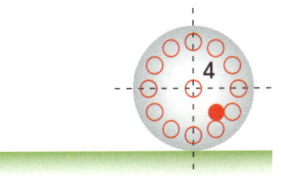

HALF BALL HIT

프로즌 볼의 트랙 : 수구의 커브
Curve Clue

▶ 부록에서 소개하고 있는 볼 시스템을 참고하여, <그림 470>과 수구에 발생하는 예기치 못한 커브에 대해 분석해 보자.

▶ 1적구는 2라인에 위치해 있고, 수구 시발점의 조정값은 2포인트이다. 3쿠션 지점은 3이므로, 총 당구대 수는 7이 된다.

▶ 당구공 수도 7이 되어야 하므로, 1적구의 두께 4에 당점 수 3을 적용해 보자. 그러면 득점에 성공할 수 있을 것이다.

▶ 수구의 이상적인 진로는 A이다.

▶ 1적구가 프로즌인 상태에서 수구에 3팁 당점을 적용하면, 수구의 진로는 A가 아닌 B가 될 것이다. 수구가 1쿠션에서 약간이라도 상단 회전이 먹으면 위와 같은 현상이 자주 발생한다.

▶ 고로 프로즌 볼을 타격할 때는, 수구의 당점을 낮추고 1쿠션에 맞은 후에도 수구에 하단 당점이 남아있게 하는 것이 좋다. 그래야만 수구의 커브를 최소화할 수 있다.

▶ <그림 470>의 배열을 자주 연습해 보라. 3팁 당점을 적용한 후 수구가 진로 B처럼 커브를 일으키는지 관찰하라. 조금만 당점을 낮추면 수구의 진로가 얼마나 개선되는지 확인하라.

▶ 190쪽에서는 이 상황과 관련하여 당점에 대한 추가적인 정보를 제공할 것이다.

▶ 보크라인 게임에 임하면서 이 내용을 모르고 있다면 큰 손해이다.

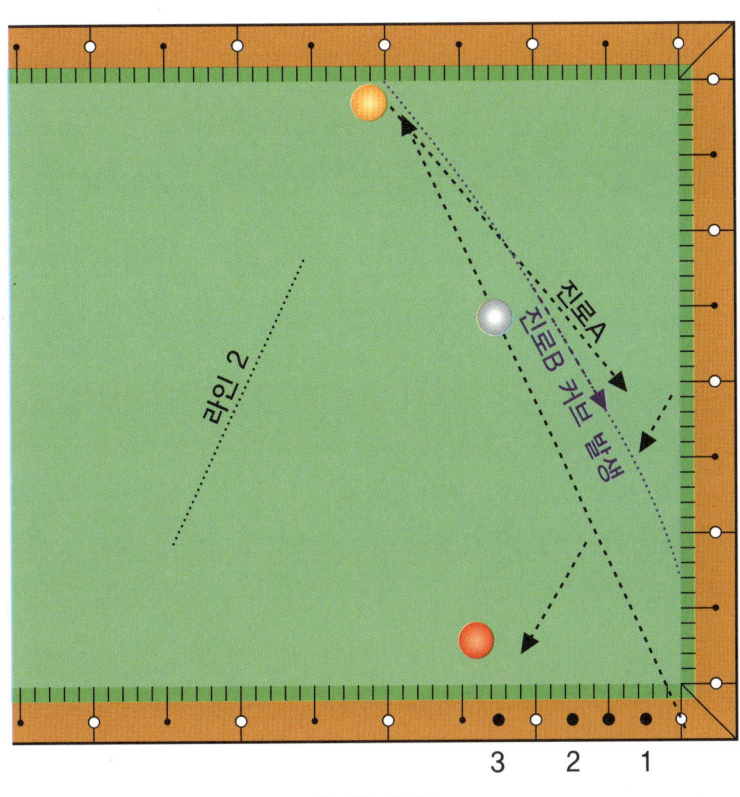

〈그림 470〉

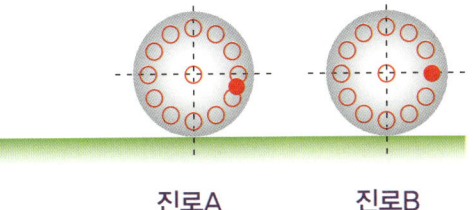

진로A   진로B

HALF BALL HIT

프로즌 볼의 트랙 : 창 던지기
Spear Throw

- 지금 소개할 공은 경사가 매우 심한 각도에서의 프로즌 볼이다. 대부분의 선수들이 매우 어렵다고 느끼겠지만, 딱히 다른 초이스도 보이지 않는다.

- 이와 같은 배열에 관련된 지식이 거의 없기에, 대부분의 선수들은 시스템이나 테크닉을 적용하려 들지 않을 것이다.

- 하지만 〈그림 471〉은 볼 시스템과 1/2두께를 조합하여 풀어낼 수 있다.

- 1적구는 4라인에 위치하고, 3쿠션 수는 1이므로 합계 5가 된다. 수구의 조정값은 4포인트이므로 당구대 수는 5+4=9가 된다.

- 당구공 수 역시 9가 되어야 한다. 1/2두께와 당점 수 5를 적용하면 당구공 수는 9가 된다. 당점 수 5를 정확히 적용하려면 큐의 뒷부분을 살짝 들어주어야 한다. 당점에 관한 자세한 내용은 190쪽을 참고하기 바란다.

- 중간 정도의 속도에 공격적인 스트로크가 요구된다. 왜냐하면 수구의 하단 회전을 활성화시켜야 하기 때문이다. 마치 창을 던지듯 큐를 수구를 향해 던져라.

- 그림의 당점을 적용하면 수구는 1/2두께에서 약간 벗어날 수도 있을 것이다. 하지만 우리는 이미 1/2두께의 유연성에 대해서 배운 바 있으며, 득점할 확률은 여전히 높을 것이다.

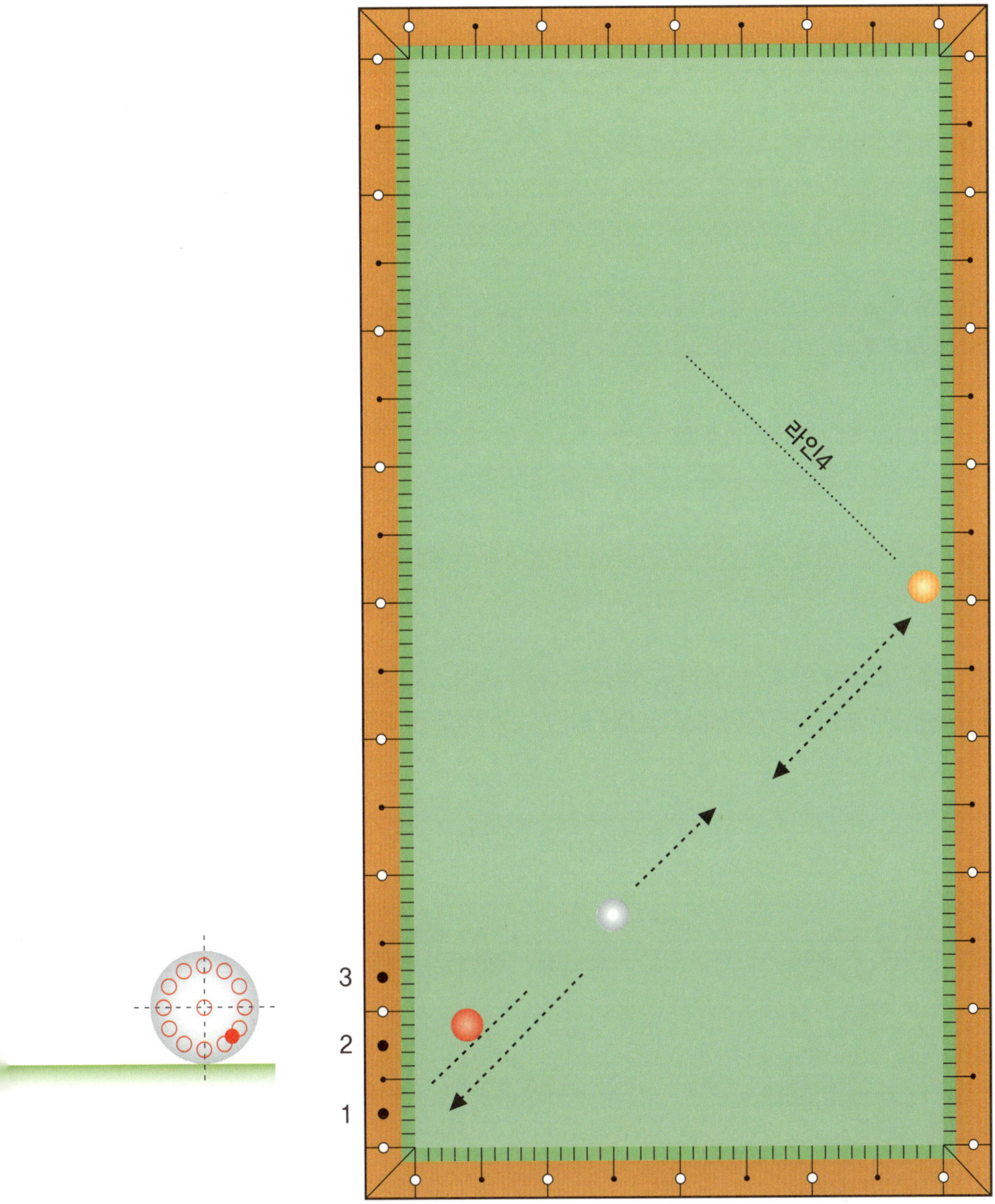

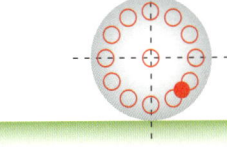

〈그림 471〉

HALF BALL HIT

프로즌 볼의 트랙 : 66%의 원칙
Okay Naoki

▶ 이제 여러분들은 볼 시스템을 사용하지 않고 3쿠션 지점을 파악할 수 있는 또 다른 방법을 배우게 될 것이다. 앞 페이지에서 이미 프로즌 볼은 1/2두께로 타격했을 때 2쿠션으로의 변화폭을 몇 가지 배운 바 있다.

▶ <그림 472A>를 보면 수구에 하단 당점만을 적용했을 때 2쿠션으로의 변화폭이 4포인트인 것을 알 수 있다.

▶ 당구대 너머로 가상의 장축을 그린 후 2쿠션 지점을 파악해 보라. 그 지점은 코너에서 2포인트 더 떨어진 X가 될 것이다.

▶ 실제 3쿠션 지점을 결정하기 위해서는 당구대 너머 2포인트에 66%를 곱하면 된다. 즉 1.33이 3쿠션 지점이 된다.

▶ <그림 472B>는 정회전 당점을 적용한 경우이다. 당점을 1팁씩 늘릴 때마다 2쿠션 지점은 0.5포인트씩 늘어난다. 고로 정회전 2팁을 적용할 경우 X보다 1포인트 옆인 Y로 수구는 진행하게 된다.

▶ Y는 당구대 너머 가상 장축에 위치하므로, 여기에 66%를 곱하면 1.33포인트가 된다.

▶ 수구의 3쿠션 예상 지점을 알고 싶다면 계산법은 간단하다. 수구가 가상 장축에 도달하는 지점에 66%를 곱하면 된다.

▶ 이 시스템을 전수해 준 일본의 나오키 쓰야(Naoki Tsuya) 선수에게 감사의 말을 전한다.

▶ 이 66%의 원칙과 당점 변화에 따른 수구의 진로까지 파악하고 있으면 여러분의 경기력에 큰 도움이 될 것이다.

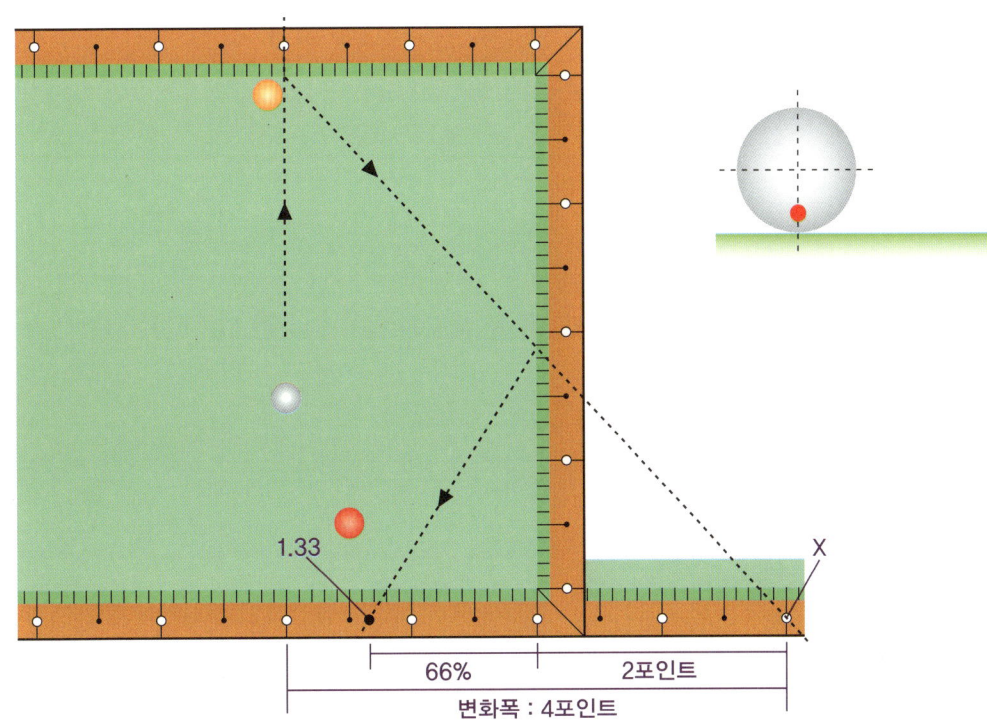

〈그림 472A〉

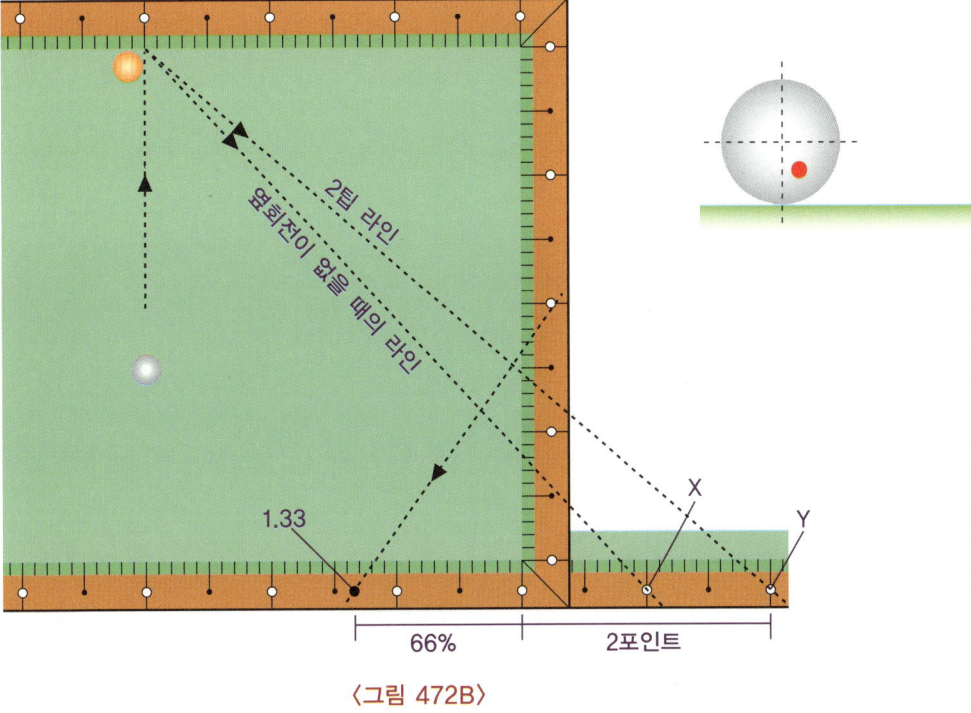

〈그림 472B〉

HALF BALL HIT

2등분
Let's Split

▶ 오른쪽 그림에서 1적구는 프로즌 상태가 아니다. 고로 큐를 당구대와 평행하게 유지한 채 부드로운 속도로 풀 팔로-스루 스트로크를 적용한다.

▶ <그림 473>에서는 수구가 1적구와 분리된 후 장축-장축(코너부근)-단축으로 향하는 진로를 나타내고 있다.

▶ 진로A를 계산하는 방법은 다음과 같다. 1적구가 수구와 부딪히는 면에서, 코너 M과 수구의 시발점을 정확히 2등분하는 선을 그어라. 1쿠션 지점은 35가 될 것이다. 수구를 X로 보내기 위해서는 수구에 역회전 반팁을 주고 1쿠션 지점 35로 분리시켜라.

▶ 진로F를 계산하는 방법도 동일하다. 1적구가 수구와 부딪히는 면에서, 코너 M과 수구의 시발점 30을 이등분하는 선을 그어라. 수구를 X로 보내기 위새서는 역회전 반팁을 주고 1쿠션 지점 15로 분리시키면 된다.

▶ 물론 볼 시스템을 사용하여 수구의 진로를 계산할 수도 있다.

▶ 이 시스템은 일본의 마쓰자카(Matsuzaka)씨가 전수해 준 것이다.

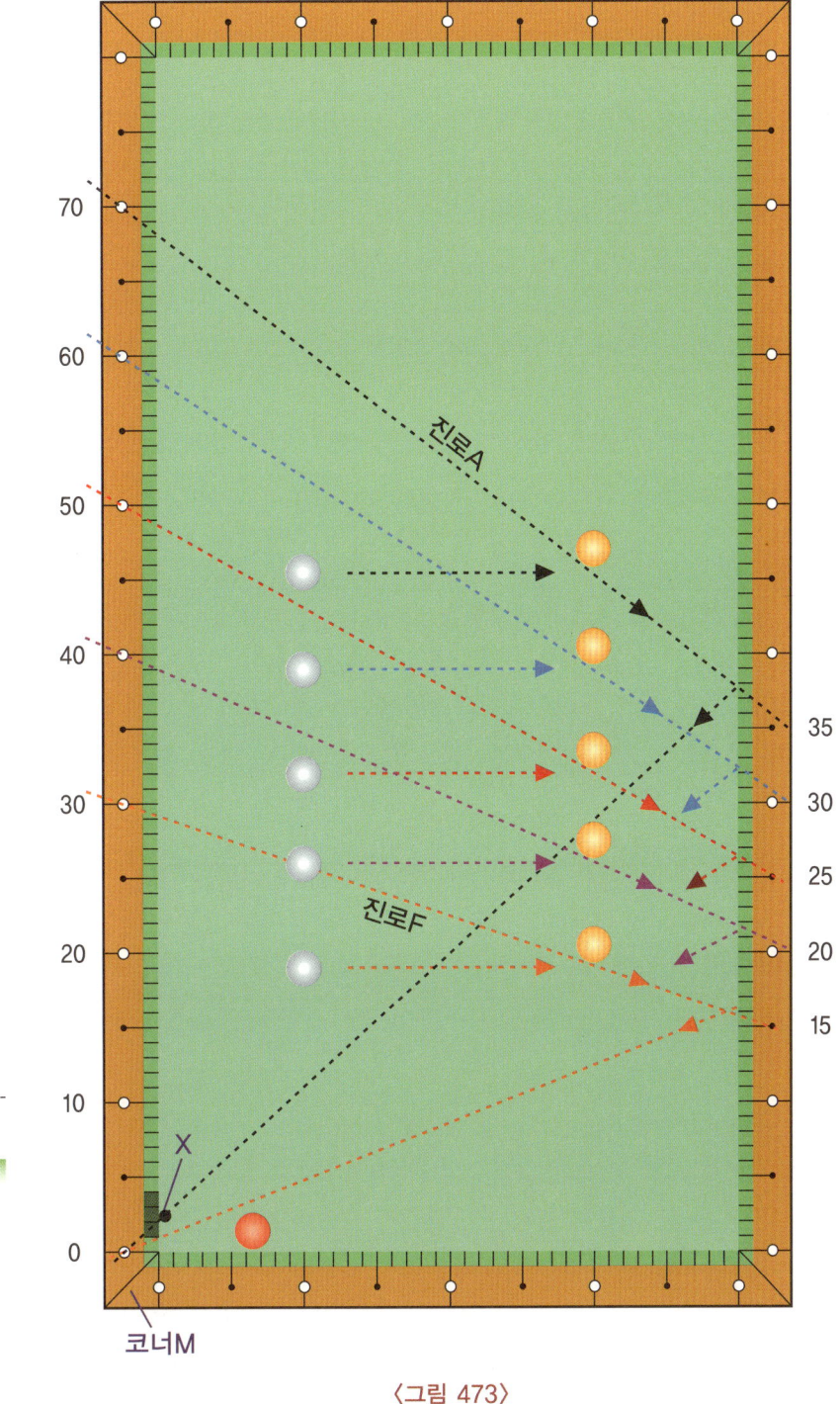

풀 스트로크

코너M

〈그림 473〉

HALF BALL HIT

Billiard ATLAS

Billiard ATLAS Chapter 7

기타
Miscellaneous

이 장에 숨겨둔 비기는 바로 목적구 안으로 돌려치기이다. 이 기술만 습득해도 여러분의 에버리지가 10% 이상 상승할 것이라고 확신한다.
목적구 **안쪽**을 치는 모든 샷은 이제 다른 방법으로 다뤄져야 한다. 쇼트앵글, 롱앵글, 기본구, 더블쿠션, 던져치기 등 모두가 말이다. 샷의 원리를 터득하면 향상된 득점력에 스스로 놀라게 될 것이며, 매일 손쉽게 구사할 수 있다.
또한 특정한 쇼트앵글 샷을 쉽게 득점으로 연결시킬 수 있는 미묘한 차이에 대해 소개하고 있다. 이 샷은 선수들이 자주 실수하는 공이다.
1쿠션 역회전 걸어치기(backout shot)도 재차 소개하고 있는데, 이전과 완전히 다른 계산법을 적용한다. 『빌리어드 아틀라스』에서 이미 관련 시스템을 선보인 바 있는데, 이번에는 1쿠션 지점이 단축인 경우이다.
1쿠션으로의 각이 깊어 많은 선수들이 어려움을 겪고 있는 기본구의 공략법도 제시하고 있다.
일본의 이지 세븐(easy seven) 시스템은 스리쿠션 선수들 뿐만 아니라 나인볼 선수들에게도 매우 매력적인 시스템이다.
더블쿠션 샷도 다시 소개하고 있는데, 손목 사용에 관한 새로운 정보를 담고 있다. 사소해 보이지만 매우 중요한 내용이다.
시스템 중 일부는 일본에서 건너온 것이다. 2/3 시스템의 개념을 심층 연구한 것으로, 안으로 돌려치기 샷을 정확히 도식화하고 있다.

- 데드볼 잉글리시
- 2/3 원리
- 2/3 원리의 응용
- 단축 역회전 걸어치기
- 단축 역회전 걸어치기 2
- 초이스
- 여러 가지 공략법
- 이지 세븐

데드볼 잉글리시
Lauderdale Technique

▶ 아직 이 기술을 접해보지 못한 분들이 있다면 곧 빠져들게 될 것이다. 당구 지식의 오아시스인 플로리다 남쪽에서 건너온 기술이다.

▶ <그림 474>는 전형적인 쇼트앵글 배열의 샷이다. 먼저 수구의 당점을 정하고, 그 후에 1적구의 두께를 결정하는 것이 정석일 것이다.

▶ 3쿠션에서 수구의 옆회전을 최소화하기 위하여 대부분의 선수들은 데드볼 잉글리시(노잉글리시)를 적용한다.

▶ 1적구와 부딪히면서 수구에 약간의 옆회전이 실린다는 사실을 명심하라. 이 초과적인 회전은 수구가 1, 2쿠션에 부딪힐 때 영향을 미친다.

▶ 바로 이 점이 쇼트앵글 샷에서 발생하는 가장 흔한 실수인데, 수구가 3쿠션에 부딪힌 후 옆회전이 과도하게 살아있는 상태로 진행하게 된다.

▶ 프로 선수들은 이 샷을 어떻게 다뤄야 하는지 알고 있다. **빌 말로니(Bill Maloney)** 선수는 수구에 데드볼 잉글리시(노잉글리시)나 역회전을 반팁 정도 적용하고, 수구가 2적구에 겨우 닿을 정도의 속도로 샷한다.

▶ 여기서는 포지션 플레이를 고려하지 않는다는 사실을 미리 알려둔다. 오직 득점이 목표이다.

▶ 고수와 하수의 가장 큰 차이는 데드볼 잉글리시(노잉글리시)의 사용에 있다.

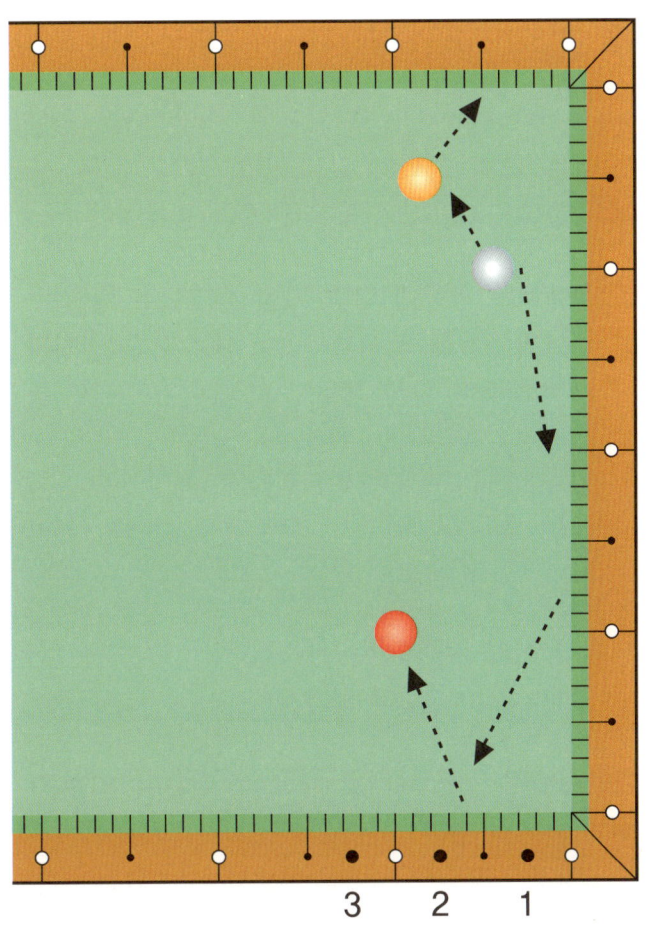

3   2   1

〈그림 474〉

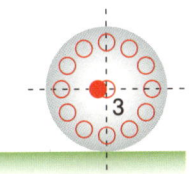

부드러운 잽 스트로크

2/3 원리
Lucky Strike

▶ <그림 475A>에서는 입사각과 반사각이 동일한 수구의 진로와, 수구에 옆회전 당점을 부여함에 따라 달라지는 수구의 진로를 소개하고 있다. 회전은 1팁에서 5팁까지 주었다.

▶ 핵심 포인트는 매번 정확히 같은 팁의 당점, 같은 스트로크, 같은 속도를 부여할 수 있는가이다. 이는 많은 연습이 필요하다.

▶ 오른쪽 그림에서는 당구대 너머 가상 장축으로 향하는 수구의 진로도 소개하고 있다. 실제 3쿠션 지점을 찾는 데는 2/3 원리가 사용되었다. 3쿠션 지점을 찾기 위해서는 가상 장축의 지점에 2/3(66%)를 곱하면 된다.

▶ <그림 457B>에서는 노잉글리시 당점을 소개하고 있는데, 수구는 가상 장축의 1.0지점에 떨어질 것이다. 고로 실제 3쿠션 지점은 1×2/3=0.666이 된다.

▶ 수구에 4팁 당점을 부여하면 가상 장축의 3.0으로 향할 것이다. 고로 3쿠션 지점은 3.0×2/3=2.0이 된다.

▶ 이 원리는 일본의 당구 대가인 타쯔오 아라이(Tatsuo Arai)와 겐이치 나가야(Ken-ichi Nagaya)의 연구에서도 소개하고 있다.

▶ 나오키 쓰야(Naoki Tsuya) 선수가 이들 연구 중 일부를 보내 주었다. 여러분이 이 원리를 터득하면 많은 샷들을 성공시킬 수 있다. 그는 '2/3 원리'를 인류에게 알려진 가장 기본적인 3쿠션 시스템이라고 설명하고 있다.

▶ 그림의 각도를 마스터하려면 많은 연습이 필요하다. 페드로 피에드라뷰나(Pedro Piedrabuena) 선수는 시계 방향의 당점을 적용했다. 사실 그는 라이징 썬(Rising Sun) 시스템의 대가로, 그에게 강의를 몇 번 들으면 경기력이 부쩍 향상될 것이다. 그는 이상천 선수와 연락하면 찾을 수 있다.

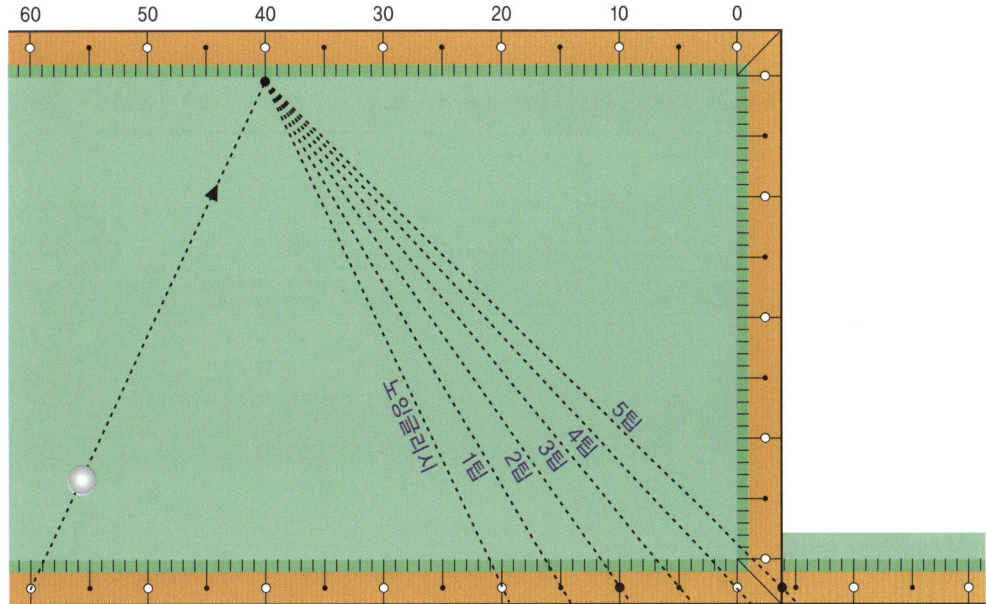

〈그림 475A〉

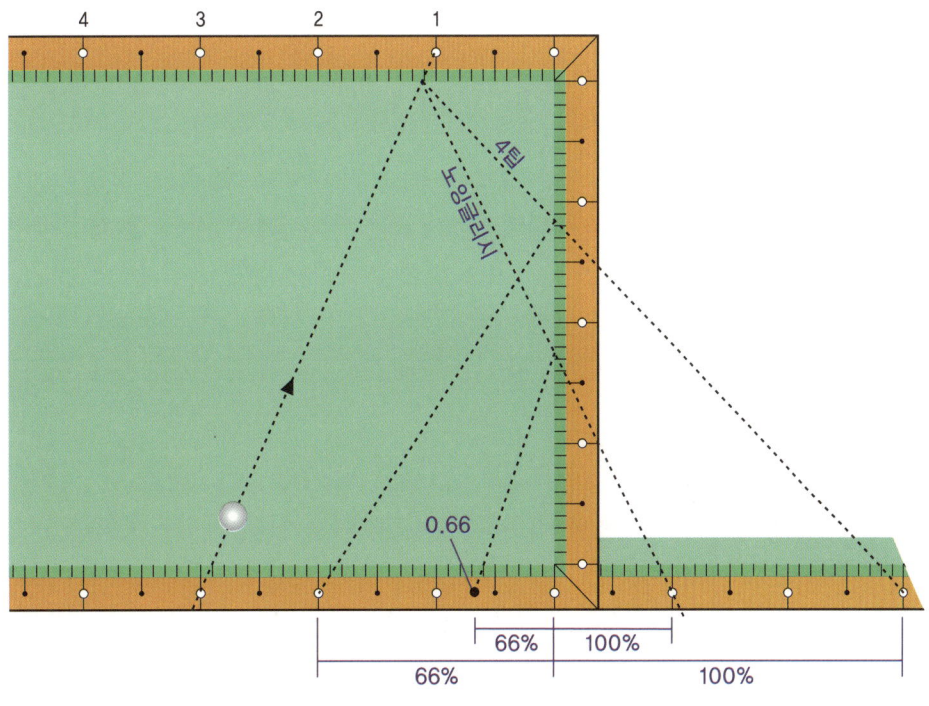

〈그림 475B〉

2/3 원리의 응용
Two Thirds Of Beyond

▶ 이 페이지에서는 1적구의 타격이 수구의 진로에 어떤 영향을 미치는지 소개하고 있다. 목적구 **바깥**으로 돌려치는 경우 수구에 회전이 더 먹어 곡구 현상이 발생하게 되는데, 이로 인해 수구의 진로가 바뀌게 된다. 고로 빈쿠션 치기를 했을 때와 진행 방향이 약간 다르다.

▶ 목적구 **안쪽**으로 돌려치는 경우 수구에 훨씬 더 많은 회전이 먹게 되는데, 1적구의 두께에 따라 달라진다. 이 회전은 3쿠션 너머까지 남아 있는데, 3쿠션째에서 수구의 회전을 설명할 수 있다.

▶ 여기서는 **2/3 원리**를 사용했다. 〈그림 476A〉에서 1쿠션으로의 입사각과 반사각은 동일하며, 노잉글리시 상태에서는 가상 장축의 1.0지점으로 향할 것이다.

▶ 이제 3팁 당점을 주어 보자. 수구가 1적구의 바깥쪽을 쳤을 때의 진로는 같지만, 1쿠션에서 수구에 회전이 작용하므로 가상 장축의 2.5지점으로 향한다.

▶ 3쿠션 지점은 2.5에 **2/3**을 곱한 값인 1.66이 된다. 앞 페이지의 그림과 비슷하다고 할 수 있겠다.

▶ 〈그림 476B〉에서는 수구에 3팁 당점을 주고 1적구의 안쪽을 치고 있는데, 이 경우 수구의 옆회전이 훨씬 증대된다. 효과는 1쿠션에서 나타나는데, 수구가 가상 장축의 3.0지점으로 향한다. 고로 실제 3쿠션 지점은 3.0의 2/3인 2.0이 된다. 부드럽고 느리고 긴 스트로크를 적용하라. 이처럼 목적구의 바깥쪽을 치는 것과 안쪽을 치는 것은 많은 차이가 있다.

▶ 목적구 안쪽으로 돌려치는 모든 종류의 샷에서 좋은 결과를 얻고자 한다면 매일 연습이 필요하다. 가장 좋은 방법은 3쿠션 지점이 일반적으로 예상했던 지점 보다 0.5포인트 정도 짧은 지점이라는 것을 감각으로 느끼는 것이다.

▶ **미치히사 수도(Michihisa Sudoh)** 선수는 이 문제를 더 심층적으로 연구했다. 비록 이 책에 담지는 못했지만, 일본판 서적에 존재한다. 어쨌든 이 시스템은 매우 유용하므로 여러분은 매년 크리스마스마다 나오키씨에게 카드를 보내줘야 될 것이다.

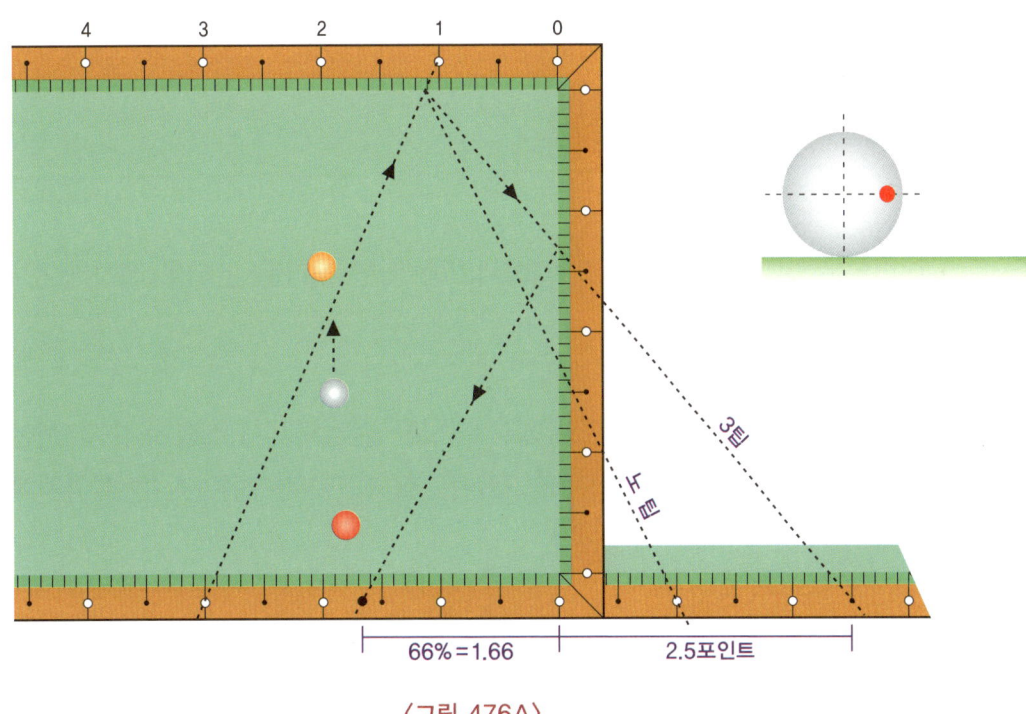

〈그림 476A〉

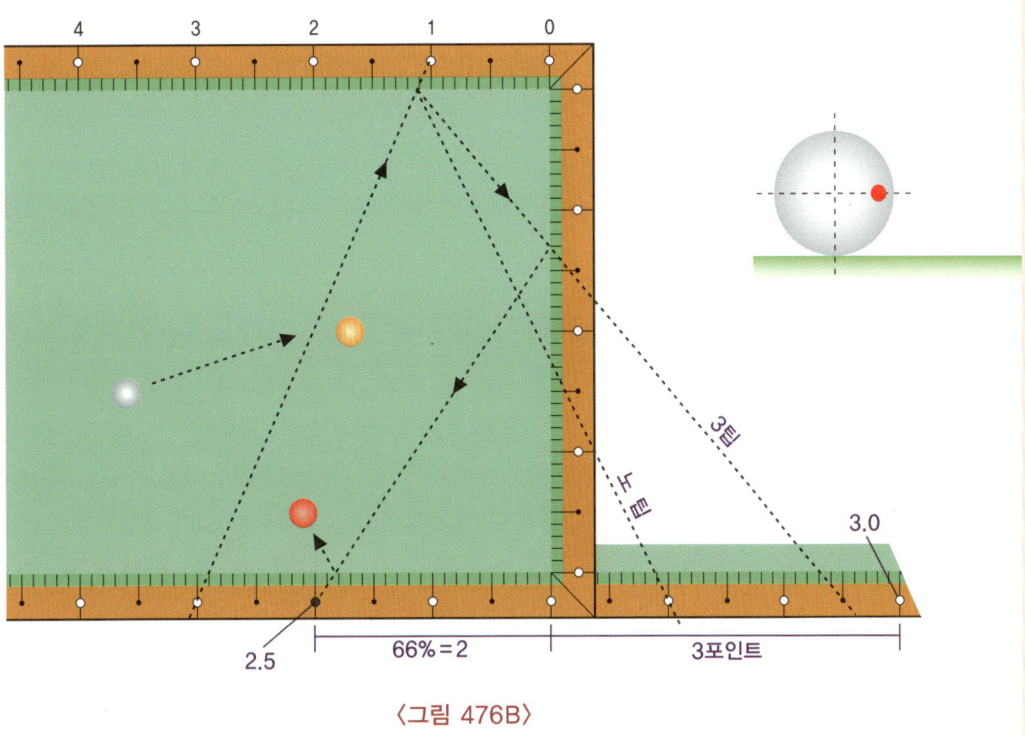

〈그림 476B〉

단축 역회전 걸어치기
Short Way Back-out

▶ 여러분은 이제 1쿠션 역회전 걸어치기에 대한 놀라운 분석을 접하게 될 것이다.

▶ 이미 『빌리어드 아틀라스 2권』에서 역회전 걸어치기 시스템의 숫자 계산법을 소개한 바 있다. 이때 1쿠션 지점은 장축이었다. 하지만 이 페이지에서 1쿠션 지점은 단축에 위치한다.

▶ 또한 이 페이지에서 소개할 계산법은 기존 시스템과 전혀 다르다. 숫자 계산법이 아닌, 비율 계산법을 이용한다.

▶ 그림만 보아도 계산 방법을 쉽게 알 수 있을 것이다. 하지만 정확한 1쿠션 지점(X)을 파악하고 싶다면, 계속 읽어보기 바란다.

▶ 수구(B)와 1적구(A)가 단축에서 떨어져 있는 비율을 측정하라. 그리고 이 비율을 단축에 표기해 보자.

▶ <그림 477>에서 B는 단축에서 0.5포인트, A는 1포인트 떨어져 있으므로 비율은 2:1이 된다.

▶ 다음 단축을 2:1비율로 분할하라. X가 두 비율의 접점이 된다. X는 포인트 선상이 아닌 칼끝에 위치한다.

▶ 짧고 부드러운 스트로크가 바람직하다.

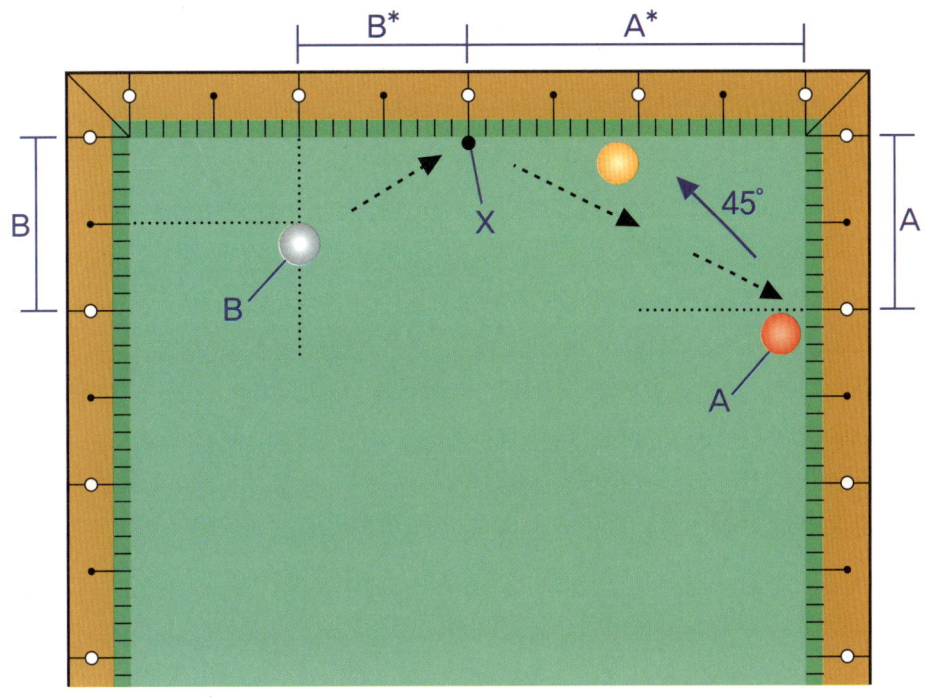

〈그림 477〉

단축 역회전 걸어치기 2
Backout Again

▶ 〈그림 478〉에서는 또 다른 1쿠션 역회전 걸어치기 공을 소개하고 있다.

▶ B는 단축에서 1포인트, A는 0.5포인트 떨어져 있으므로 비율은 2:1이다.

▶ 이제 단축을 2:1의 비율로 분할하자. 앞뒤의 비율이 바뀐 것을 제외하고는 앞 페이지의 그림과 동일하다.

▶ 단축에서 분할이 적용되는 구역은 A에서 B까지의 거리인 3포인트이다.

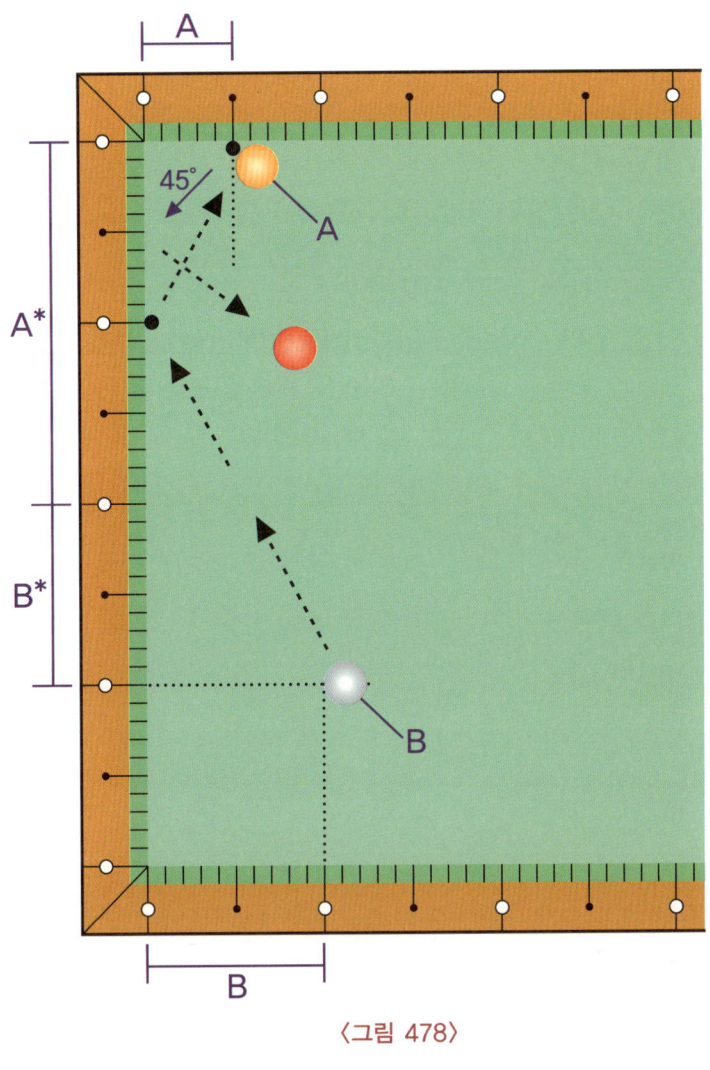
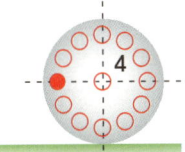

〈그림 478〉

여러 가지 공략법
Palm Bay Bob

- 가끔씩 1적구와 분리된 후 1쿠션으로 수구의 입사각이 매우 까다로울 때가 있다.

- <그림 479>의 경우가 그러하다. 만약 수구가 그림의 선대로만 진행한다면 득점할 확률이 매우 높다. 어떻게 하면 수구를 이렇게 진행시킬 수 있을까?

- 수구를 깊게-끌어치는 샷을 선택했다면 (회전력이 살아 있는) 스핀샷 형태로 진행하게 될 것이다. 손목의 스냅이 중요하며, 큐는 당구대와 수평을 유지해야 한다. 스트로크는 풀 포워드-리버스 스트로크로, 70% 정도의 속도를 적용하라. 그립은 평상시와 같게 유지하되 정확도를 위해 백스윙을 짧게 하는 것이 좋다.

- 플로리다 팜베이 출신의, 뉴욕 바비 시스템으로 알려진 밥 파비아(Bob Pavia) 선수가 이처럼 끌어치는 스핀샷의 전문가로, 구체적 내용을 전수해 주었다.

- 또 다른 방법은 잽 스트로크를 적용하는 것이다. 잽 스트로크를 적용하면 1쿠션으로의 분리각이 짧아지는데, 수구의 회전력을 살린 채 1쿠션으로 튕기는 것 같다.

- 또 유용하게 쓰일 수 있는 테크닉이 바로 '업 스트로크'다. 그립의 위치를 큐의 거의 뒷부분으로 조정하라. 이 경우 1쿠션으로 향하는 수구의 진로를 짧게 조정할 수 있다.

- 다섯 손가락으로 큐를 꽉 움켜쥐는 그립을 사용하는 것도 하나의 테크닉이다. 이는 주로 짧게 끌어치는 샷에 사용된다. 이 그립을 사용하면 큐가 수구를 관통할 수 있게끔 힘이 실리는데, 이후 빠르게 끌리면서 1적구를 관통하려는 힘은 줄어든다.

- 이러한 기본구에서 항상 등장하는 키스에 관한 문제는 페드로 피에드라뷰나 선수의 강의를 들으면 신속히 배울 수 있다. 그는 이 분야의 전문가이다.

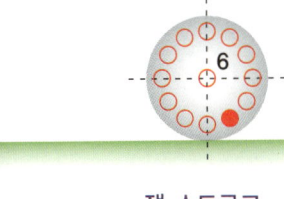

잽 스트로크

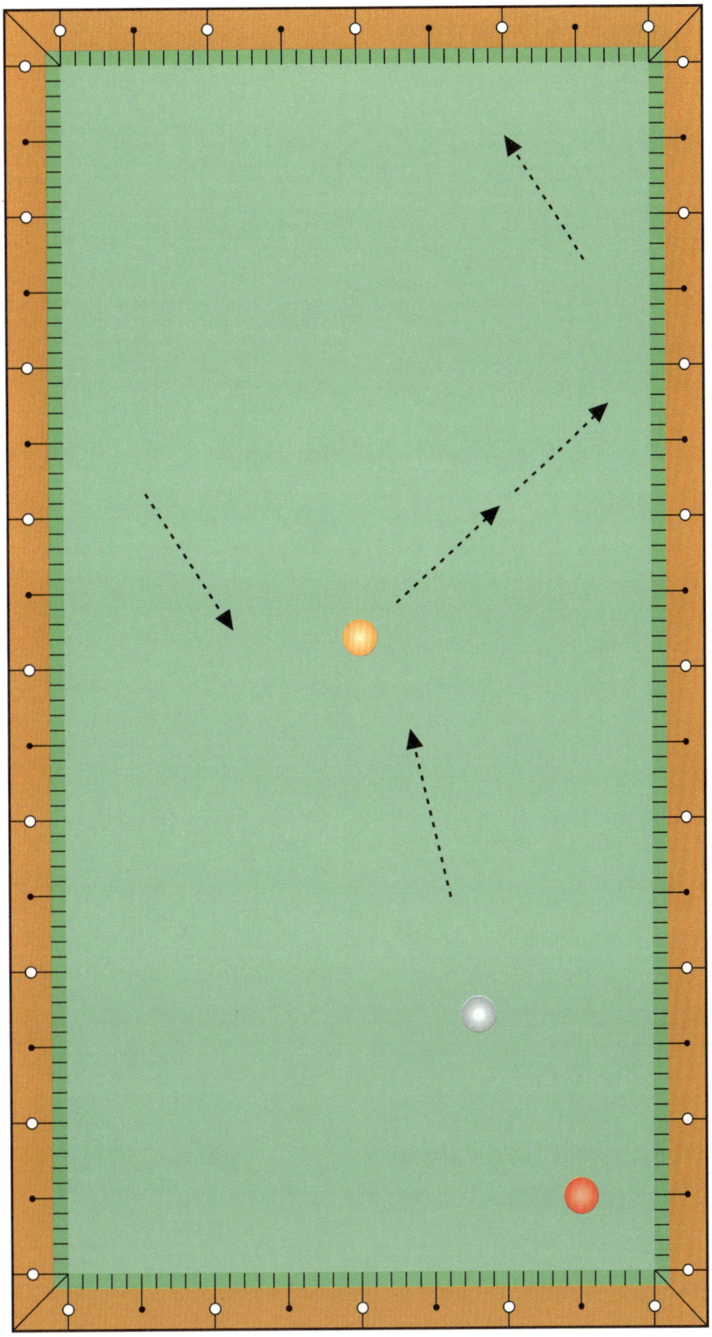

〈그림 479〉

MISCELLANEOUS

초이스
Choices, Choices

▶ <그림 480>은 매우 자주 등장하는 배열이다. 어떤 방법을 사용해 득점하는 것이 가장 현명할까?

▶ 현재 여러분은 승리에 1점을 남겨놓은 상태이며, 포지션은 문제가 되지 않는다고 치자.

▶ 사실 이 배열에는 몇 가지 다른 초이스가 있다. 롱앵글 샷이 쇼트앵글 샷보다는 어렵다.

▶ 그렇다면 쇼트앵글 샷이 가장 쉬운 초이스인가?

▶ **리차드 비탈리스** 선수는 3단 더블쿠션 샷이 가장 쉬운 초이스라고 말한다.

▶ 이에는 몇 가지 이유가 있는데, 수구에 회전이 적게 작용하므로 3쿠션, 4쿠션 이후에도 득점에 성공할 수 있기 때문이다. 수구를 약간 강하게 타구하면 된다.

▶ 이 샷의 공략법은 『빌리어드 아틀라스 1권』 152쪽에 **캐로스 할론(Carlos Hallon)** 선수의 설명과 함께 자세히 소개되어 있다.

▶ 이 페이지에서 재차 인용한 이유는 손목 사용에 관련된 정보를 추가적으로 전달하기 위함이다. **비탈리스** 선수는 손목을 거의 사용하지 말고, 하박(팔뚝)과 손이 마치 하나인 것처럼 움직이는 것이 좋다고 권고한다.

▶ 고수들만이 이 상황에서 더블쿠션을 시도하는 것처럼 보인다. 하지만 더블쿠션이 더 확실하고, 또 쉽게 배울 수 있으므로 여러분의 무기고 목록에 올려놓길 바란다.

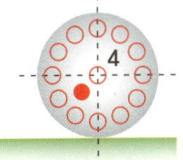

큐 뒷부분을
들어 준다.

〈그림 480〉

MISCELLANEOUS

이지 세븐
Easy Seven

▶ 우리는 이미 『빌리어드 아틀라스』 책을 통해 오른쪽 배열의 공을 풀어낸 적 있다. 1권에서는 버니 시스템(Bernie System)을, 2권에서는 럭키 세븐(Lucky Seven) 시스템을 적용했었다.

▶ 그러나 두 가지 모두 데드볼 시스템이었고, 일정한 한계를 갖고 있었다.

▶ 이제 여러분에게 이지 세븐 시스템을 소개할 것인데, 적용 한계 범위가 넓고 수구에 당점도 부여할 수 있다는 점에서 유리하다.

▶ 이 시스템은 1988년 도쿄 스리쿠션 월드컵 대회 준우승자인 아키오 시마다(Akio Shimada) 선수가 전수해 주었다. 그는 스리쿠션의 중간 지점이 7인 관계로 세븐 시스템이라고 이름지었는데, 필자는 기존 럭키 세븐 시스템과 구별하기 위해 앞에 이지를 붙였다.

▶ 〈그림 481A〉에서 수구의 시발점은 단축 혹은 장축이고, 1쿠션 지점인 단축을 지나 3쿠션 지점에 도달한다.

▶ 1쿠션 겨냥점을 찾는 공식은 수구 수×3쿠션 수=1쿠션 수이다. 따라서 5×7=35, 35가 1쿠션 겨냥점이 된다.

▶ 수구에 1팁의 당점을 부여할 경우 3쿠션 지점은 6으로 바뀐다.

▶ 〈그림 481B〉에서 수구 수는 4.0, 3쿠션 수는 7.0이다. 따라서 1쿠션 수는 4.0×7=28이 된다.

▶ 수구에 1팁의 당점을 부여하면 3쿠션 지점은 6이 되고, 2팁을 부여하면 3쿠션 지점은 5가 된다.

▶ 다시 한번 이 정보를 제공해 준 나오키씨에게 감사의 말을 전한다.

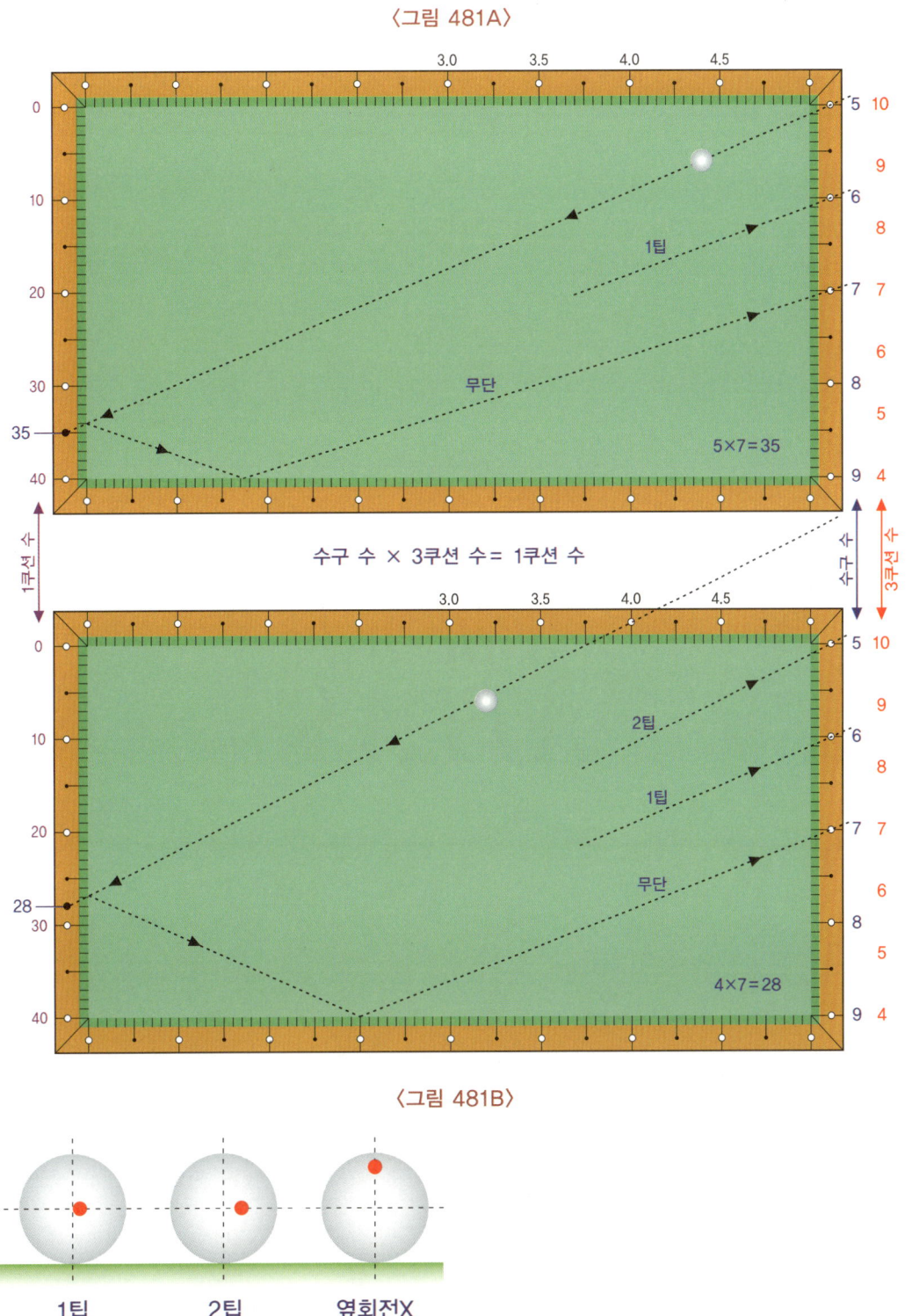

Billiard ATLAS Chapter 8

1급 정보들
A First Rate Mixture

형형색색의 모자를 즐겨 쓰는 **지미 라리슨(Jimmy Lauridsen)**씨는 세계에서 가장 큰 당구 싸이트인 <http://www.ddbu.dk>의 웹마스터이다. 그는 덴마크 당구계의 거장이자, 15년째 선수들을 교육하고 있는 유명 코치이기도 하다. 이 외에도 그는 많은 업적을 남겼으며, 이 책에도 유용한 정보를 전달해 줌으로써 당구계 전반에 큰 도움을 주었다.

이 장에서는 샷과 관련된 문제점을 짚어볼 것이다. 정확히 말하면 미스큐에 관한 것이다. 더불어 브리지를 기능적으로 사용할 수 있는 구체적 방법에 대해서도 소개하고 있다.

수구의 당점을 표준화하는 작업도 소개하고 있다. 이 작업의 목적은 여러분의 멘탈 컴퓨터가 수백만 개에 달하는 수구의 진로를 파악할 수 있게 하기 위해서이다. 또한 디펜스 플레이에 관해 논하고 있는데, 이 내용을 접한 후 디펜스에 대한 여러분의 시야가 더 넓어질 수 있길 희망한다.

얇게 치기 역시 환상적인 테크닉으로 실전에서 바로 사용할 수 있다.

이 장의 내용을 습득하면 당구를 매우 쉽게 풀어갈 수 있을 것이다. 돈 얼마를 준다 해도 살 수 없을 만큼 귀중한 내용이 담겨 있다. 일반 동호인들도 이 장을 통해 빠르게 경기력을 향상시킬 수 있을 것이다.

- 큐의 움직임
- 딕 야스퍼
- 브리지가 너무 멀 때 2
- 얇게 치기
- 라리슨의 조언
- 곧은 큐질
- 비구에라 선수의 테크닉
- 디펜스
- 미스큐
- 브리지가 너무 멀 때
- 셰파드의 가이드
- 케이티스 하우스

큐의 움직임
Cue Movement

▶ 정확한 샷을 구사하기 위해서는 큐를 곧게, 그리고 쉽게 움직이는 것이 중요하다. 큐는 당구대 바닥과 평행하게, 일정한 리듬에 맞춰 앞뒤로 움직여야 한다. 여러분과 큐는 하나가 되어야 한다. 아래의 내용은 **지미 라리슨**씨가 전수해 준 것이다.

▶ 그는 좋은 선수가 되려면 스트로크에 가장 중점을 두고 연습해야 한다고 주장한다. 쉽게 말하면 당구 선수는 두 가지로 분류할 수 있다. 정확한 스트로크를 가진 선수와 그렇지 않은 선수로 말이다. 공을 제대로 치기 위해서는 최우선적으로 적절한 팔로-스루 스트로크에 대해 배워야 한다.

▶ 초심자들 대부분은 수구를 타격하고 나서 큐를 빨리 뒤로 빼버리는 습관을 갖고 있는데, 이는 매우 잘못된 것이다. 이런 스트로크를 사용하면 수구의 속도나 포지션을 계산하기가 매우 힘들어진다. 이제부터 팔로-스루 스트로크를 완전하게 구사할 수 있는 방법에 대해 설명하겠다.

▶ 당구대로 가서 샷을 할 준비를 갖춰라. 내가 무얼 하려고 하는지, 공을 어디로 보낼 것인지는 미리 결정해 두어라.

▶ 수구의 타격점(당점)을 겨냥한 후 **큐를 움직이지 마라**. 큐팁이 수구에서 공 반 개 정도 뒤에 위치하게끔 유지하라. 타격점을 겨냥하는 동안 큐를 앞뒤로 흔들게 되면 여러분의 눈동자도 함께 움직이게 되는데, 이 경우 수구(의 속도, 포지션 등)에 집중할 수 없게 된다.

▶ 조준이 끝나면 몇 초 동안 수구의 속도에만 집중하며, 내 공을 어느 지점에 세워 놓을 것인가 파악하라. 이 지점에 집중하면 여러분의 뇌에서 저절로 적당한 속도를 계산해 줄 것이다.

▶ 이 과정을 습득하려면 많은 연습이 필요하며, 수구의 속도에 대한 여러분의 집중력은 점차 향상될 것이다. 그리고 이 모든 정보는 뇌에 하나씩 축적된다. 기복 없는 플레이를 하려면 수구의 속도, 각도 등과 관련된 지식이 뇌의 데이타베이스에 더 축적되어야 한다.

▶ 지금까지의 과정이 잘 이루어졌는지 확인하고, 그렇지 않다면 일어서 당구대 밖으로 벗어난 후 다시 시작하라. 대략 이 단계까지 오면 뇌에서 '느낌이 괜찮은데' 라고 신호가 오는데, 아니라면 처음부터 다시 시작해야 된다.

▶ 수구를 타격하기 직전인 이 단계에서 리듬(예비 스트로크)이 시작되는데, 3~4회 정도의 스트로크가 적당하다. 일정한 속도를 유지하며 큐를 앞뒤로 흔들다가, 4번째 스트로크 즈음에 수구를 타격하라. 큐는 하박(팔뚝)에 의해 자연스럽게 멈춰질 때까지 쭉 뻗어주어야 한다.

▶ 수구의 재질이 면(cotton)이라 가정하고, 큐가 자연스럽게 멈출 때까지 면을 관통시켜라.

▶ 이것이 바로 팔로-스루 스트로크이며, 어떤 당구 경기를 하던 간에 샷의 70~80%를 차지하는 스트로크다.

▶ 팔로-스루 스트로크를 정확히 구사하기 위해서는 수구와 1적구 사이에 최소한 공 한개 정도의 거리가 있어야 한다. 거리가 공 한 개보다 짧을 시에는 터치샷(수구를 2번 이상 타격하는 것, 속칭 니꾸)의 위험이 있다. 팔로-스루 스트로크가 제대로 적용됐다면 수구 타격 후에 큐가 공 2개 거리, 혹은 그 이상 뻗어야 한다.

▶ 팔로-스루 스트로크를 연습할 때는 수구에 중단을 주는 샷부터 시작하여 밀어치기(상단), 끌어치기(하단) 순으로 진행하라. 처음엔 수구와 1적구와의 거리를 1포인트 정도 두고 연습하되 차츰 늘여 나가라.

▶ **라리슨**씨에게 다시 한번 감사의 말을 전한다. 아멘.

라리손의 조언
Jimmy's Tips

▶ 타석에 들어서기 전에 무엇을 할지 미리 결정하라.

▶ 부드럽게 샷할 때는 브리지를 수구에 가까이 두되, 길게 샷할 때는 멀리 두라.

▶ 부드럽게 샷할 때는 길게 샷할 때보다 그립을 큐의 무게중심에 가까이 두라.

▶ 큐팁을 수구 가까이에 붙이고 당점을 겨냥하라. 그리고 이 상태에서는 절대 큐 팁을 **움직이지 마라.**

▶ 브리지가 불안정하다는 것은 목적한 당점을 치지 못할 수도 있다는 뜻이다. 모든 샷에서 안정된 브리지를 구축하라.

▶ 큐가 샷하기 전, 샷하는 도중, 샷한 후에도 가볍고, 깨끗하고, 유동적으로 움직일 수 있게끔 하라.

▶ 큐가 빠르거나 둔탁하게 움직이지 않게 하라. 그립을 쥔 손은 힘을 뺀 상태로 자유로워야 한다. 큐의 리듬을 익히는 것을 잊지 마라.

▶ 가장 중요한 것이, 샷한 이후에 수구를 조절하려고 하지 마라. 수구가 떠난 후 큐나 몸을 한쪽 방향으로 비틀어서는 안된다. 샷이 끝나면 수구의 방향을 바꿀 수 없다. 샷하기 전에 모든 사항이 올바른지 점검하라.

▶ 팔로-스루 스트로크가 끝나면 **모든 행동을 멈춰라.**

▶ 샷이 끝날 때까지 브리지를 당구대 위에서 떼지 마라. 특히 끌어치기 샷의 경우 그러하다. 이런 세부적인 사항 하나하나가 중요하다.

미스큐
Miscues

▶ 미스큐를 하는 데는 몇 가지 이유가 있다. 큐팁에 쵸크질이 잘 안되어 있어서 팁이 수구에 미끌리는 것도 그 중 하나이다. 라리슨씨는 소위 말하는 수구의 에러 구역을 타격할 때도 미스큐가 발생한다고 덧붙인다.

▶ 〈그림 482〉에서는 10mm의 에러 구역을 나타내고 있다. 큐팁이 까칠까칠하면서 잘 정돈된 상태에서 부드럽게 전진시키는 스트로크를 구사한다면 이 구역을 치는 것도 가능하다. 하지만 쵸크질이 잘 안된 딱딱한 팁으로, 곧게 전진시키는 스트로크가 아닌 다른 스트로크를 구사한다면 미스큐가 날 확률이 높다.

▶ 수구의 직경은 61mm이다. 여기서 위아래로 에러 구역을 제거하면 수구의 타격 지점은 40mm정도가 남는다. 이 40mm는 4가지 구역으로 나눌 수 있다. 팔로–스루 샷이 적용되는 A, B구역, 수구의 중심부, 그리고 끌어치기 샷이 적용되는 하단(D) 구역이다.

▶ 수구가 쿠션 가까이 붙어 있는데 끌어치기 샷이 필요할 경우, 수구의 중심부가 바뀐다는 사실을 반드시 알아야 한다. 이에 따라 겨냥점도 바뀐다. 큐의 뒷부분을 들면 미스큐가 발생활 확률도 높아진다.

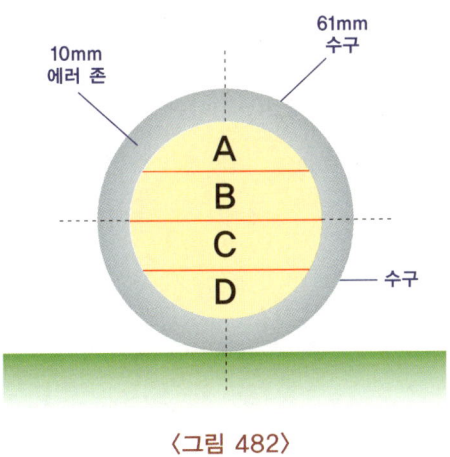

〈그림 482〉

딕 야스퍼
Jaspers

▶ 위대한 챔피언 **딕 야스퍼(Dick Jaspers)** 선수에게 1적구를 겨냥하는 방법에 대해 물었다.

▶ "저는 엎드리기 전에 여러 가지 측면에 대해 분석을 시작합니다. 공의 난이도, 포지션, 그리고 디펜스 등을 말입니다.
1적구의 두께는 이처럼 서서 계산할 때 결정합니다. 1적구의 두께를 10%로 정했다고 칩시다.
당구대에 엎드린 후 저는 1적구의 두께를 다시 미세하게 조정합니다. 이 두께면 득점에 성공하겠구나하는 감이 올때까지 두께 조절에 시간을 쏟습니다.
물론 목적한 두께보다 얇게 칠지도 모릅니다. 하지만 별 상관없는 것이, 두께에 대한 완벽한 감을 찾은 것이 가장 중요하기 때문입니다.
완벽한 두께를 찾기까지는 몇 초 시간이 걸립니다. 제 목표는 머릿속에 그렸던 두께와 속도를 그대로 재현하는 것입니다."

▶ 그는 샷의 모든 사항을 결정하는 과정을 설명하고 있다. 특히 서 있을 때 1적구의 두께를 결정하고, 엎드려서 다시 미세하게 두께를 조정한다고 말한다.

▶ 이를 뒷받침해 주는 당구의 옛 교훈이 있다. 큐팁이 수구에 정확히 타격할 지점(당점)에 집중하고, 이후 1적구와의 접촉 지점을 보라. 수구의 속도를 체크한 후 예비 스트로크를 시작하라.

곧은 큐질
Anybody Straight?

- 필자는 **딕 야스퍼**, **토브욘 브롬달** 선수와 함께 베이컨에 계란 요리를 곁들인 아침 식사를 하며 당구에 관해 이야기한 적이 있다.

- 우리의 토론 주제는 샷하기 직전까지의 예비 스트로크에 관한 것이었는데, 세계 정상급 선수들은 대부분 곧은 겨냥선을 갖고 있었다.

- 위대한 **레이몬드 클르망** 선수에 대해서도 언급했는데, 필자가 먼저 말을 꺼냈다. "그래도 명색이 현대 당구의 아버지인데, 아주 곧은 겨냥선을 갖고 있지 않을까요?"

- 그러자 브롬달 선수가 응수했다. "클르망 선수 앞에서 그의 큐가 그리는 선을 살펴보면 마치 다른 당구대를 겨냥하는 것 같을 걸요." 뭘 우리는 한바탕 크게 웃지 않을 수 없었다.

- 당구 관련 서적들에선 큐의 겨냥선은 곧을수록 좋다고 지도하고 있지만, 최정상급 선수들의 경우 예비 스트로크가 약간 어설퍼 보여도 높은 수준의 경기를 펼칠 수 있는 것이 임팩트 순간에 수구를 정확히 타구하기 때문이다.

- 다른 주제에 관해 대화하던 중, 필자는 백스윙과 팔로-스루 스트로크시 큐가 곧게 나가지 못해서 당구공 중앙을 치려고 했을 때 수구가 겨냥점에서 밀려나게 된다고 하소연했다. 그러자 브롬달 선수 역시 이 문제에 동의하면서, "때때로 1적구의 두께를 조정해야 할 때가 있는데, 저도 옆회전 당점을 줄 때는 두께를 공 반 개 정도 조정합니다."라고 대답했다.

- 결국 이 말은 자신의 스트로크를 명확히 파악하고, 그에 맞게 조정하라는 뜻이다.

브리지가 너무 멀 때
A Bridge Too Far

- 브리지가 너무 멀 때 레이크(rake, 갈퀴)라고 불리는 특별한 도구를 사용하는데, 브리지를 쥔 팔을 연장시켜 주는 역할을 한다.

- 세계적인 선수들의 경기에선 레이크가 거의 사용되지 않는다. 그들은 다른 샷을 초이스하거나, 반대쪽 손을 사용하는 데도 능숙하며, 큐를 등 뒤로 돌려 치기도 한다.

- 비록 많은 동호인들이 레이크를 올바르게 사용할 줄 알더라도, 수구를 정확하게 팔로-스루시켜 타격하지는 못한다.

- 레이크를 사용할 때 팔뚝의 움직임을 관찰해 보면 금방 문제점을 찾을 수 있다. 그립을 쥔 팔뚝이 당구대와 평행을 이루었을 때 예비 스윙이 시작되는데, 옛 교본에는 이런 상태에서 레이크를 사용해야 한다고 쓰여 있다.

- 물론 팔뚝이 당구대와 수직을 이루더라도 예비 스윙은 가능하지만, 이 역시 어려운 포지션이다.

- 일반적으로 레이크를 사용할 때는 팔을 쭉 뻗어야 하는데, 레이크와 그립 모두 선수보다 앞쪽에 위치한다. 이때 그립을 쥔 손의 모양이 이상해지는데, 팔목이 꺾여 우스꽝스럽게 변한다. 정확성을 기대한다는 것은 불가능한 일이다.

- 하지만 팔을 뻗은 후 다른 테크닉을 적용해 볼 수 있다. 이 테크닉을 적용하면 큐를 더 정확히 컨트롤할 수 있을 것이다. 이제 그립을 쥔 손이 선수와 더 밀착되며, 예비 스윙도 바뀌게 된다. 언제나 그랬던 것처럼 레이크를 당구대 위에 놓고, 그 위에 큐 끝을 올려라. 큐의 제일 뒷부분을 손으로 동그랗게 움켜쥐고 마치 다트를 던지는 것처럼, 혹은 문에 노크를 하는 것처럼 큐를 앞뒤로 움직여라.[4] 예비 스트로크를 곧게 유지하면서 뇌 수술을 할 때처럼 세밀한 주의를 기울여라.

---

[4] 역주) 필자가 제시한 테크닉은 그립을 쥔 주먹이 하늘을 향하게 하고 예비 스윙을 하는 것이다.

브리지가 너무 멀 때 2
Reaching

▸ 수구를 겨냥하려는데 팔을 너무 멀리 뻗어야 할 경우 문제가 발생한다. 브리지, 큐, 그립을 쥔 손 모두 신체의 너무 앞부분에 쏠리기 때문이다. 또한 선수의 상체가 당구대 위에 눕혀진 상태에서는 큐를 자유롭게 움직일 수 없다. 그립을 쥔 손이 팔로-스루 스트로크를 정확히 구사할 수 없는 위치에 있기에 상황은 더욱 좋지 않다.

▸ 팔을 멀리 뻗어 억지로 브리지를 만드는 것 외에 다른 방법이 있다. 큐를 등 뒤로 돌려 샷하거나, 레이크를 사용하거나, 더 긴 큐의 하대를 붙이는 것이다. 하지만 뭐니뭐니 해도 반대쪽 손을 사용하는 것이 제일 낫다.

▸ 큐를 등 뒤로 돌리거나 반대쪽 손을 사용할 때 가장 문제가 되는 것이 브리지를 확고하게 잡을 수 있느냐 하는 것이다. 『빌리어드 아틀라스 4권』에서는 이를 해결해 줄 '브리지 도우미'를 야심차게 소개하려고 한다.

▸ 나비 넥타이처럼 생긴 이 도구를 '브리지 도우미'로 사용할 수 있다. 아래 그림에서는 엄지와 검지 사이에 짧게 매듭진 리본 형식의 천을 끼우고 있다. 처음에 큐의 두께만큼 매듭을 조정하여 팔로-스루 스트로크시 큐가 매듭에 걸리지 않게 하라.

▸ 비상시에는 실제 여러분의 나비 넥타이를 풀어서 사용해도 좋다. 우리들이 독창적으로 발명한 이 도구를 **나비 넥타이** 브리지라고 부르기로 한다. 교습 시에 사용할 수도 있다. 여러분의 마음에 들었으면 좋겠다.

 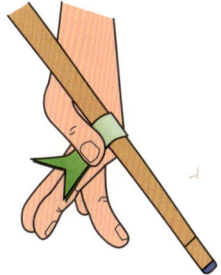

비구에라 선수의 테크닉
Technique Viguera

▶ **아드리안 비구에라(Adrian Viguera)** 선수는 미국과 멕시코에서 활동하는 정상급 선수이며, 유명한 큐 제작자이자 예술구 선수이기도 하다.

▶ 그는 수구의 당점에 대한 흥미로운 이론을 제시했다. 즉, 특정한 당점을 타격했을 때 (수구의 회전이) 최대한의 지속성(Maximum consistency)을 띤다는 것이다.

▶ 〈그림 483〉에서 그 당점을 소개하고 있다. 당점은 수구의 중점에서 45도 선 상에 위치하는데, 공의 테두리와 수구의 중심의 가운데 지점이다.

▶ 수구의 진로를 쉽게 그려낼 수 있고 옆회전도 빨리 먹는 것이, 수구가 즉각적으로 부드럽게 굴러가기 때문이다.

▶ 그는 또한 스트로크와 1적구의 두께를 다양하게 조절함으로써 가능한 많은 수구의 진로를 만들어낼 수 있다고 주장한다.

▶ 물론 이 당점만을 적용하는 데는 한계가 있지만, 최대한 자주 사용될 수 있다.

▶ 선수들은 대부분의 샷에 적용되는 정확한 당점, 두께, 스트로크를 무의식적으로 알고 있다고 그는 말한다. 선수들의 기억력 저장고에서 필요한 사항을 상기해 낼 수 있다.

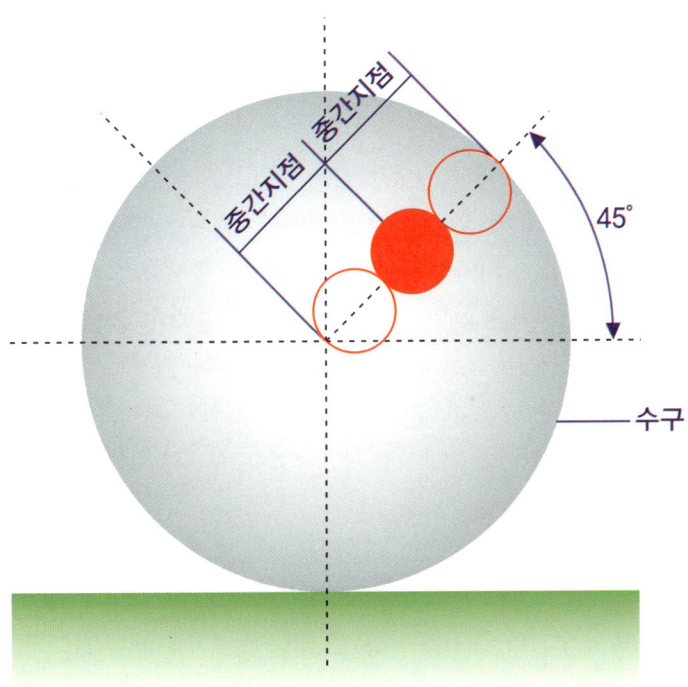

〈그림 483〉

셰파드의 가이드
A Shepard's Guide

▶ 과학자 **론 셰파드(Ron Shepard)**씨는 수구의 당점에 대한 흥미로운 개념을 제시했다. 〈그림 484〉에서는 M처럼 중심을 지나는 수평선 상의 당점을 소개하고 있다. 이 당점을 적용하면 일정하게 옆회전이 먹는다. 그런데 큐 팁이 X선상의 어느 지점을 타격하더라도 같은 정도의 옆회전이 작용한다. 즉, 당점M과 당점N의 회전량은 같다는 것이다. 물론 이는 전진력에 따라 다른데, 옆회전은 수구가 굴러가기 전에는 측정 불가능하기 때문이다.

▶ 수구의 하단을 타격할 때에는 옆회전을 측정하기가 더욱 어려워진다. 예로 수평선 상의 당점 1, 2, 3팁을 보자. 각 팁의 중심에서 X로 선을 그었을 때, 약간만 하단 당점이 잘못 적용되도 옆회전 양이 확 달라지는 것을 알 수 있다.

▶ X선 상의 하단 당점을 적용하면 옆회전의 양은 줄어들지만, 수구의 속도가 느리기에 옆회전의 효과는 배가된다. 스핀샷이 그 적절한 예이다.

▶ 기본 시스템 중 대부분은 측면 당점만을 적용해 계산하도록 되어 있다. 하지만 때때로 하단 당점이 필요한 것이 1쿠션으로 입사할 때 롤링 잉글리시 (상단회전, rolling english)가 적용되면 안 되기 때문이다. 미끄러지는 회전(skid english)이 소멸되면 옆회전이 남는다. 고로 끌어쳐야 하는 각에서는 **셰파드**의 원리에 따라 하단 당점을 적용하는 것이 좋다.

▶ 쿠션에 부딪히는 순간에 수구의 미끄러지는 회전이 남아 있어야 초과적인 옆회전이 발생할 수 있는데, 그렇지 않을 경우 옆회전은 감소한다. 수구의 이동 거리가 길어져 미끄러지는 회전이 소멸되고 롤링 잉글리시가 작용할 때 이 현상이 발생한다.

▶ '아마추어 포켓볼 선수를 위한 아마추어 물리학' 이란 인터넷 사이트를 참고하길 바란다. 〈http://www.accessone.com/~mavlon/apap.html〉

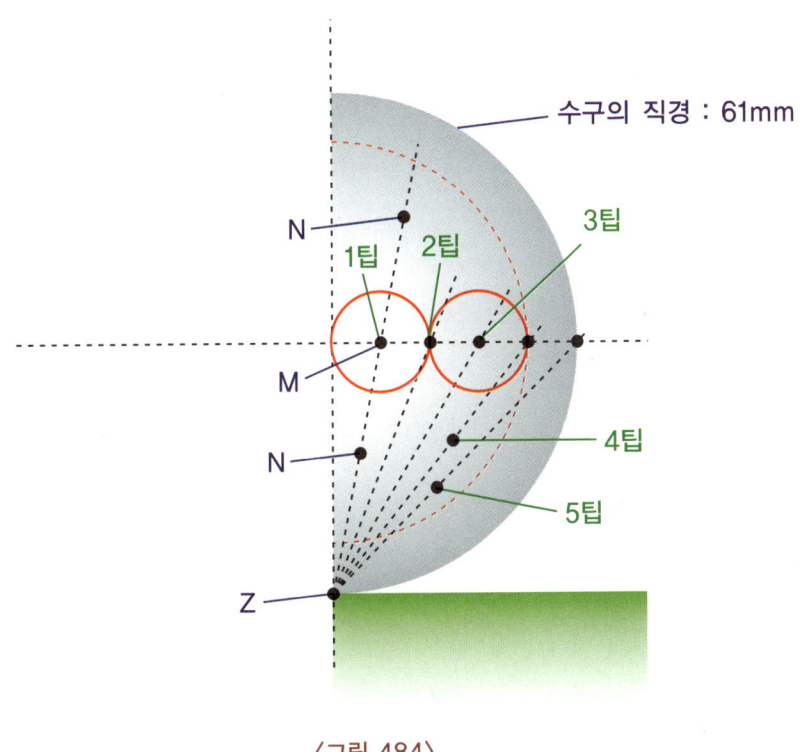

〈그림 484〉

얇게 치기
Thin Hits

▶ 정상급 선수들은 옆회전을 주고도 1적구를 놀랄만큼 얇게 쳐내곤 한다.

▶ 수구에 옆당점을 주면 디플렉션(꺾임)으로 인해 두께 겨냥에 문제가 발생한다. 디플렉션의 정도를 예측하는 건 정상급 선수들만이 가진 특별한 재능인가?

▶ 그렇다. 정상급 선수들은 일반 동호인들보다 디플렉션의 정도를 예측하는 데 훨씬 탁월한 기량을 갖고 있다. 하지만 그들 역시도 더 정확한 두께를 맞춰내기 위해 추가적인 방법을 사용한다. 그 방법이란 빠른 잽 스트로크와 수구를 부드럽게 굴리는 것인데, 두 가지 모두 수구의 디플렉션을 완화시켜 더 정확하게 두께를 맞출 수 있다. 잽 스트로크를 적용할 경우 수구에 회전이 덜 먹게 되는데, 정상급 선수들은 이를 감안하고 친다. 왜냐하면 1적구를 얇게 맞추는 것이 최우선 과제이기 때문이다.

▶ 짧은 잽 스트로크의 장점에 대해서는 아틀라스 책 전반에 걸쳐 소개하고 있다.

▶ **이상천** 선수의 샷을 볼수록 그가 항상 잽 스트로크를 사용하며, 팔로-스루 스트로크도 여러 단계로 나눠 사용한다는 걸 알 수 있다. 대부분의 경우 그의 스트로크는 빠르지만, 어떨 때는 느리고 길어진다. 또한 그는 길고 짧은 포워드-리버스 스트로크를 자주 사용한다.

▶ 필자가 그에게 "당신의 샷에서 풀 팔로-스루 스트로크는 몇 퍼센트나 됩니까?"라고 묻자, 그는 "거의 없습니다."라고 대답했었다.

▶ 수구를 **굴리는** 샷의 장점을 알고 싶다면, 스누커 테이블에 가서 목적구를 먼 거리에 놓고 일반적인 스트로크를 사용하여 포켓시켜 보라. 그 다음 수구를 부드럽게 굴려보고, 정확도의 차이를 비교해 보라. 수구를 부드럽게 굴렸을 때 1적구의 두께 조절 능력은 현격히 향상될 것이다.

▶ 옛 교본에서는 부드럽게 풀 팔로-스루 스트로크를 구사하라고 가르쳤다. 물론 이는 대부분의 샷에 적용되지만, 짧은 스트로크의 장점도 결코 무시할 수 없다.

디펜스
Defence

- 필자는 뉴욕에 있을 때 **브롬달**, **클르망** 선수와 함께 택시를 타고 당구 이야기를 나눈 적이 있다. 저번 아침식사에서 이어지는 자리였는데, 당구에 대한 기막힌 정보와 농담이 반반씩 섞인 대화였다.

- 필자는 브롬달 선수에게 얼마나 디펜스를 하는지 물었다. "그는 상대에 따라 다릅니다. 괜히 디펜스했다가 총알이 제게 날아올 수도 있거든요."

- 그리고 그는 **세미 시그너** 선수와의 경기를 회상했다. 당시 그는 시그너 선수와 초접전을 벌이고 있었는데, 일단 그에게 기세가 넘어왔다.

- **브롬달** 선수가 타석에 들어섰다. "그때 제 공이 무척이나 어려웠죠. 저는 디펜스를 염두에 두고 2적구의 한쪽 면을 겨냥해 샷했습니다. 비록 제가 놓치더라도 시그너 선수가 고생 좀 하라구요. 결국 저는 그 이닝 득점에 실패했죠. 그때 시그너 선수가 타석에 들어서더니 제가 평생 보지도 못했던 샷을 날리더군요. 화려하게 득점에 성공한 후, 연타를 때렸습니다. 여기서 승부의 추가 기울었죠. 저는 시그너 선수가 그 어떤 난구도 풀어헤칠 능력을 가졌다는 것을, 하지만 간단한 샷을 종종 놓친다는 사실을 알고 있습니다. 그와 상대했을 때 더 공격적으로 플레이해야 했어요."

- 반드시 디펜스가 필요한 상황이 아니면 굳이 디펜스를 생각하지 마라. 공격적으로 플레이하라. 여러분의 큐가 날아다닐 것이다. 생각이 너무 많으면 좋지 않다.

케이티스 하우스
Katie's House

▶ 공을 케이티스 하우스(Katie's House)에 보내놓는다는 표현은 예전부터 사용되어 왔는데, **댄 맥구티(Dan McGoorty)** 선수가 만든 단어이다.

▶ 케이티스 하우스는 당구대에서 디펜스하기 가장 좋은 구역을 가리킨다. 〈그림 485〉를 참고하라.

▶ 디펜스 플레이의 정석은 공 두 개를 케이티스 하우스 안으로 보내 놓고, 상대방의 수구는 당구대 반대편에 붙여놓은 것이다.

▶ 포지션 플레이를 생각할 때, 다음 공을 위와 같이 세우지는 마라. 득점할 확률이 매우 낮다.

▶ **J. 반베럴(J. VanBarel)**씨에게 감사의 말을 전한다.

〈그림 485〉

Billiard ATLAS Chapter 9

다음 단계
Next

선수 천 명 중에 한 명 정도 에버리지 1.0에 도달할 수 있다.
여기서 알 수 있듯이 여러분은 득점하는 방법에 대한 정보를 찾는 절대 다수 중 하나이며, 이는 이 책을 집필한 목적이기도 하다.
득점력에 어느 정도 자신이 있고, 자신의 한계까지 기량을 향상시키고 싶은가? 그럼 다음 단계로 **볼 컨트롤**을 배워야 한다.
득점력 향상은 평생 추구해야 할 과제이자, 수백만 시간의 연습이 뒷받침되지 않고서는 불가능하다. 여러분의 기량이 어느 정도 향상되었을 때 볼 컨트롤의 세계에 입문하라.
불행히도 볼 컨트롤에 대한 연구는 『빌리어드 아틀라스』 책만 가지고는 한계가 있다. 이 책은 득점하는 방법을 집중적으로 논하고 있기 때문이다.
이 장에서는 볼 컨트롤의 맛보기만 보여주고 있는데, 비록 몇 페이지 되지 않지만 볼 컨트롤의 오묘한 세계에 빠져들게 될 것이다. 또한 이 장을 통해 볼 컨트롤이란 아트를 조금 더 쉽게 이해할 수 있다. 볼컨트롤 연구에 몰입하면 연속 득점은 저절로 따라온다. 집중력 부족으로 인해 득점에 실패할 수도 있겠지만, 초이스에 더 신중을 기하면 집중력 문제도 최소화할 수 있다.
많은 선수들이 딱딱한 스트로크에서 벗어나 수구를 굴리기 시작할 것이다. 이 과정에서 여러분은 정상급 선수들의 스트로크를 닮아가게 될 것이다.

- 볼 컨트롤과 집중력
- 볼 컨트롤

볼 컨트롤과 집중력
Amplification

▶ 득점에 어느 정도 숙달이 되면, 다음 단계로 볼 컨트롤을 배워야 한다.

▶ 바로 이 점 때문에 선수의 집중력이 분산되는데, 최상의 집중 상태를 유지하는 것이 관건이 된다. 샷을 겨냥하는 데서 볼 컨트롤로 집중력을 전환하기는 만만치 않다.

▶ 몇 가지 정보를 머리 속에 담아둔 채 계산하는 것이 상당히 어렵다. 혼란이 생기면 집중력은 그만큼 짧아진다.

▶ 처음 샷을 보면 자동적으로, 아주 빠르게, 아무 노력을 들이지 않고도 느낌이 온다. 샷을 두 번째로 볼 때부터 집중력 전환이 필요하다. 이는 두 번 이상 체크해야 하는, 매우 느리게 진행되는 작업이다.

▶ 주위 배경, 혼란스러움, 그리고 두려움에 대한 의식을 지우고 집중하기 위해서는 신중하고도 지속적인 노력이 요구된다.

볼 컨트롤
Ball Control

▶ 수구의 속도를 부드럽게 유지하는 건 정상급 플레이에서 한결같이 요구되는 사항으로, 대부분 수구의 속도를 2적구에 겨우 갖다놓을 수 있는 정도로 조절한다. 특히 포지션 플레이에서는 수구의 속도를 정확히 조절해야만이 공을 적절한 위치에 배치시킬 수 있다.

▶ **이상천** 선수는 2적구에 동전을 올려놓은 다음, 수구가 득점에 성공하고도 동전이 떨어지지 않도록 샷을 연습한다. 이 방법으로 그는 두 번째 샷의 포지션을 터득했다.

▶ 서반구 지역 선수들은 공이 매우 느리게 굴러가는 옛 당구대와 장비를 사용해 스리쿠션을 배웠다. 고로 수구를 빵빵 때리곤 했다. 지금까지도 이런 당구대들이 표준 규격으로 쓰이곤 하는데, 많은 경우 상태가 좋지 못하다.

▶ 공이 빠르게 굴러가는, 따뜻하게 관리된 당구대가 몇 년 전부터 유럽에서 등장했다. 쿠션의 천도 수구의 속도를 증가시키는 쪽으로 조립되었다. 이러한 장비 덕분에 게임하는 방식도 새롭게 바뀌기 시작했다. 정상급 선수들은 새로운 테크닉을 개발하기 시작했고, 특히 포지션 플레이에서 큰 진전을 이루어 에버리지는 치솟게 되었다.

▶ 세계 정상급 선수들은 쿠션을 새로 교체한 당구대에서 플레이할 수 있는 특권을 가지고 있다. 바로 이 때문에 경기력이 달라졌고, 새로 교체한 (쿠션)천의 특성을 잘 이용하여 높은 에버리지를 창출할 수 있었다. 수구의 속도도 다른 측면에서 접근하기 시작했다.

▶ 수구에 당점을 주면 새로 교체한 천에서는 속도가 더 붙는다. 특히 수구의 회전은 3쿠션째에서 절정을 이룬다. 이런 특성 때문에 속도 조절에 관한한 과거의 방식과 큰 차이가 생기게 되었다.

▶ 스트로크의 테크닉적인 면에서 보자면 팔의 운동이 적어졌다. 잽 스트로크를 사용하면 팔의 움직임이 적어지고 정확도는 증가되는데, 특히 1적구 두께 조절에서 그렇다. 일반 동호인은 알지 못하는 새로운 '기본 원리'가 탄생하기 시작했다.

▶ 필자는 1978년 시카고 대회에서 레이몬드 클르망 선수가 옛 아카디안(Arcadian) 당구대에서 에버리지 1.60을 기록한 것을 목격했다. 그가 가장 좋아하는 천이 깔렸고, 쿠션도 정확히 조립되었던 건 사실이다. 또한 그는 당구장에서 가장 좋은 당구대를 선택했고, 몇 시간의 연습을 거치며 당구대의 특성을 파악했다. 당시 그의 상대들은 어려운 공만 받았으며, 득점하기가 매우 힘들었다. 필자의 포인트가 바로 이것이다. 적절한 볼 컨트롤 기술을 습득하면 당구대의 상태에 관계 없이 좋은 경기를 펼칠 수 있다는 것이다.

▶ 챔피언들의 스트로크 스타일은 서로 다르다. 브롬달 선수의 스트로크는 힘이 넘치는 스타일로, 긴 팔로-스루 스트로크를 구사한다. 반면 이상천 선수는 맥시멈 회전과 짧은 스트로크의 대가이다. 두 선수 모두 정신적으로 공의 배열 하나하나에 많은 주의를 기울인다.

▶ 여러분이 챔피언들처럼 플레이할 순 없겠지만, 수구의 속도를 부드럽게 하는 능력을 습득해 경기에 적용할 수는 있다. 그렇게 하면 키스를 조금 더 쉽게 뺄 수 있으며, 포지션 플레이도 분명해진다. 게임 에버리지를 높일 수 있는 가장 빠른 방법이라고 할 수 있겠다.

▶ 대개 일반 동호인들은 스트로크가 나가다가 멈춰 버리는데, 이는 큰 실수이다. 속도가 아주 느리더라도, 부드러운 잽 샷이라도, 스트로크는 마지막까지 활력 있게 나가야 한다.

▶ 몇몇 정상급 선수들을 대상으로 기량을 향상시키는 방법에 대해 조사를 했다. 이 조사는 에버리지 1.0 수준의 선수에서부터 조, 슈니, 할론, 브롬달 등 최고 수준의 선수들까지 포함했다.

- 필자가 이들 각각에게 던진 질문이 이것이었다. 에버 0.75의 선수가 성장하기 위해 가장 필요한 한 가지는 무엇인가? 모두가 다 0.75 수준에서 주력해야 할 것은 샷 능력 제고와 볼 컨트롤에 대한 약간의 관심을 꼽았다.

- 고수가 되려면 초이스와 볼 컨트롤에 대한 연구가 수반되어야 하며, 이것 없이 에버 1.0 선수가 되는 것은 불가능하다. **이상천** 선수는 7년 안에 에버 1.0 수준에 다다른 선수는 지금까지 보지 못했다고 말하기도 했다.

- 미국에서조차 에버 1.0이 넘는 선수는 7명 정도에 불과하고, 0.9가 넘는 선수는 12명 정도, 아니 0.8이 넘는 선수도 찾아보기 힘들다는 사실을 알아주기 바란다.

- **캐로스 할론** 선수는 더 나은 경쟁자가 없다면 발전은 없다고 못박았다. 즉 1.0 이상의 수준에 도달하려면 (대회 등을 통해) 높은 수준의 경쟁자를 만나야 한다는 것이다. 그는 테크닉에 대한 연구는 매우 중요하며, 늘 변화해야 한다고 주장한다. 덧붙여 말하자면 그가 에버 0.8 선수에서 현재 1.2 수준의 선수로 발전하는 데는 20년이 걸렸다.

- 세계 정상급 수준에 도달하면 아주 미묘한 차이 하나가 극히 중요해진다. **토브욘 브롬달** 선수는 에버 1.5에서 더 향상하는 데 영향을 미쳤던 가장 중요한 요소가 "새로운 샷에 대한 학습"이었다고 말했다. 그 정확한 의미를 묻자, 과거에 무심코 지나쳤던 공들 가운데서 새로운 샷을 개발하는 것이라고 대답했다.

- 하지만 독자들 거의 대부분이 이 수준은 아닐 것이므로, 어떻게 하면 더 실력 있는 선수가 될 수 있느냐 하는 질문으로 되돌아오게 된다. 어떻게 하면 기량을 향상할 수 있는지 알아내는 것이 최우선 과제이다.

- 필자가 가장 권하고 싶은 방법은, 여러분을 에버 0.75로 만들어 줄 수 있는 코치를 찾아 볼 컨트롤과 스트로크에 관한 교육을 받는 것이다.

스트로크를 새롭게 배우고,
볼 컨트롤에 집중하는 일이 결코 쉽지는 않다.

과거에 배웠던 나쁜 습관들을
연습을 통해 극복하려면 오랜 시간이 걸린다.

Billiard ATLAS Chapter 10

부록 : 볼 시스템
A Ball System

이 장에서는 볼 시스템 하나만을 소개하고 있다. 여러분은 이 내용을 다른 어떤 곳에서도 찾아보기 힘들 것이다. 모든 공을 기계처럼 계산하여 풀어낼 수는 없지만, 시스템은 선수들의 감각을 키워준다.

시스템을 사용하다 보면 두께와 당점 조절에 대한 감각이 크게 강화되며, 다른 어떤 것도 이러한 시스템의 역할을 대신할 수 없다. 고로 여러분의 감각을 체크하는 데 시스템을 사용해 보라. 키스 피하기나 포지션 플레이에도 많은 도움이 될 것이다.

만일 수구가 시스템의 선대로 진행하지 않는다면 책에서 당구의 기초를 소개한 부분으로 돌아가 다시 일독하길 바란다. 스트로크가 문제라면 180~182쪽의 내용이 많은 도움이 될 것이다.

아마도 느리고 부드러운 팔로-스루 스트로크를 구사하지 못하는 것이 가장 큰 문제일 것이다. 빠른 스트로크는 이 시스템에 적합하지 않다.

포켓볼 선수들은 큐의 뒷부분을 세워서 샷하는 경향이 있다. 이 시스템은 큐를 당구대와 평행하게 유지하고, 그립을 느슨하게 잡아야 적용 가능하다.

이 장은 목적구의 바깥으로 돌려치는 샷을 주로 다루고 있다. 목적구의 안쪽으로 돌려칠 경우엔 진로가 더 길어지는데, 215쪽의 <그림 F>와 167쪽의 <그림 476B>에서 자세히 소개하고 있다.

목적구의 안/바깥쪽으로 돌려칠 때 발생하는 차이는 수구의 진로 연구에 있어서 매우 중요한 원리이다. 목적구의 안쪽으로 돌려치는 거의 대부분의 샷에서는 수구의 진로가 길어진다는 점을 감안해야 할 것이다.

- 볼 시스템
- 당점 수(數)
- 스트로크의 예
- 수구의 교정
- 오차 조정 2
- 라인 수(數)
- 1적구 수(數)
- 라인1 구역
- 마티노 선수의 오차 조정
- 장축 라인의 응용
- 3쿠션 수(數)
- 볼 시스템의 예
- 수구의 위치

볼 시스템
A Ball System

- 몇 년 전부터 숫자를 조합해 수구의 진로를 파악하여 득점으로 연결시킬 수 있는 시스템이 존재한다는 소문이 돌았다.

- 각도에 대한 감각이 일단 중요하지만, 여기에 추가적으로 숫자를 사용한 계산법이 존재한다는 것이다.

- 칼 콘론(Carl Conlon)씨는 일본 선수들이 자주 사용하는 이 시스템에 관해 연구를 시작했고, 그 결과는 성공적이었다. 그는 일본에 에버리지 1.0이 넘는 선수가 많은 이유는 그들이 독특한 비법을 가지고 있었기 때문이란 것을 밝혀 냈다.

- 데니스 디크만(Dennis Dieckman) 선수가 코코아 해변에 다녀갔을 때 필자와 볼 시스템에 관한 정보를 교환했고, 그제서야 필자는 완성된 볼 시스템에 대해 접할 수 있었다. 몇 주간 볼 시스템을 붙잡고 연구한 끝에, 이 시스템이 매우 중요하는 사실을 깨달았다.

- 필자는 이 책에서 디크만 선수의 정보를 몇 가지 인용하였으며, 일부 정상급 선수들에게도 이 시스템에 관해 물어 보았다. 몇몇은 대답해 주었으나, 몇몇은 입을 꼭 다물었다. 그 후 약간의 수정을 거쳐 지금의 볼 시스템이 탄생하게 되었다.

- 일본인들의 시스템도 알려져 공유되었으면 하는 바램이 있다. 하지만 그 전까지는 필자의 시스템으로 대체할 수 있을 거이다.

- 디크만 선수는 이 시스템을 괴짜 시스템이라 부른다. 대부분의 사람들이 이 시스템의 효과에 반신반의하기 때문이다. 이 시스템이 갖는 중요성 때문인지, 그는 북부 헐리우드 출신의 앤디 노바디(Andy Nobody 실제 이름이다)씨와 디트로이트 출신의 밥 아민(Bob Ameen)씨, 그리고 일본의 주니치 고모리 선수에게 공을 돌리고자 했다.

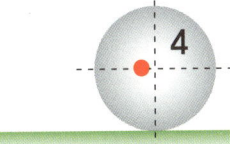

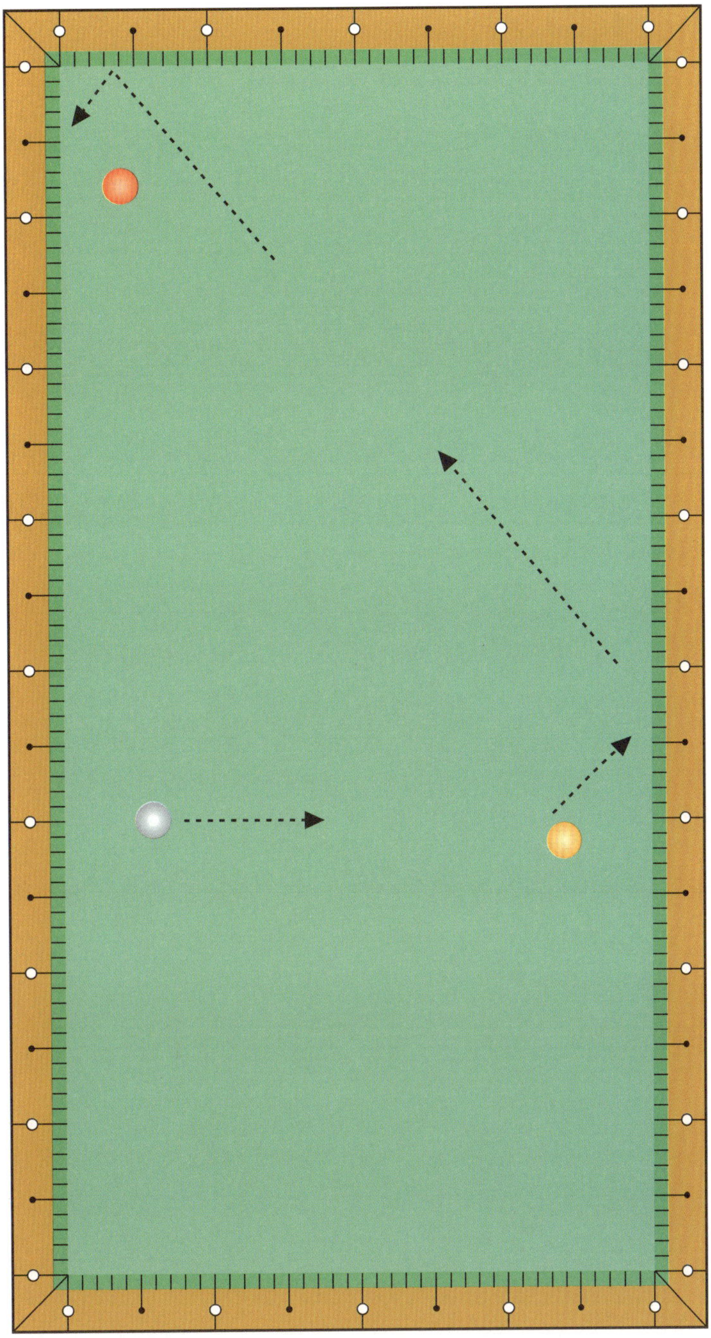

〈그림 A〉

A BALL SYSTEM

라인 수(數)
Table Line Numbers

▶ 오른쪽 그림에서는 7가지 라인이 그려져 있으며, 각 라인에 숫자를 부여했다.

▶ 수구의 일반적인 진행 방향을 알고 싶다면, 1적구와 분리된 후 가장 근접해 있는 라인을 찾아라. 오른쪽 그림에서는 라인2와 라인5가 될 것이다.

▶ 다음은 초심자들을 위한 예시이다 : 1적구쪽으로 움직이기 전에 당구대의 각 라인을 살펴보고, 1적구 옆으로 지나가는 라인을 그려라. 이것이 라인 수(數)가 된다. 어떤 경우 3.5가 될 수도, 7이 될 수도 있다.

▶ 수구가 1적구와 분리된 후 데드볼 잉글리시(무회전) 상태로 이 라인을 따라 진행하면 수구는 코너로 향하게 된다.

▶ 그림상의 어떤 라인을 따라 보내더라도 데드볼 잉글리시를 적용하면 코너에 떨어질 것이다. 상단 당점은 사용하지 마라.

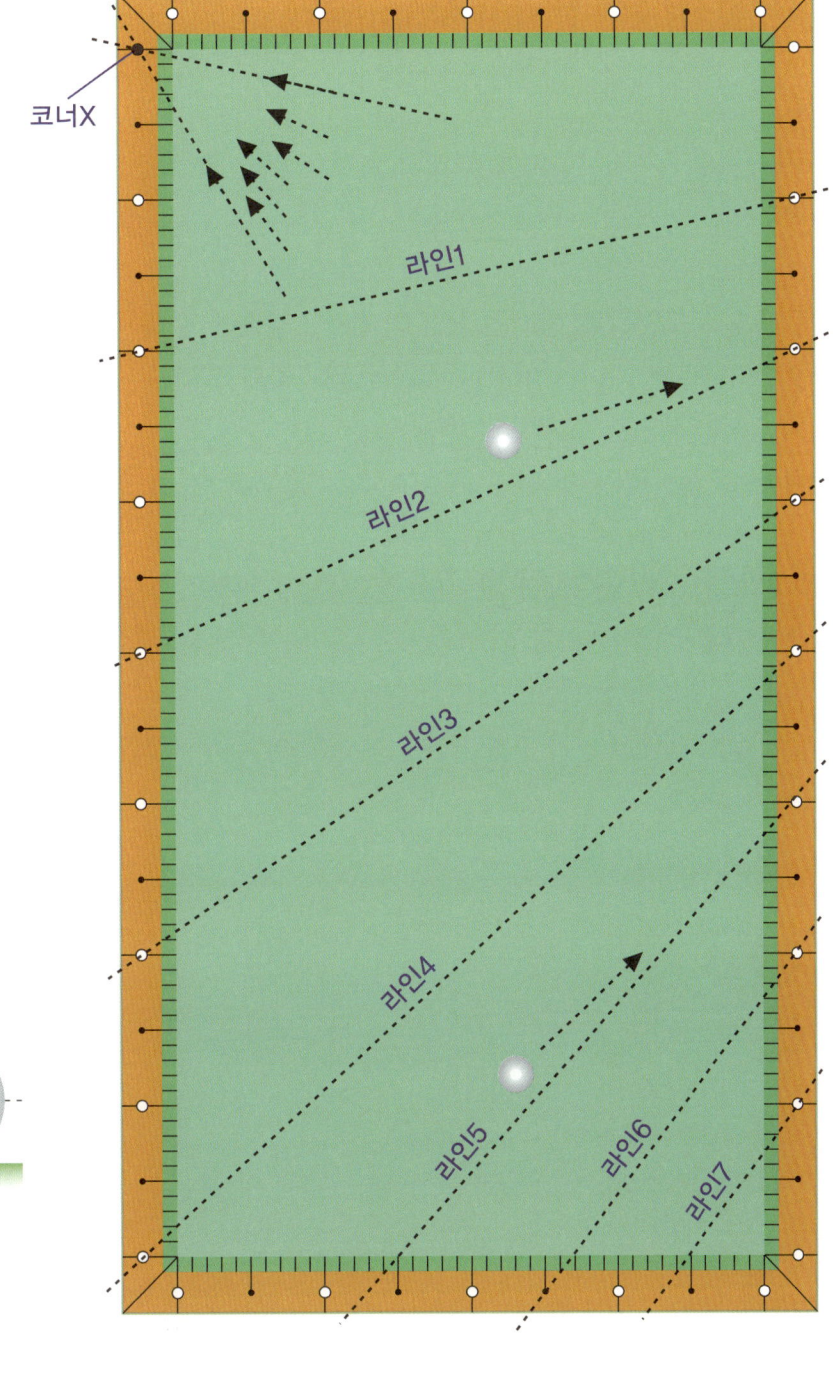

〈그림 B〉

3쿠션 수(數)
Third Rail Hit Point Numbers

▶ M쿠션은 수구가 3쿠션째에 부딪히는 쿠션이며, 각 지점에 따라 숫자를 부여했다.

▶ M쿠션에서 포인트를 향하는 부분이 아닌, **칼끝**에 수를 부여했다. 각 수마다 1/2포인트씩 차이가 나므로 비교적 암기하기 쉽다.

▶ **'3쿠션 수'** 는 **'라인 수'** 와 더해져 (전체) **'당구대 수'** 를 이룰 것이다.

▶ 소가드(Sogard) 당구대에서는 3쿠션 지점에 변동이 생긴다. 메인 그림 왼쪽에 첨부된 그림을 참조하라.

▶ 유럽제 당구대에서는 수구를 부드럽게 굴려야 한다. 굴린다는 사실을 다시 한번 명심하라.

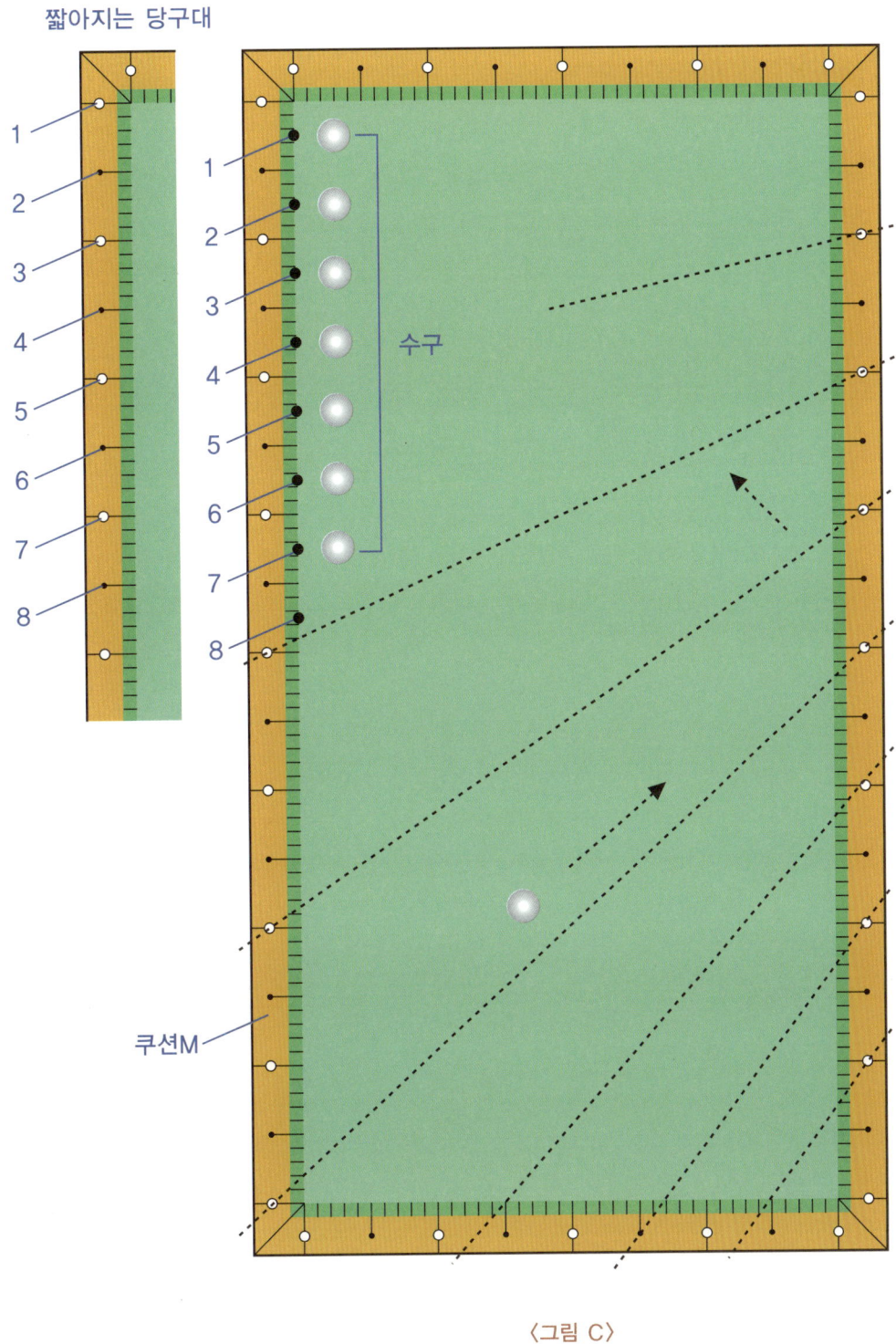

〈그림 C〉

당점 수(數)
Cue Ball Numbers

▶ 오른쪽 그림을 보면 별다른 설명 없이도 이해할 수 있을 것이다.

▶ 수구의 위치에 따른 당점의 변화에 관한 자료를 찾기가 만만치 않을 것이므로, 여기에서는 일단 오른쪽 그림을 기준으로 정한다. 3팁 회전은 당점 수 3이며, 맥시멈 옆당점(maximum side english)이 된다.

▶ '당점 수'는 '1적구 수'에 더해져 '당구공 수'가 된다.

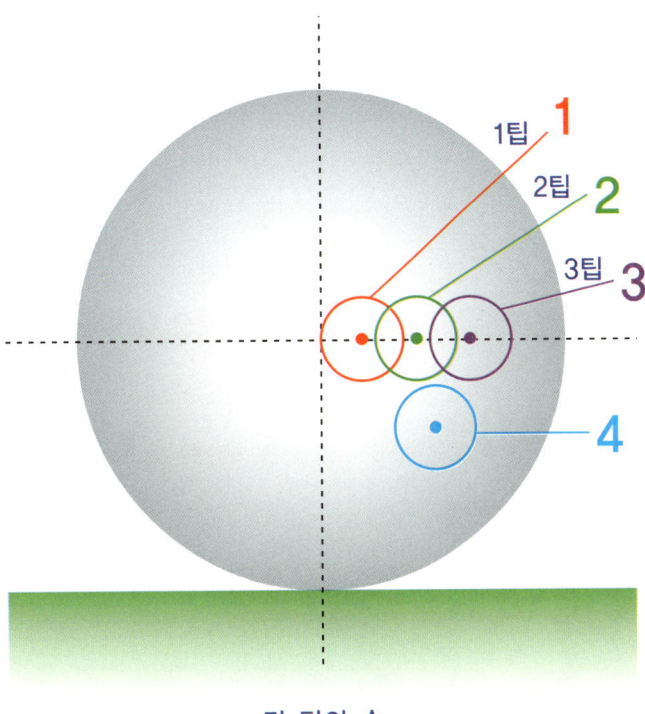

각 팁의 수

〈그림 D〉

A BALL SYSTEM

1적구 수(數)
First Object Ball Numbers

▶ 오른쪽 그림은 수구와 1적구가 부딪히는 두께를 나타낸 것으로, 각 두께마다 숫자를 부여했다.

▶ 예를 들자면 : 1적구 수 1은 1/8두께를 나타낸다.
　　　　　　　1적구 수 2는 1/4두께를 나타낸다.
　　　　　　　1적구 수 4는 1/2두께를 나타낸다.
　　　　　　　1적구 수 7은 7/8 두께를 나타낸다.
　　　　　　　1적구 수 8은 1적구를 다(1/1) 맞춘 두께를 나타낸다.

▶ '1적구 수'는 '당점 수'와 더해져 '당구공 수'를 이루고, 최종적으로 '당구대 수'를 파악하는 데 사용된다.

※ 정리 : 당구대 수(라인 수+3쿠션 수)=당구공 수(1적구 수+당점 수)

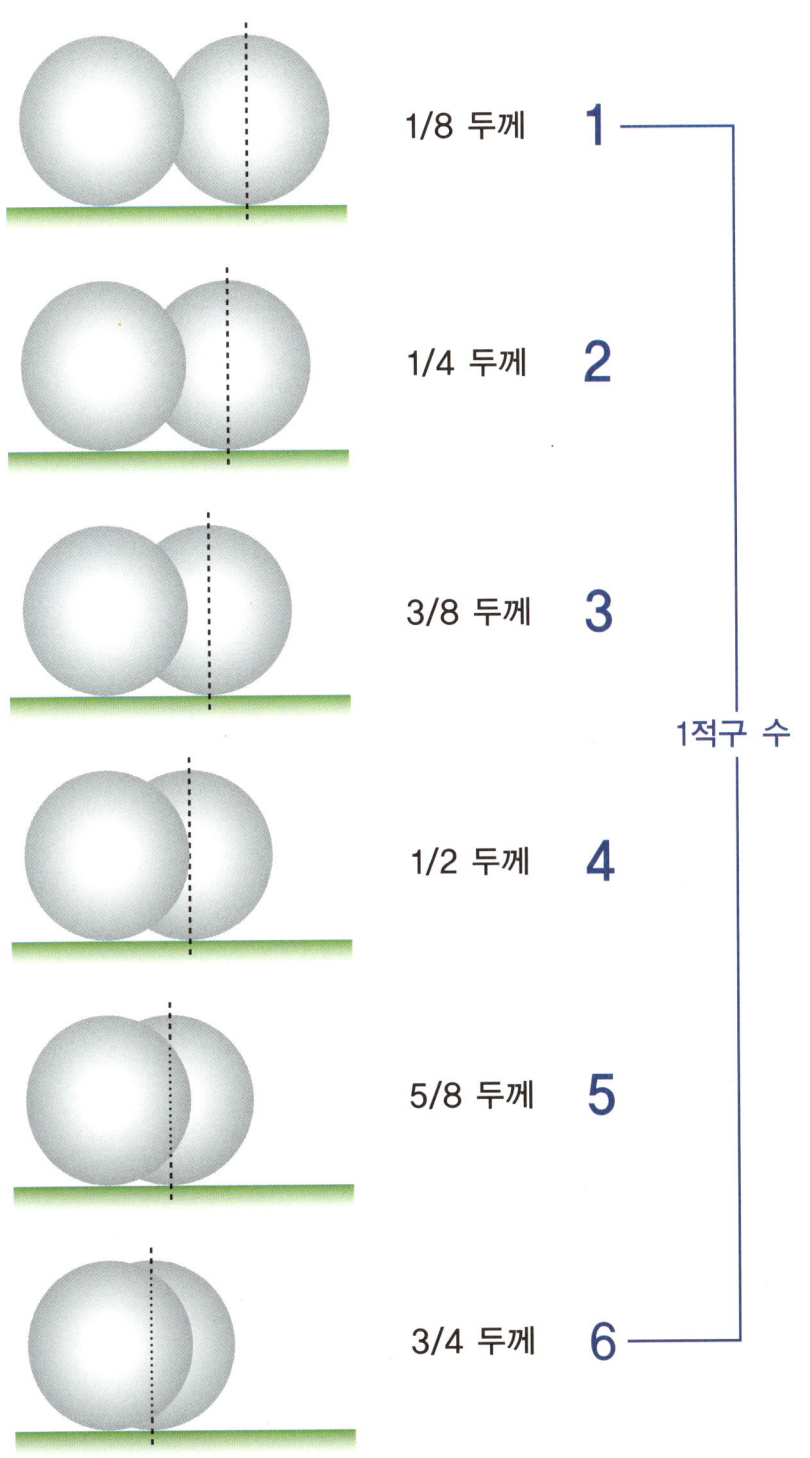

〈그림 E〉

볼 시스템의 예
Ball System Example

▶ 이제부터는 '당구대 수'와 '당구공 수'를 사용하여 수구의 진로를 계산하는 방법을 설명하겠다.

▶ 오른쪽 그림에서 라인 수는 4, 3쿠션 수는 1이며 합계 5를 이룬다. 이 5가 바로 당구대 수가 된다.

▶ 당구공 수와 당구대 수는 일치해야 하므로, 이제부터 합계 5가 되는 당점 수와 1적구 수의 조합을 찾아야 한다.

▶ 즉 가능한 조합은,
1적구 수가 1이고 당점 수가 4일 때,
1적구 수가 2이고 당점 수가 3일 때,
1적구 수가 3이고 당점 수가 2일 때,
1적구 수가 4이고 당점 수가 1일 때,
1적구 수가 5이고 당점 수가 0일 때,
1적구 수가 6이고 당점 수가 마이너스 1팁 일 때이다.

▶ 선수 본인이 가장 편하게 느끼는 조합을 선택하라. 필자는 1적구 수 4와 당점 수 1의 조합을 선택하였다. 원하는 결과를 얻을 때까지 스트로크를 연습하라. 그 후엔 포지션 플레이를 생각하게 될 것이고, 필자가 선택한 조합을 사용하면 뒷공을 깔끔하게 세울 수 있을 것이다.

▶ 목적구 안쪽으로 돌려치기의 진로와 목적구 바깥쪽으로 돌려치기의 진로는 차이가 있다는 점을 명심하라. 안쪽 돌리기의 경우 0.5포인트 정도 각이 길어진다.

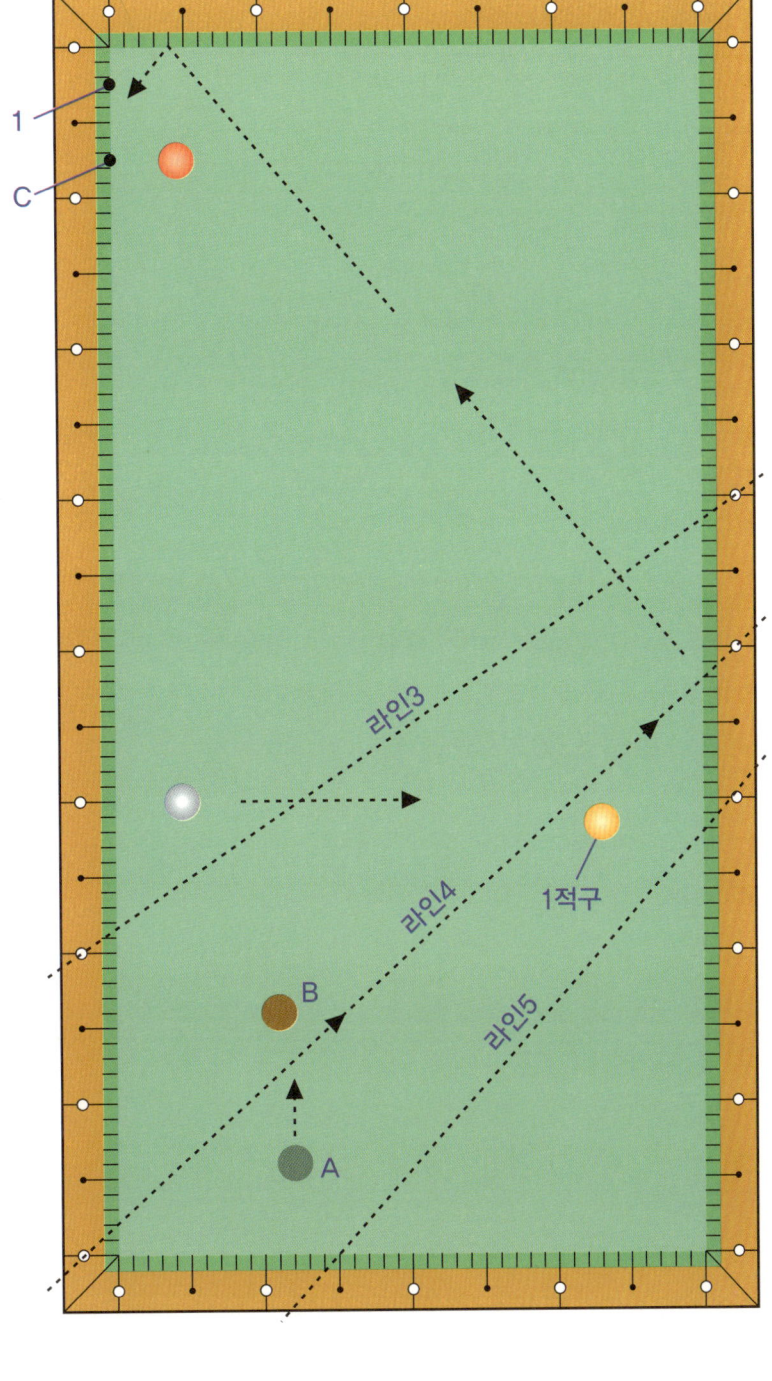

〈그림 F〉

스트로크의 예
Stroke Example

- 앞 페이지와 같은 그림을 이용해 스트로크에 관해 조금 더 자세히 알아보자.

- 포켓볼 선수들에게 1적구 수 4(1/2 두께)에 당점 수 1을 적용하여 오른쪽 그림을 샷해 보라고 하면, 대부분 큰 차이를 내며 비껴간다. 왜 그런 것일까?

- 포켓볼 선수들은 대부분 큐의 뒤를 살짝 든 채로 수구를 찌르는(poke) 경향이 있어서, 수구의 진로가 넓게 퍼진다. 그립을 너무 꽉 잡는 것도 좋지 않은 방법이다.

- 풀 팔로-스루 스트로크나 3/4정도의 팔로-스루 스트로크가 적당하다. 큐는 평행을 유지해야 한다. 이때 스트로크는 느리고 부드러워야 하며, 팔로-스루의 기분을 느낄 수 있어야 한다.

- 잘못된 테크닉을 사용할 경우 1쿠션 지점이 크게는 1포인트까지 차이날 수 있다. 한번 체크해 보라.

- 몇 분만 연습해 보면 적절한 스트로크를 익힐 수 있을 것이며, 이후에는 자동으로 구사할 수 있게 된다.

- 큐를 평행하게 유지한다는 뜻은 브리지의 높이가 적절하다는 뜻이다.

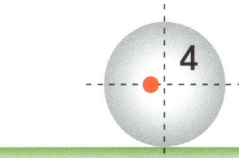

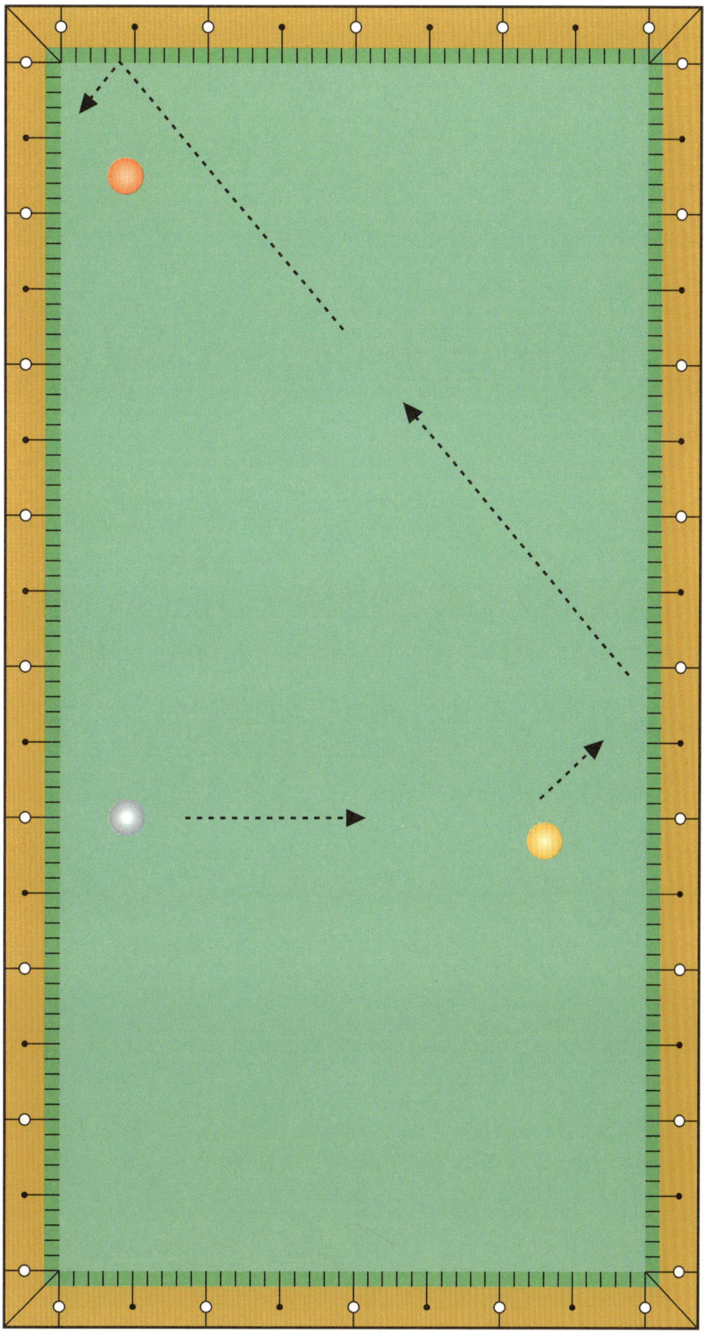

〈그림 G〉

A BALL SYSTEM

라인1 구역
Tricky Line 1

▶ 이 구역은 문제가 발생하기 쉬운 구역이다. 쇼트앵글 샷의 경우는 매우 조심스럽게 샷해야 한다. 볼 시스템에는 이 구역의 문제를 다루기 위한 특별한 방법을 제시한다.

▶ 오른쪽 그림에서 당구대 수는 3(라인 수 1, 3쿠션 수 2)이며, 공략법은 아래와 같다.

1. 당점 수 0, 1적구 수 3
2. 옆회전을 빼고 상단 2팁을 주면 입사각은 짧아진다. 당구공 수가 줄어들게 되므로 1적구 수를 3.5나 그 이상으로 늘려라. 상단 당점을 주는 것은 1팁 내지 1/2 팁의 역회전 당점을 주는 것과 비슷하다.

※ 상단 2팁이 들어가면 수구에 커브가 발생하므로 입사각이 짧아진다.
  3쿠션 수가 1일 경우, 약간의 역회전을 적용해야 한다.
  3쿠션 수가 4일 경우, 약간의 옆회전을 적용해도 무방하다.

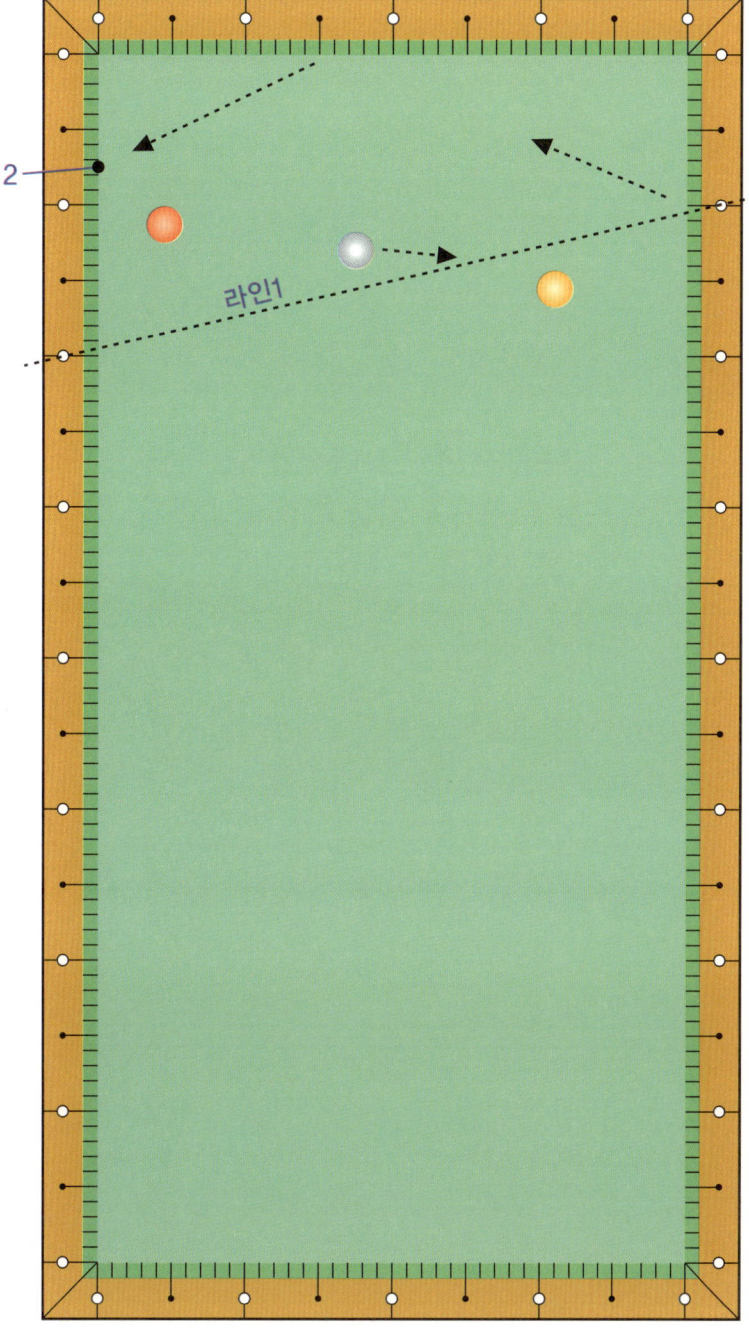

〈그림 H〉

큐팁이 수구를 타격할 때,
반드시 수구가 위치한 지점 너머까지
통과하고 지나가야 한다.

팔로-스루 스트로크가 중간에 끊기게 되면
여러분의 모든 노력은 수포로 돌아간다.
아무리 부드러운 샷이라 할지라도,
스트로크는 수구가 타격되는 지점까지
속도가 증가해야 하기 때문이다.

수구의 위치
Cue Ball Information

- 지금까지는 수구가 완벽한 포지션에 있을 경우에 대해서 소개했다. 지금부터는 수구가 다른 위치에 있을 때에 대해 이야기해 보겠다.

- 편의상 수구의 위치를 두 가지로 나누겠다. 하나는 수구가 1적구보다 내려와 있는 경우로, 득점을 위해서는 당점을 늘리거나 1적구를 더욱 두껍게 맞춰야 한다.

- 두 번째는 수구가 1적구보다 올라와 있는 경우로, 1적구를 얇게 맞추거나 당점을 줄여야 한다.

- 지금부터는 아주 천천히 세부적인 내용까지 소개할 것인데, 꾸준히 따라오면 좋은 결과가 있을 것이다. 처음에 연습할 때는 시간이 다소 오래 걸릴 것이나, 낙담할 필요는 없다. 점점 익숙해지면 15~20초 이내에 모든 계산을 마무리지을 수 있을 것이다.

- 지금부터 소개할 공략법을 습득하면 여러분의 득점력은 배가 될 것이다. 여러분은 각 쿠션의 도달 지점 뿐만 아니라 그 지점으로 수구를 보내기 위한 볼 시스템도 알고 있다. 무엇을 더 바라겠는가?

수구의 교정
Cue Ball Alignment

▶ 수구는 당구대의 라인에 따라 1적구와 교정을 이루어야 하는데, 라인1과 라인2에서 특히 중요하다.

▶ 오른쪽 그림에서 수구는 라인1, 4, 7을 따라 완벽한 포지션에 서 있다. 1적구와 평행을 이룬 채 상당히 근접한 거리에 위치해 있다.

▶ 하지만 수구가 이러한 위치에 서 있는 경우는 매우 드물다. 이제 다음 페이지부터는 수구의 위치가 변했을 때의 공략법에 관해 소개하겠다.

▶ 수구의 위치가 좋지 않을 때 계산을 시작하게 되는데, 이것이 바로 수구의 교정이다.

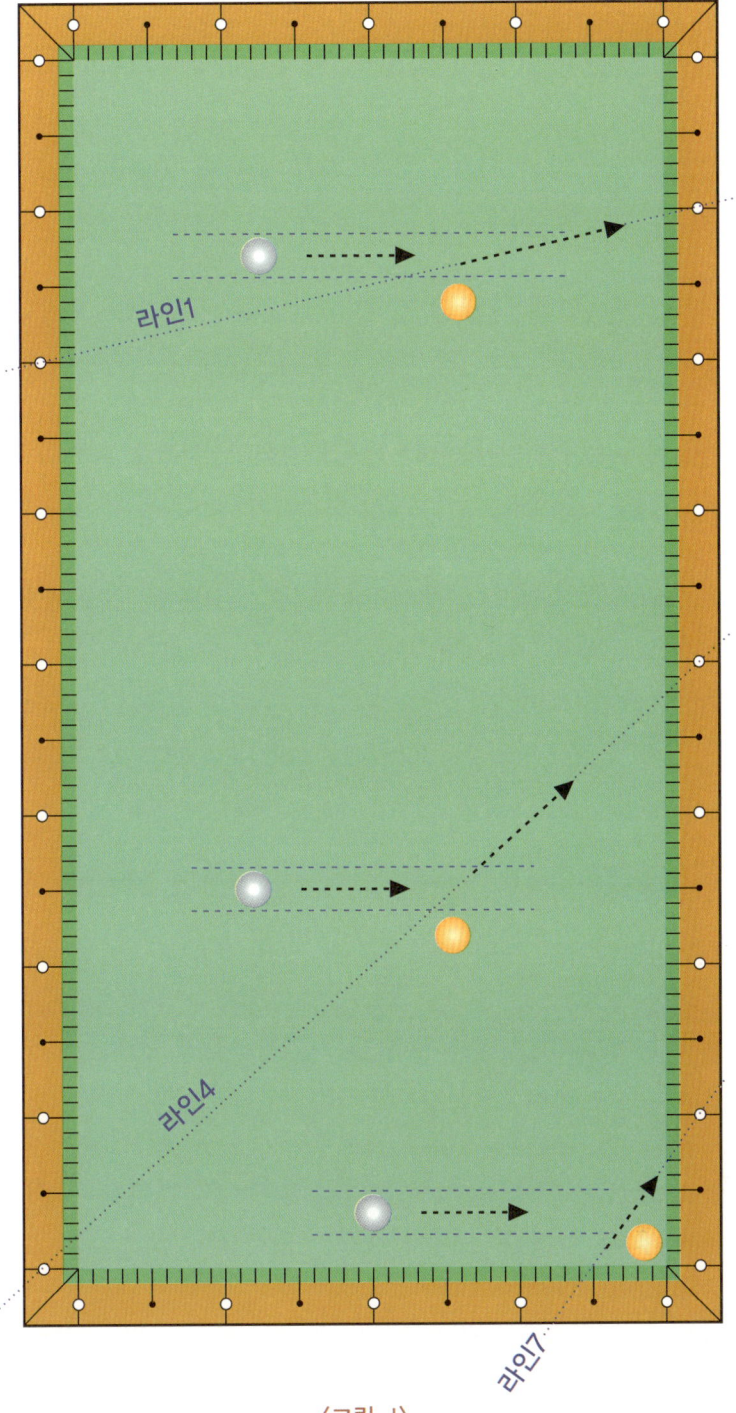

〈그림 J〉

A BALL SYSTEM

마티노 선수의 오차 조정
Martinueau's Allowance

▶ 오른쪽 그림은 수구의 위치가 D에서 다른 곳으로 이동했다는 점을 제외하면 앞 장의 그림과 동일하다.

▶ 만일 수구가 D에 위치한다면 라인 수 4와 3쿠션 수 1이 더해져 당구대 수는 5가 된다. 이에 따라 당구공 수를 5로 조절하는 것은 간단하다.

▶ 하지만 그림의 위치에서는 수구의 당점과 1적구 두께를 늘려야 될 듯 하다. 정확히 어느 정도 조정해야 하는가?

▶ 1992년 마이아미 뉴웨이브 당구장에서 열린 토너먼트 대회에서 필자는 캘리포니아 엘크 그루브 출신의 **대럴 마티노(Darrell Martineau)** 선수와 볼 시스템에 대하여 대화를 나눴다. 그는 오른쪽 그림의 공략법을 이렇게 소개했다. 우선 수구와 1적구 옆(수구와 부딪히는 부분)을 통과하는 가상의 선을 긋는다. 그리고 이 선과 접하는 M, N쿠션 지점을 찾는다. 오른쪽 그림에서 A, B가 될 것이다.

▶ 다음으로 A와 B사이의 거리를 측정한다. 대략 2.5포인트 정도이다.

▶ 기존의 당구대 수인 5(수구가 D에 위치했을 때)에 조정값 2.5를 더하라. 이제 당구대 수는 5에서 7.5로 새로 조정되었다.

▶ 당연히 하단 당점을 적용해야 하므로 당점 수 4에 1적구 수 3.5, 또는 당점 수 3.5에 1적구 수 4를 조합해 보라.

▶ 세계 정상급 선수들이 이 샷을 성공시키는 모습을 관찰해 보라. 이제 쉽게 느껴지지 않는가?

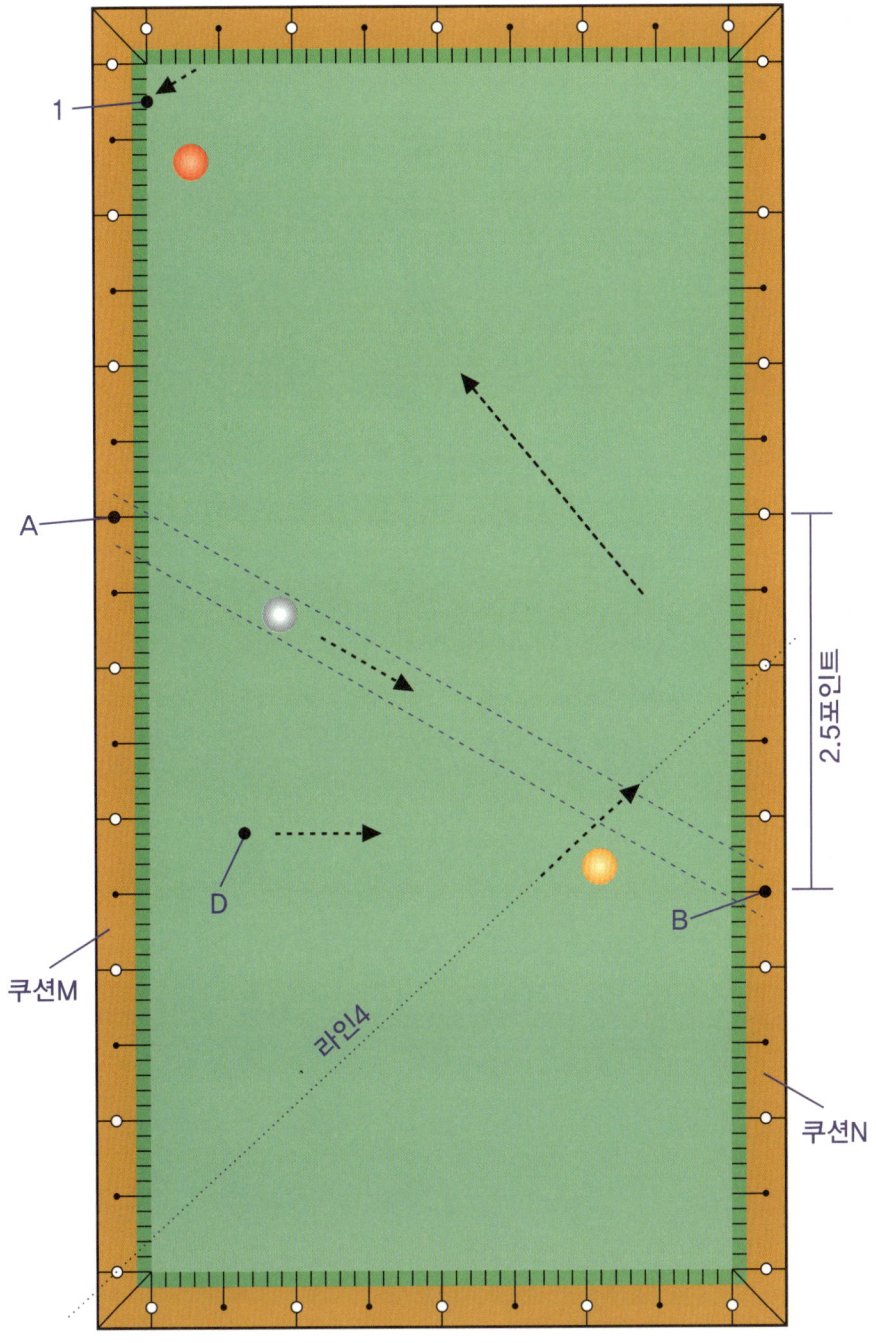

〈그림 K〉

A BALL SYSTEM

오차 조정 2
Allowance Change

▶ 오른쪽 그림은 수구가 1적구보다 올라와 있는 경우로, 회전은 줄이고 1적구 두께도 더 얇아야 한다.

▶ 앞 페이지에서 소개한 것과 같은 공략법을 사용하라.

▶ A와 B사이의 거리는 2포인트이다. 기존의 당구대 수인 5에서 2를 빼야 하므로, 당구대 수는 3이 된다.

▶ 필자는 당점 수 1에 1적구 수 2를 적용하여, 부드럽게 팔로-스루한다.

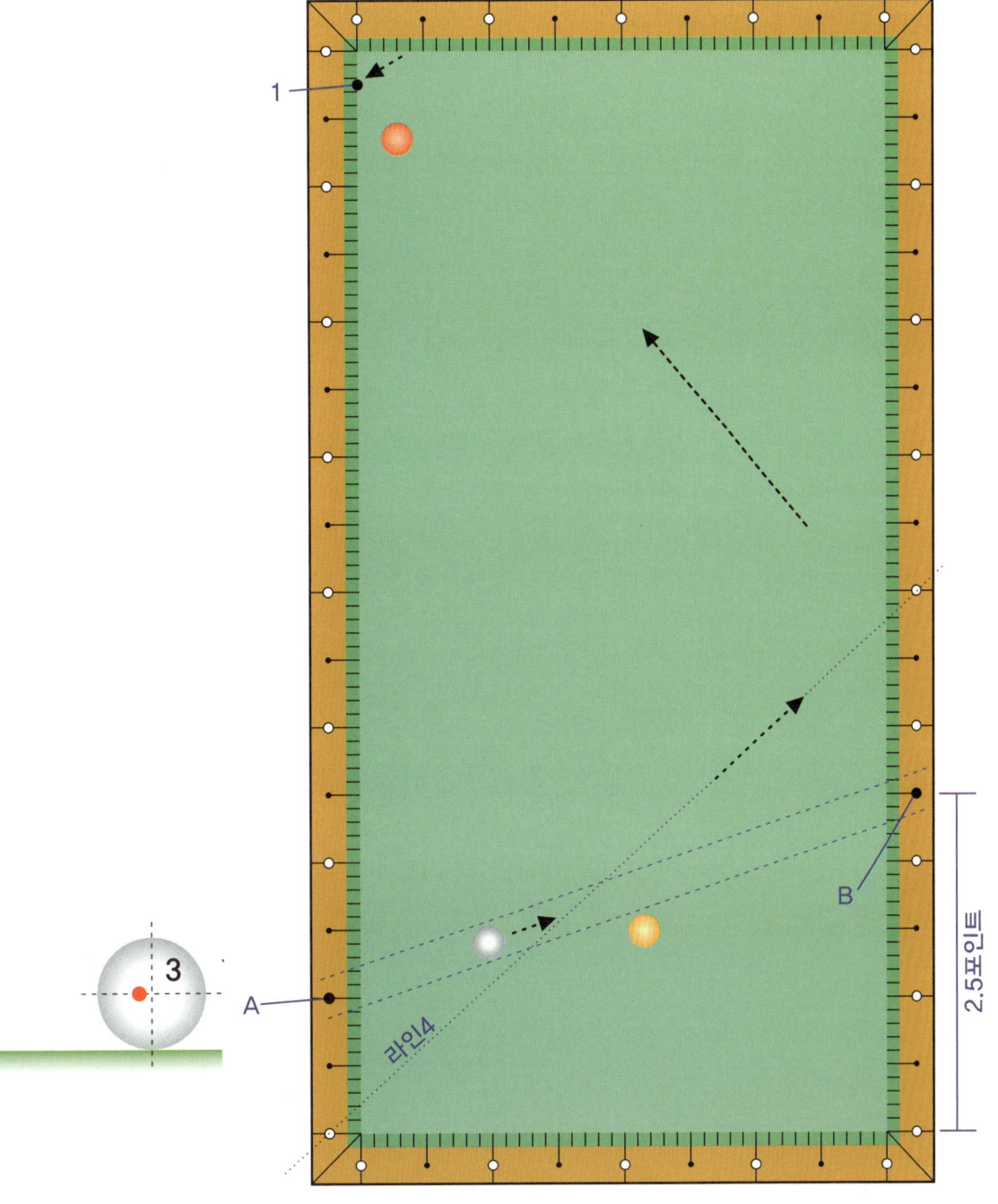

〈그림 L〉

장축 라인의 응용
Long Way Example

- 이 페이지에서는 1적구의 두께와 수구의 옆회전을 조절하는 방법에 대해서 소개하고 있다.

- 오른쪽 그림에서 수구는 1적구와 분리된 후 단축-장축-장축(N쿠션)으로 이동한다. 샷을 짧게 떨어뜨리는 것이 관건이다.

- 단축 P를 연장시켜 가상의 단축을 만들었고, 이에 따라 3쿠션 수는 5, 6, 7로 늘어난다.

- 수구의 진로를 눈으로 그려 본 후 예상 2쿠션 지점을 측정해 보자. 이 지점을 X라고 가정한다.

- X에 서서 3쿠션 지점(N쿠션)을 바라보라. 그리고 이 선을 가상의 단축 P에 맞닿은 지점까지 연장시켜 3쿠션 수를 찾자. 오른쪽 그림에서는 5가 된다.

- 가상의 3쿠션 수 5에 라인 수 1을 더하면 당구대 수는 6이 된다.

- 1적구 수 3과 당점 수 3의 조합을 적용하면 적당할 것이다.

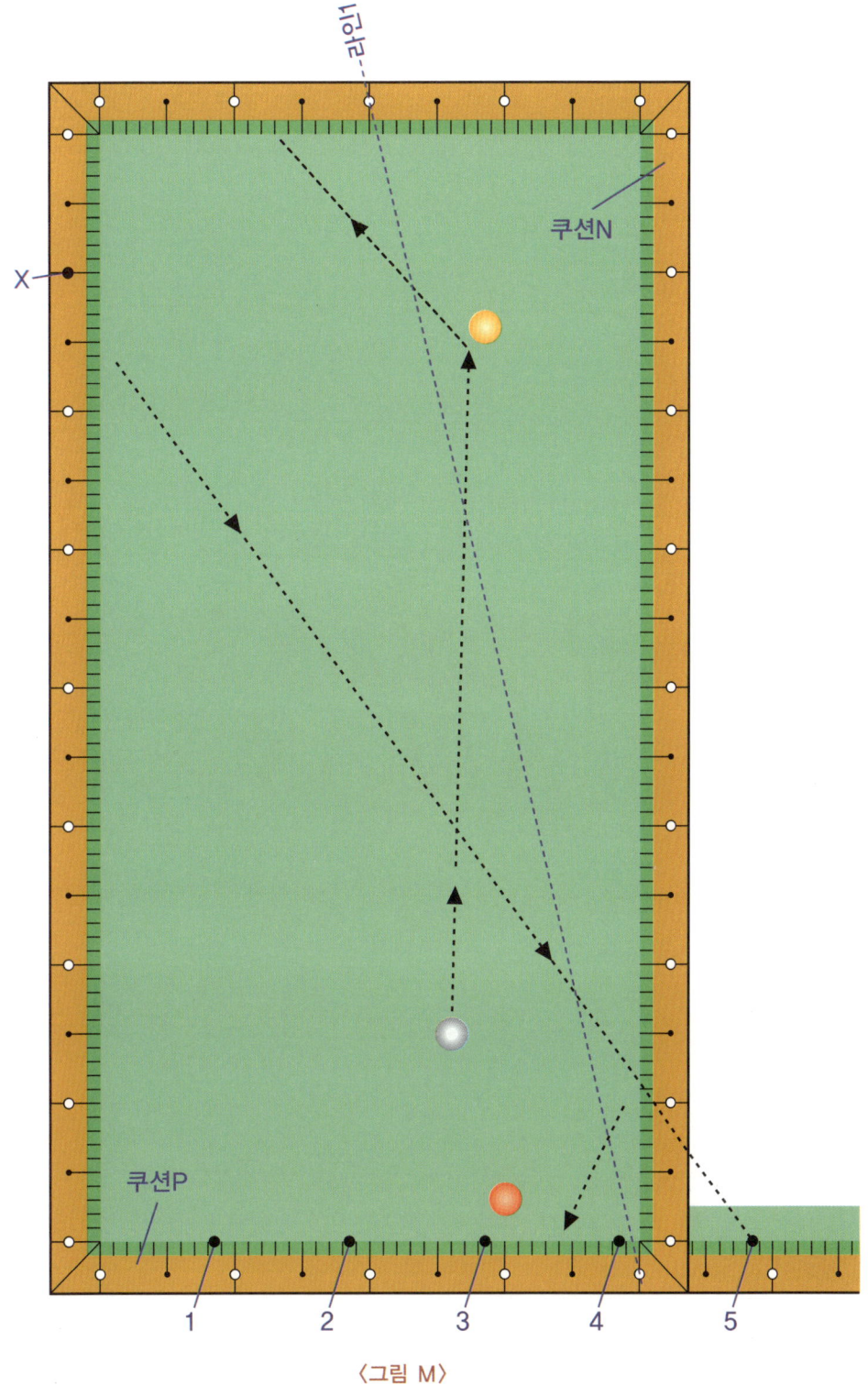

〈그림 M〉

Billiard Atlas

저자 후기(Author's Page)

시스템이란 단어는 이 책의 내용을 잘 표현하지 못하는 것 같습니다. **당구공의 진로 설계 (Plannig Billiard Paths)**란 어구가 더 적절할 듯 합니다. 수구의 쿠션 도달 지점을 명확히 파악하고 있다면 경기력은 무한히 상승할 것이지만, 단순히 수치 계산에만 집착한다면 잃는 게 더 많을 것입니다. 샷을 구사할 때는 감각도 필요합니다. 시스템과 감각이 잘 조화를 이룰 때 샷을 정확히 조정할 수 있습니다. 결국 해답은 선수의 판단이 얼마나 뛰어난가, 그리고 수구를 완벽하게 타격할 수 있는 타고난 능력이 있는가 하는 것에 달렸습니다.

오직 감각에만 의존하는 선수들도 수구를 원하는 방향으로 보낼 수는 있습니다. 하지만 정확한 자료에 대한 분석 없이는 결코 에버리지 0.75의 수준에 도달할 수 없을 것입니다.

『빌리어드 아틀라스』는 당구 인구의 99.9%를 차지하는, 절대 다수의 동호인들을 위해 만들어졌습니다. 초심자들을 결코 경시하지는 않았습니다. 『빌리어드 아틀라스』의 내용 중 대부분은 수구/목적구의 진로에 대한 간단한 계산입니다.

이 책에서 가장 중요한 부분은 아마도 약간 단순해 보이는 듯한 공들의 차이를 구분해 놓은 것입니다.

샷을 분석할 줄 아는 것이 좋은 예가 됩니다. 선수는 **최우선적으로** 수구의 속도를 결정해야 하고, 이 속도에 기초하여 다른 모든 계산을 진행해야 합니다. 1적구의 두께를 포함한 이 모든 계산 과정을 통해 많은 선수들이 수구를 2적구 근처로 보내는 수준에서 득점하는 수준으로 발전할 수 있었습니다.

'1/2두께'를 섭렵하면 1적구의 두께 조절 능력이 향상되고, 속도에 대해 조금 더 숙지한다면 득점력은 높아질 것입니다. 다양한 보통 샷에서의 적절한 속도 등과 같은 간단한 자료만으로도 큰 도움이 될 것입니다.

무엇이 가장 훌륭한 정보인가에 대해서는 저도 말을 끊기가 힘듭니다. 프로즌 볼, 수구의 커브, 확장 효과 등 모든 사항이 중요해 보입니다. 또한 목적구 안쪽으로 돌리기와 바깥쪽으로 돌리기에서 진로에 차이가 생긴다는 점을 결코 잊지 않길 바랍니다.

연습할 때는 목표 없이 그냥 샷하지 말고, 한 가지 귀중한 정보를 정해놓고 하시길 바랍니다. 공을 목표한 위치로 보낼 때까지 다양한 방법을 연습, 또 연습하십시오. 『빌리어드 아틀라스』에 수록된 연구 자료들은 지식을 증가시킬 뿐입니다.

초심자라면 공을 목표한 방향으로 보내는 데 중점을 두십시오. 실력이 향상될수록 많은 공이 아주 근소한 차이로 빠지는 것은 자연스러운 일입니다. 정신 건강을 위해서라도 운이 따라주지 않는다고 좌절하지 마시길 바랍니다.

대회 1, 2일째에는 새로 교체된 쿠션 때문에 수구의 진로를 예측하기가 힘드므로, 감각을 사용해서 경기하는 것이 가장 적절합니다. 당구대가 정상 상태로 돌아올 때까지 시스템 적용은 유보해두는 것이 좋습니다.

막 포장을 뜯은 새 공은 슬라이드가 부족해 몇몇 미국 선수들에겐 맞지 않아서, 공에 코팅을 입히곤 합니다. 하지만 유럽 선수들은 그렇게 하지 않습니다.

평상시 게임에서건 대회에서건 선수 '개인용 수구'를 사용할 수 있도록 허락해 주어야 합니다. 우리 모두 '개인용 수구'를 구입하여 사용할 수 있도록 목소리를 내어 당구계를 조금씩 바꿔나가 봅시다.

고수가 되기 위해서는 다른 몇 가지 사항이 추가적으로 필요한데, 수준급 선수들과 대회 경험을 쌓는다거나 더 정확한 초이스를 찾는 것 등이 되겠습니다. 특히 초이스의 경우는 포지션 플레이에 대한 무한한 연구, 그리고 특히 '볼 컨트롤'에 대한 교육이 수반되어야 가능합니다.

『빌리어드 아틀라스 1~3권』은 미국 선수들의 도움을 많이 받았습니다. 시카고의 조지 애스비(George Ashby) 선수와 빌리 스미스(Billy Smith) 선수, 마이애미의 캐로스 할론(Carlos Hallon) 선수, 뉴욕의 소니 조(Sonny Cho) 선수와 페드로 피에드라뷰나(Pedro Piedrabuena) 선수, 세인트 루이스의 해리 심스(Harry Sims) 선수, 디트로이트의 마진 슈니(Mazin Shooni) 선수 등이 그들입니다. 이들과 개인적으로 연락하고자 한다면 ⟨http://carom.com⟩에서 캐롬 코너를 찾거나 미국 당구협회 ⟨jewett@netcom.com⟩으로 문의하시기 바랍니다.

용어 정리

Average(에버리지)
선수의 1이닝 평균 득점

Cousion(쿠션)
당구대의 가장자리를 둘러싸고 있는 경계. 공이 튕겨져 나오는 부분. 레일(Rail)이라고도 부른다.

English(잉글리시/당점)
공을 스트로크할 때 수구에 주는 회전

Follow(팔로)
수구가 목적구를 맞고 나서 계속 앞으로 구르는 회전

Kiss(키스)
득점 실패의 원인이 되는 두 공의 우발적 부딪힘

Masse(마세)
큐의 뒷부분을 위로 들어 수구를 내리 찍는 샷

Miss(미스)
득점에 실패한 경우

Position(포지션)
다음 샷을 쉽게 풀어낼 수 있도록 수구와 목적구를 배치하는 것

Reverse-English(리버스-잉글리시/역회전)
수구가 쿠션을 맞고 진행하는 방향과 반대 방향의 회전

Reverse-the-rail(더블레일)
수구가 첫번째 쿠션-두번째 쿠션-다시 첫번째 쿠션을 맞고 3쿠션 득점에 성공하는 샷

Running English(러닝 잉글리시)
수구가 쿠션에 맞은 후 회전력이 살아나가는 것

Saftey(디펜스)
득점엔 실패하더라도 상대방에게 어려운 뒷공을 주는 것

Short rail(단축)
쿠션의 짧은 축. 길이는 장축의 1/2이다.

Shot(샷)
득점하려는 시도

Skid(스키드)
당점을 아래 주었을 때 일정한 거리만큼 회전을 멈추는 경우

Slide(슬라이드/미끌림)
쿠션이나 공이 새것일 경우 공이 보다 넓은 각으로 반사되는 것

Ticky(구멍치기/쿠션 안으로 걸어치기)
수구가 같은 쿠션을 2번 맞고 3쿠션 이상을 성공시켜 득점하는 경우

Track(선)
예상 가능한 수구의 진로

Umbrella(엄브렐라)
수구가 1적구에 맞기 전에 2쿠션 이상 먼저 맞추는 샷

- 위의 내용 중 대부분은 『당구 용어 사전(Illustrated Encyclopedia of Billiards)』에서 발췌한 것입니다. 이 책의 저자는 마이크 샤모스(Mike Shamos)입니다. 반드시 암기하기 바랍니다. -

번역 용어

Adjustment 조정
Alignment 교정 / 교정선
Allowance 오차 조정 / 조정값
Basic Track 기준 트랙
Cue Ball Movement / Behavior 수구의 움직임
Cue Ball Spin 수구의 회전
Cue Ball Origin / Cue Ball Number 수구의 시발점 / 수구 수
English 당점 / 회전
Manipulate 조절
Natural angle 자연각
Path (수구의) 진로 / 진행 방향
Rail Speed 수구의 속도
Safety 디펜스
Shot Selection 초이스
Shift 전환
Skid 미끄러짐
Slide 미끌림
Spread 변화폭
Tickie 구멍치기 / 안으로 걸어치기
Track 트랙 cf) Line : 라인 / 선
Value 수치 cf) Number : 수(數) / 숫자

스트로크의 4종류

Follow-through stroke 팔로-스루 스트로크 / 밀어치기
Jab stroke 잽 스트로크 / 끊어치기
Stop stroke 스톱 스트로크 / 멈춰치기
Forward-reverse stroke 포워드-리버스 스트로크 / 잡아치기(큐를 전진시켰다 뒤로 뺌)

추천의 글

"저는 24년 간을 현역 선수로, 10년을 당구 강사로 있었지만 이런 책은 본 적이 없습니다. 『빌리어드 아틀라스』는 스리쿠션 뿐만 아니라 저의 강의, 그리고 당구 교육 전반에 걸쳐 큰 영향을 미칠 것입니다."

— 지미 라리슨(Jimmy Lauridsen), 당구 강사, 저자, 덴마크 당구협회

"저는 수많은 종류의 포켓볼 서적을 소유하고 있지만, 이 책을 통해 존재 자체도 몰랐던 여러 정보들을 처음으로 접했습니다. 이 시스템들이 얼마나 정확한지 제 자신도 놀랄 정도입니다."

— 에드 머셔(Ed Mercier), 미국 당구 의회(Billiard Congress of America)

"이 책은 빈쿠션치기의 테크닉과, 여러 가지 포지션에서 정확하게 캐롬샷을 구사할 수 있는 방법을 다루고 있습니다. 이 책에서 소개한 그림과 내용 덕분에 월트 해리스 씨는 당구 역사의 한 페이지를 장식하게 되었습니다."

— 유러피안 빌리어드 뉴스(European Billiard News), 오스트리아

"이 책에서 정말 많은 것을 배웠습니다."

— 로베르토 로자스(Roberto Rojas), 멕시코 3쿠션 챔피언 4회, 라틴 아메리카 예술구 챔피언 17회, 1990년 세계 예술구 대회 2위

"이 책은 환상 그 자체입니다. 저와 친구들은 자정이 넘는 시각에도 모여 책에서 소개한 그림들을 분석하고 연습합니다. 이 다양한 그림들 덕분에 우리는 더 쉽게 샷할 수 있게 되었고, 포지션 플레이에도 능숙해졌습니다."

— 부 두이 탄(Vu Duy Thanh), 베트남 호치민 거주

"3권의 『빌리어드 아틀라스』 책 모두 흥미롭게 읽었습니다. 저는 비행기 안에서도 책을 옆에 끼고 다니며 짬이 날 때마다 읽었습니다. 같은 내용을 읽고, 또 읽으며 얼마나 많은 것을 배웠는지 모릅니다. 처음 한두 번 읽었을 때는 깨닫지 못했던 내용도 하나 둘 보이기 시작했습니다. 제 경기력은 급속도로 향상되었고, 지금은 올해 미니애폴리스(역주 : 미국 미네소타 주의 한 도시)에서 열릴 전국 스리쿠션 대회에서 제가 얼마나 성적을 낼 수 있을지 기대하고 있습니다. 또한 저는 『빌리어드 아틀라스』 책을 다니는 당구장에 기증해 친구들과 경쟁자들에게 소개할 생각입니다. 그들에겐 크리스마스 선물이 될 것입니다. 다시 한번 말하지만, 『빌리어드 아틀라스』는 제게 너무나도 큰 영향을 주었습니다."

– 토마스 J. 지머맨 박사(Dr. Thom J. Zimmerman), 루이스빌 대학 교수

"『빌리어드 아틀라스』는 매우 훌륭한 책입니다. 제 학생들이 풀지 못했던 많은 문제점들을 해결하는 데 도움을 주었습니다. 많은 시간을 투자하면 연구에 힘써 준 해리스씨에게 다시 한번 감사드립니다."

– 켄 튜스버리(Ken Tewksbury), 미국 당구 의회 고급반 강사

"『빌리어드 아틀라스 3권』은 1, 2권과 더불어 당구 시스템에 관한 방대한 자료를 담고 있으며, 아주 흥미롭고 세련되게 소개되어 있습니다. 이 책만큼 쉽게 이해할 수 있는 책이 없습니다. 『빌리어드 아틀라스』는 예술 그 자체입니다. 해리스씨는 위대한 당구 철학자이며, 당구 역사상 가장 훌륭한 이론가입니다. 브라보!"

– 마이클 카쿨리디스(Michael Cacoulidis), 그리스 테살로니키 거주

시스템과 테크닉에 관한 연구
BILLIARD ATLAS
빌리어드 아틀라스
❹

- 발행일 2010년 12월 1일
- 저 자 월트 해리스
- 역 자 민 창 욱
- 발행자 남   용
- 발행소 일신서적출판사

주 소 : 121-855 서울시 마포구 신수동 177-3
등 록 : 1969. 9. 12.(No. 10-70)
전 화 : 영업부 (02)703-3001~5
FAX : 영업부 (02)703-3009

ⓒ 월트 해리스
ISBN 978-89-366-0970-X   값 20,000원

※ 이 책의 한국어판 저작권은 저자와의 독점계약에 의하여 본사에 있습니다. 한국 내에서 보호를 받는 저작물이므로 무단 전재와 무단 복제는 법적 처벌의 대상이 됩니다.